Melhor em Todos os Sentidos

Como a Nova Ciência das Sensações Pode Ajudá-lo a Recuperar Sua Vida

Melhor em Todos os Sentidos

Dr. Norman Farb
Dr. Zindel Segal

ALTA BOOKS
GRUPO EDITORIAL
Rio de Janeiro, 2024

Melhor em todos os sentidos

ISBN: 978-85-508-2385-0

Impresso no Brasil — 1ª Edição, 2024 — Edição revisada conforme o Acordo Ortográfico da Língua Portuguesa de 2009.

Dados Internacionais de Catalogação na Publicação (CIP)
(BENITEZ Catalogação Ass. Editorial, MS, Brasil)

F229m
1.ed. Farb, Norman
Melhor em todos os sentidos : como a nova ciência das sensações pode ajudá-lo a recuperar sua vida / Norman Farb, Zindel Segal ; tradução Vanessa Schreiner. - 1.ed. - Rio de Janeiro : Alta Books ; Alta Life (selo), 2024.
256 p.; 15,7 x 23 cm.

Título original: Better in every sense.
ISBN 978-85-508-2385-0

1. Autoajuda. 2. Autoconhecimento. 3. Bem-estar. 4. Cognição. 5. Emoções. 6. Neurociência. 7. Sentimentos. I. Segal, Zindel. II. Schreiner, Vanessa. III. Título.

06-2024/114 CDD 158.1

Índice para catálogo sistemático:
1. Emoções : Sentidos : Psicologia 158.1
Aline Graziele Benitez - Bibliotecária - CRB-1/3129

Alta Life é selo do Grupo Editorial Alta Books

Produção Editorial: Grupo Editorial Alta Books
Diretor Editorial: Anderson Vieira
Editor da Obra: Gorki Starlin
Vendas Governamentais: Cristiane Mutüs
Gerência Comercial: Claudio Lima

Assistente Editorial: Andreza Moraes
Tradução: Vanessa Schreiner
Copidesque: Daniel Salgado
Revisão: Hellen Suzuki
Diagramação: Joyce Matos

ALTA BOOKS
GRUPO EDITORIAL

Rua Viúva Cláudio, 291 — Bairro Industrial do Jacaré
CEP: 20.970-031 — Rio de Janeiro (RJ)
Tels.: (21) 3278-8069 / 3278-8419
www.altabooks.com.br — altabooks@altabooks.com.br
Ouvidoria: ouvidoria@altabooks.com.br

Editora **afiliada à:**
ASSOCIADO

A todos que escolhem a esperança em vez do medo

Sumário

Agradecimentos

A ACADEMIA TEM DIVERSOS SETORES. UMA PESSOA PODE PASSAR TODA A sua carreira tentando aprimorar o tratamento contra a depressão ou investigando a neurociência por trás da consciência corporal, sem que essas duas correntes de pesquisa jamais se cruzem. Tivemos a grande sorte de termos o mesmo gosto pelo mistério envolvendo os sentidos, que surpreendentemente conectou nossos dois setores. Quem poderia imaginar, duas décadas atrás, quando Norm apareceu pela primeira vez na sala de Zindel no Centre for Addiction and Mental Health, que nos tornaríamos colaboradores regulares e, depois, amigos e coautores? Devemos começar agradecendo por termos essas visões de mundo aparentemente díspares, que nos deram a oportunidade de unirmos nossos trabalhos para transmitir uma mensagem mais ampla do que a soma das partes.

Quem construiu a ponte, nesse caso, foi o professor Adam K. Anderson, que assistiu a uma palestra de Zindel na University of Toronto e compartilhou seu interesse em usar a imagem por ressonância magnética funcional (fMRI) para investigar a meditação de atenção plena, a fim de evitar recaídas na depressão. Como aluno de pós-graduação de Adam, Norm participava regularmente das reuniões para desenvolver os primeiros estudos de imagem discutidos neste livro, e somos gratos a Adam por ter criado essa conexão. Não há muitos neurocientistas cognitivos renomados que tenham essa visão ampla para lidar com algo tão efêmero como a meditação, mas Adam estava disposto a aceitar o desafio.

Foi preciso uma comunidade para nos instruir — inúmeros professores e acadêmicos corajosos e contemplativos que mostraram que poderíamos combinar a ciência e a prática meditativa de maneira proveitosa. Professores como Jon Kabat-Zinn, Sharon Salzberg, Joseph Goldstein,

Satya Narayana Goenka, Ajahn Amaro, Jack Kornfield, Matthieu Ricard, Trudy Goodman e Sua Santidade o Dalai Lama em pessoa contribuíram de maneira significativa para nossas práticas meditativas e, também, para conversas mais formais em encontros com cientistas e clínicos contemporâneos, muitas vezes organizados pelo Mind & Life Institute. Da mesma forma, cientistas como Ritchie Davidson, Cliff Saron, Sara Lazar, Catherine Kerr, Antoine Lutz e Wolf Mehling demonstraram, de maneira poderosa, como aplicar métodos rigorosos para desenvolver uma nova ciência contemplativa. Na neurociência sensorial, Bud Craig, Hugo Critchley, Helen Mayberg e Yvette Sheline deram nova vida à neurociência da consciência corporal. Na ciência clínica, Mark Williams e John Teasdale, Sona Dimidjian, Cynthia Price e Marsha Linehan conceberam e validaram meios seculares e acessíveis para trazer a prática meditativa para a esfera do atendimento clínico.

Somos abençoados por termos colegas maravilhosos na University of Toronto: colegas professores, pós-doutorandos, alunos de pós-graduação, assistentes de pesquisa e estagiários em nossos laboratórios, pessoas que, ao longo dos anos, têm nos mantido envolvidos, desafiados e em constante desenvolvimento. Todos vocês têm sido caixas de ressonância eficazes e interlocutores engajados, além de terem refreado algumas de nossas ideias quando elas eram muito exageradas ou especulativas, mas também nos incentivaram a ousar quando necessário. Para além da nossa instituição, muitas outras mentes incrivelmente brilhantes e generosas nos influenciaram, tanto por meio de interações diretas quanto através dos benefícios que seus estudos nos proporcionaram. Nisso, como em todas as coisas, estamos todos interconectados.

A pesquisa que desafiou e atualizou nossos modelos de mundo não teria sido possível sem o apoio generoso de tantas fontes. Somos gratos pelo financiamento que recebemos do Conselho de Pesquisa em Ciências Naturais e Engenharia (NSERC), do Conselho de Pesquisa em Ciências Sociais e Humanas (SSHRC), dos Institutos Canadenses de Pesquisa em Saúde (CIHR), do Instituto Nacional de Saúde Mental (NIMH), do

Instituto Mente e Vida, da Fundação MacArthur, da Fundação de Saúde Mental de Ontário e da Fundação 1440.

Linda Loewenthal, nossa primeira agente nesse processo, forneceu um feedback inicial decisivo e apoiou o conceito do livro. Quando a vida conspirou contra nós em nossa colaboração, Linda gentilmente nos colocou em contato com a extraordinária agente Carolyn Savarese, que nos ajudou a nos concentrarmos na neurociência, na expansão dos sentidos e no potencial de conectar um grande público a uma nova abordagem de bem-estar. Carolyn tem nos apoiado de todas as maneiras possíveis: ela tem sido dura ao nos pressionar para que façamos nosso melhor e, ao mesmo tempo, incentiva nosso desenvolvimento criativo. Nossa boa sorte nos levou a ter uma conexão com William Patrick, um escritor e editor talentoso, que nos ensinou a eliminar o excesso de linguagem acadêmica para revelar um texto mais enxuto e direto da narrativa que você vê hoje. Para nós, trabalhar com Carolyn e Bill foi como ser selecionado para um time dos sonhos — no processo incerto que foi a concepção deste livro, a confiança deles no projeto fortaleceu a nossa.

Somos incrivelmente gratos por termos feito uma parceria com Tracy Behar e a Editora Little, Brown Spark. Desde o início, ela percebeu o valor de nossa visão e nos ajudou a identificar a expansão dos sentidos como o conceito principal. Desde nosso primeiro encontro, ficamos admirados com sua ampla experiência e discernimento, e igualmente confortáveis com os debates conceituais e a pragmática do processo de produção, Tracy nos deu uma orientação firme em cada etapa do caminho.

Jamais teríamos tido o espaço, a motivação ou o bom humor para escrever este livro sem o apoio incansável de nossas famílias e nossos amigos. Para Norm, sua companheira, Kate, e seus filhos, Quentin e Phoenix; e para Zindel, sua esposa, Lisa, e seus filhos, Ariel, Shira e Solomon, são os alicerces de todas as possibilidades.

Por fim, para todos os novos buscadores de sentido: esperamos que o futuro de vocês seja deliciosamente surpreendente.

Sobre os Autores

Norman Farb, PhD, é professor associado de psicologia na University of Toronto Mississauga. Ele estuda a psicologia do bem-estar e tem como foco a neurociência da sensação e dos hábitos mentais, por exemplo, a maneira como nos vemos e interpretamos nossas emoções. Farb está particularmente interessado em saber por que a resistência ao estresse, à depressão e à ansiedade varia de pessoa para pessoa. Ele mora em Toronto com a esposa e os dois filhos. Para expandir os sentidos, Farb costuma experimentar novas receitas, praticar ioga e andar de bicicleta.

Zindel Segal, PhD, é professor titular de psicologia dos transtornos do humor na University of Toronto Scarborough e cofundador da terapia cognitiva baseada na atenção plena. Sua pesquisa sobre a vulnerabilidade à recaída em transtornos afetivos forneceu uma justificativa empírica para oferecer treinamento em meditação de atenção plena às pessoas que sofrem de transtorno depressivo recorrente. Segal continua a defender a relevância do atendimento clínico baseado na atenção plena na psiquiatria e na saúde mental. Ele mora em Toronto com a esposa e os três filhos. Para expandir os sentidos, Segal costuma tocar violão, meditar pela manhã e fazer caminhadas em meio à natureza.

Farb e Segal se conhecem há mais de quinze anos, quando trabalharam juntos em um estudo sobre neuroimagens do método de meditação de atenção plena. Farb estava fazendo doutorado e Segal era professor de psiquiatria em Toronto. Ao longo dos anos, eles realizaram diversas pesquisas juntos e compartilharam o amor pelo basquete. Este é o primeiro livro que publicam juntos.

Introdução

> Demasiada Loucura É o Mais Divino Sentido —
> Para um Olho Criterioso
>
> —Emily Dickinson

Maya tinha uma vida confortável. Ela tinha um emprego estável, ia a shows, comia um taco de vez em quando, praticava ioga, tinha hobbies e também tinha tempo para sair com os amigos. Ao contrário dos protagonistas de grandes obras de ficção, ela não havia passado por nenhum divórcio catastrófico, vício ou falência. Em vez de um famoso arco de redenção do sucesso à escuridão e vice-versa, a vida de Maya era mais equilibrada. No entanto, ela acordava todas as manhãs se sentindo inquieta e insatisfeita. Ela se pegava pensando: "Achei que a vida seria melhor." Mas ela não se sentia melhor. Ela se sentia *estagnada*.

Por ser uma excelente solucionadora de problemas em seu trabalho, Maya havia praticado a tal da autoajuda e tentado se lançar em uma jornada de desenvolvimento pessoal. Ela seguiu todos os guias presentes em livros best-sellers para desenvolvimento pessoal focados em comportamentos que prometiam tornar sua vida melhor. Ela seguiu instruções como: seja persistente, comemore suas vitórias, evite pensamentos negativos, expresse gratidão, esteja presente no momento e visualize suas metas. A ideia era desenvolver o que é benéfico e eliminar o que não é, checando suas anotações periodicamente, para garantir que ela estava "fazendo tudo certo".

Mas nada ajudou. Ela leu diversos livros de autoajuda e, ainda assim, se sentia estagnada. Até mesmo o fato de ser promovida no trabalho não melhorou seu nível de satisfação com a vida em geral. Nos momentos de descanso, Maya se perguntava o que fazer — ela havia seguido os melhores conselhos e ainda se sentia ansiosa e insatisfeita. Como ela poderia "melhorar" quando estava atolada em uma crise existencial sem ter um caminho claro para sair da lama? Quando seus esforços para melhorar fazem com que você se sinta bloqueado e sobrecarregado, a ideia de "melhorar" deixa de fazer sentido. O que de fato isso significa?

A solução veio de uma fonte inesperada. A tia de Maya a arrastou para um grupo de amigas que fazia aulas de tricô. Ao aceitar o convite dela, inicialmente por um sentimento de obrigação familiar, Maya não estava esperando muito. Mas, para a surpresa dela, havia algo sobre a experiência de tricotar que atraiu sua atenção: a sensação das agulhas de plástico em suas mãos, o som metronômico delas se encaixando, o fio deslizando por seus dedos e a destreza necessária para a atividade. Ela sentiu uma surpreendente onda de prazer ao ver os fios de lã se transformarem em algo maior, completo e inteiro. Ela não sabia ao certo como, mas, após cada aula de tricô, de alguma forma, ela se sentia mais leve e livre para pensar de maneira mais criativa, deixando os problemas de lado. O mais importante é que, nesses momentos de exploração da criatividade, ela deixava de se sentir estagnada. E se perguntava por que tricotar era tão diferente das outras coisas que ela fazia na vida, mas não tinha certeza de como tirar proveito dessa experiência.

É aí que nós entramos. Existe uma ciência oculta por trás do fato de ficarmos estagnados e sobre o que fazer a respeito disso. Em geral, isso não está relacionado à falta de habilidades de resolução de problemas, portanto os livros que prometem ajudá-lo a desenvolver essas habilidades podem estar batendo na tecla errada. Em vez disso, começamos a nos sentir estagnados quando nos vemos obrigados a resolver os *mesmos* problemas repetidas vezes. Nós nos tornamos prisioneiros de nossas estratégias de solução de problemas sem ter uma forma clara de como quebrar esse ciclo.

E o perigo é exatamente esse. As pesquisas nos dizem há mais de um século: ficar estagnado *inevitavelmente* leva ao esgotamento. Um parceiro preso à ideia de "ter razão" ganha discussões e perde relacionamentos.

Uma pessoa presa à ideia de "economizar dinheiro" acumula riqueza, mas não felicidade. Alguém preso à ideia de "sentir segurança" evita catástrofes, mas tudo isso à custa de abrir mão das surpresas e maravilhas que a vida proporciona. E se nossos hábitos arduamente conquistados para manter o status quo tiverem se tornado grande parte do problema? Há uma solução, mas não é a que você espera.

Nosso objetivo com este livro é ensinar você a renegociar seus comportamentos habituais, restaurar seu potencial para se desvencilhar deles e voltar a se engajar em sua vida. Essas habilidades o ajudarão a progredir em sua carreira, em seu relacionamento, em seu projeto criativo estagnado — paradoxalmente, abraçando a sensação de não saber como resolver o problema. Se você pensar bem, isso é basicamente a maneira como o mundo se apresenta para nós — com surpresas por todos os lados. Somos condicionados a agir como se o mundo fosse previsível — que *x* mais *y* acabará resultando em *z*, e que *z* trará felicidade. Todos nos dizem que, se trabalharmos o suficiente, adquiriremos recursos e reconhecimento e, com certeza, a satisfação virá... certo?

É claro que existe uma enorme pressão cultural para acreditarmos nessa fórmula, mas o condicionamento não vem só da cultura. O fato é que nosso cérebro é programado para encontrar padrões, adaptar-se a eles e, em seguida, antecipar e responder ao mundo de maneiras previsíveis. Muito disso é útil — essencial, de fato. O problema surge quando seus padrões de percepção, e os hábitos que se seguem, não se alinham mais com a realidade ou com o que você realmente deseja.

Passamos anos — décadas, na verdade — estudando a rede cerebral responsável por encontrar e seguir padrões. Nós a chamamos de Casa do Hábito, embora ela seja mais formalmente conhecida como rede de modo padrão (RMP). Ela comanda muito mais do que você imagina e, na maior parte do tempo, permite que passemos pela vida com muito mais facilidade do que seria possível. Mas, às vezes, essa Casa do Hábito faz as coisas de maneira totalmente errada, e é aí que ela precisa ser contornada.

Por meio de nossa pesquisa — sobre a qual você aprenderá muito mais daqui para a frente —, descobrimos uma maneira de contornar essa parte dominante do cérebro que segue padrões para perceber o que realmente está acontecendo e reagir sem a rigidez dos comportamentos pré-programados que são a base da RMP. Isso pode ser incrivelmente libertador e — a propósito — muito bom para sua saúde mental. Escapar da Casa do Hábito significa ser capaz de descobrir por si próprio o que faz sentido em sua vida, o que precisa mudar, o que deve ser tolerado e o que pode ser desfrutado e valorizado.

Pelo que vemos ao nosso redor, Maya não está sozinha em seu sentimento de insatisfação. Milhões de pessoas, em todas as esferas da vida, estão desesperadas para se "libertarem". O mundo precisa desse tipo de ajuda mais do que nunca. Um dos efeitos colaterais da Covid-19 foi a "Grande Demissão", a percepção de milhões de trabalhadores, desde a equipe de limpeza até o CEO, de que seu emprego atual — e talvez qualquer emprego estável — simplesmente não era para eles. Essas pessoas inquietas talvez não tivessem certeza absoluta do que queriam na vida, mas sabiam que o que tinham não era aquilo que elas realmente queriam.

Esse tipo de inquietação costumava ser chamado de "crise da meia-idade", uma expressão que virou moda na década de 1950. Mais recentemente, os jovens de 25 anos começaram a experimentar a "crise do quarto de vida", principalmente quando as primeiras decepções significavam voltar para a casa dos pais e morar em seu antigo quarto. Essa crise não vem só do fato de percebermos que talvez nos tenham vendido uma visão de mundo excessivamente idealista, mas também por não conseguirmos encontrar uma melhor. Quando a vida cotidiana é governada demais pela RMP, o problema pode assumir diversas formas: bloqueio criativo, esgotamento profissional, fadiga por compaixão ou, até mesmo, uma perda de motivação que não tem uma descrição mais adequada do que "tristeza". Qual é o sentido de tentar quando parecemos um personagem coadjuvante nas histórias de outras pessoas, caminhando a contragosto do berço até o túmulo?

Mas ficar ruminando sobre como a vida não está indo do jeito que você quer não o tira dessa situação difícil. Isso só serve para acumular culpa sobre aborrecimentos em cima de aborrecimentos. Quando você está estagnado e ressentido com a vida que tem hoje, precisa de uma nova maneira de vivenciá-la. Todos os excelentes hábitos de trabalho e hábitos mentais fortalecedores que você aprendeu não vão ajudá-lo. Você simplesmente não consegue *pensar* em uma forma de sair dessa. Na verdade, todo o trabalho árduo que você fez para dar sentido ao mundo ao seu redor pode muito bem ter tecido a rede que o faz se sentir estagnado.

NOSSA PROMESSA A VOCÊ

Muitos programas para se livrar dos obstáculos da vida e viver mais feliz contêm etapas para levar você de um estado de desorganização para um estado de certeza, orientando-o a agir ou a se sentir de determinada maneira. Como você deve ter adivinhado, esperamos fazer o oposto disso. Queremos ajudá-lo a limitar o grau de exploração de seu repertório atual de comportamentos previsíveis e "apropriados" — os hábitos mentais impostos pela RMP — e a encontrar novas opções para se engajar com o mundo ao seu redor. Isso significa ir além do cumprimento de regras e padrões rígidos de percepção e ação e, em vez disso, aprender a buscar a incerteza, a "sentir antes de pular".

Mas isso não significa que queremos enviá-lo a um ashram, a fim de ajudá-lo a encontrar a felicidade, subverter sua faculdade da razão ou afastá-lo do mundo real. Queremos que você floresça no momento presente, exatamente onde você está. Para isso, precisará encontrar um ponto ideal que equilibre a *preservação* dos hábitos que funcionam para você e a *descoberta* de novas maneiras de viver que sejam melhores do que as anteriores. Escapar da tirania da RMP pode ajudá-lo a aproveitar ao máximo duas capacidades humanas que são fundamentais: ser capaz de tirar proveito do que você conhece e, ao mesmo tempo, ter liberdade para explorar o que não conhece. O resultado será uma pessoa revigorada e uma vida mais feliz.

É hora de tornar a vida *melhor*, em todos os sentidos.

1

FICAR ESTAGNADO

É a mesma coisa a vida toda: arrume seu quarto, ajeite a postura, levante os pés... seja legal com sua irmã, nunca misture cerveja e vinho... ah, e não dirija nos trilhos da ferrovia.

—DIA DA MARMOTA

DIA DA MARMOTA* TODOS OS DIAS

Shanice respirou fundo, trocou o emprego estável como gerente de uma grande loja PetSmart e começou a trabalhar por conta própria. Sua confiança veio do fato de ela perceber que a PetSmart não tinha muitos dos produtos que os clientes pediam. Ela entedia os riscos de deixar um emprego com um salário bom, sacar a maior parte de suas economias e assinar um contrato de aluguel de doze meses para um espaço de escritório — tudo isso sem ter recebido um único pedido. Ainda assim, a rede de fornecedores e veterinários que ela havia construído como gerente era o ponto de partida perfeito para vender a própria linha de brinquedos, roupas e coleiras com GPS personalizados e fabricados sob medida para animais de estimação. Além disso, ela era uma pessoa que se destacava pela paixão, pelo empenho e por um esforço incansável — exatamente o que é preciso para ter um negócio bem-sucedido.

* O Dia da Marmota é um festival que acontece anualmente na cidade de Punxsutawney, a 120 quilômetros a nordeste de Pittsburgh, no estado da Pensilvânia, nos Estados Unidos.

Durante meses, ela fez de tudo: contratou funcionários, conduziu reuniões de estratégia, reuniu-se com fabricantes e fez tudo que precisava ser feito. Um ano depois, no entanto, Shanice estava passando mais tempo do que nunca no escritório, movida a adrenalina e a café velho. Então ela começou a perder o controle. Ela passou a ter dificuldade de concentração, a ficar irritada em casa e a perder pedidos, até que um dia as coisas chegaram ao limite. Shanice se viu sentada em uma escada chorando, porque não tinha ideia do que estava acontecendo ou do que fazer a respeito disso. "Eu me sinto esgotada, não tenho mais forças", ela disse soluçando.

Se a história de Shanice lhe parece familiar, é porque ela não está sozinha nessa batalha. Pesquisas indicam que 28% dos empreendedores sofrem com o esgotamento que ronda os fundadores.[1] Os mesmos hábitos que fazem dos empreendedores pessoas bem-sucedidas também podem arruiná-los. O que é realmente insidioso é que, mesmo quando Shanice bateu com a cabeça na parede, ela sentiu que não tinha outra opção a não ser continuar batendo. E seu cérebro entendia que ela não tinha mesmo outra opção. Apesar dos sinais claros de exaustão, o cérebro dela — mais especificamente a rede de modo padrão —, muito condicionado a responder ao estresse ao se empenhar e se esforçar mais, recusou-se a considerar até mesmo a possibilidade de reduzir o ritmo ou mudar o caminho.

Esse tipo de colapso não acontece só com empreendedores; também acontece com artistas, professores, médicos, engenheiros — qualquer pessoa que se dedique à ocupação. Quase um terço dos trabalhadores adultos dos EUA relatou ter uma sensação de exaustão relacionada ao trabalho antes da pandemia;[2] agora, mais de 50% dos trabalhadores diriam que eles estão sofrendo com burnout.[3] O sucesso não oferece nenhuma proteção contra essa sensação — vimos isso acontecer recentemente com atletas mundiais.[4] Quando a abordagem profundamente arraigada para superar a adversidade é continuar seguindo em frente, fazer uma pausa pode soar como fracasso, mesmo quando claramente é a coisa certa a fazer.

Embora seja cada vez mais comum hoje em dia, estar em uma situação de vida em que o status quo parece seguro, porém insustentável, não é algo exclusivo de nossa época. Uma das maiores obras de toda a literatura, escrita no século XIV, começa assim:

No meio do caminho da vida, eu me vi
Perdido em um bosque tão escuro que o caminho
À frente estava apagado.

Quinhentos anos depois que Dante introduziu sua *Divina Comédia* com essas palavras desoladas, o filósofo dinamarquês Søren Kierkegaard usou o termo "angústia" para descrever um vago pavor ou ansiedade por nada em particular, o que ele achava que poderia ser a condição humana. No final do século XIX, a palavra francesa "ennui" estava sendo usada para descrever uma insatisfação generalizada com a vida industrial. Os alemães tinham uma palavra para descrever esse sentimento: "Weltschmerz". O músico, cantor e compositor Mark Knopfler chamou isso de "doença industrial".

Seja qual for o termo usado, a ideia compartilhada é que o trabalho, a segurança e um mínimo de proteção às vezes não proporcionam uma sensação de satisfação, realização e paz, mas um profundo sentimento de inquietação. Esse ennui/Weltschmerz/angústia/pavor/ansiedade flutuante sugere que tudo o que conquistamos ou experimentamos não é, neste momento, o que esperávamos.

Parece que a escada que leva a um significado mais profundo e ao florescimento continua sendo puxada para cima, ficando fora de nosso alcance. Atendemos às nossas necessidades mais básicas, mas onde esperávamos encontrar significado, descobrimos o vazio. Resumindo, simplesmente não estamos felizes.

O TETO DE VIDRO DE MASLOW

No início da década de 1940, o psicólogo norte-americano Abraham Maslow desenvolveu um conceito que, desde então, tem sido transmitido em cursos introdutórios de psicologia. Ele visualizou a hierarquia das necessidades humanas na forma de uma pirâmide, com as coisas que nos mantêm vivos — comida, abrigo, calor — como meramente básicas, necessárias, mas de forma alguma suficientes para produzir um sentimento de satisfação com a vida.

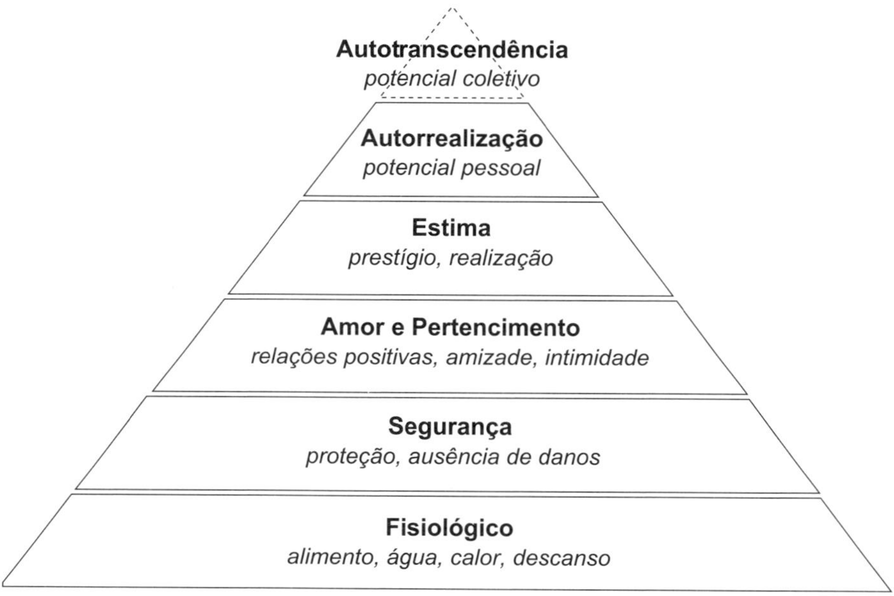

Maslow reconheceu que alcançar a autorrealização ou a autotranscendência é raro, com a incapacidade de satisfazer necessidades mais básicas servindo como um "teto de vidro" para as ambições de alcançar o auge da autorrealização. Complementando os dados sobre burnout citados anteriormente, uma pesquisa recente nos EUA revelou que apenas dois em cada cinco norte-americanos acreditam estar perto do topo da pirâmide de Maslow, no estado positivo que poderíamos chamar de florescimento.[5] Mas Maslow provavelmente nunca imaginou quantas pessoas em posições privilegiadas e abastadas ainda estão estagnadas nos níveis inferiores. É preocupante o fato de que uma em cada cinco pessoas — ou seja, 60 milhões de pessoas nos Estados Unidos — acredita estar no estado oposto do florescimento — definhamento —, sendo que os adultos mais jovens têm maior probabilidade de estar nesse estado de apatia e inquietação.

Considerando quanto avançamos como espécie, por que tantos de nós estão definhando? Obviamente, nosso mundo ainda apresenta muitos problemas — autocratas inconstantes, vírus emergentes, desigualdade econômica e racial, enchentes e fome, ameaças terroristas e violência militar. Até mesmo algumas das nações mais desenvolvidas e privilegiadas do mundo parecem estar se desintegrando. Ainda assim, para a maioria das pessoas, na maioria dos países desenvolvidos, esta é uma época muito boa para se estar vivo. No último século, os avanços na medicina e na saúde pública proporcionaram uma grande diminuição da mortalidade infantil e a expectativa de vida média aumentou muito em comparação com qualquer outra época da história da humanidade, apesar das quedas relacionadas a pandemias. Podemos viajar para quase todos os lugares, conviver com pessoas de outras culturas e religiões, além de — deixando de lado as objeções dos pais — namorar e casar seguindo nosso coração. Nunca tantas pessoas conseguiram satisfazer suas necessidades físicas básicas, o "andar térreo" da hierarquia de Maslow.

Será que o definhamento é, então — usando um pejorativo atual —, um "problema de primeiro mundo", ou seja, algo que incomoda pessoas privilegiadas que não têm problemas *de verdade*? Será que todos aqueles que se sentem estagnados, frustrados, bloqueados ou perto do ponto de ruptura são simplesmente pessoas ingratas que não reconhecem tudo o que têm de bom?

Sugerimos que não. Para entender o que realmente está acontecendo, podemos recorrer ao trabalho de outro erudito da década de 1940, o endocrinologista húngaro-canadense Hans Selye, que apresentou ao mundo a Síndrome de Adaptação Geral (SAG), mais conhecida como resposta ao estresse. Selye descreveu como evoluímos para sobreviver quando não temos certeza de que nossos recursos são suficientes para atender às demandas da vida. Embora possa ser estimulante ter alguma incerteza em relação à nossa capacidade de enfrentar um desafio, ter desafios demais pode fazer com que tudo saia rapidamente do controle. Imagine a sensação de ter que correr mais uma volta no final do treino quando você já está cansado e compare-a com a sensação de ser informado de que você ainda tem mais dez voltas pela frente. A explosão de entusiasmo e determinação que você sentiu ao se esforçar para alcançar a linha de chegada pode, de repente, se transformar em preocupação e pessimismo quando essa linha lhe parece impossível de ser alcançada.

O CORPO MANTÉM O PLACAR

A contribuição de Selye consistiu em nos ajudar a entender como e por que ocorre o colapso. Ao longo de décadas de pesquisa, ele demonstrou que nosso corpo responde à presença do estresse em três fases previsíveis: uma fase inicial de alarme, na qual tomamos consciência do estresse e somos motivados a agir; uma fase de resistência ou adaptação, na qual tentamos conviver com a presença do fator de estresse; e, se o estresse não for sanado, chegamos a uma fase final de exaustão, que é biologicamente catastrófica, levando, às vezes, à morte do organismo.

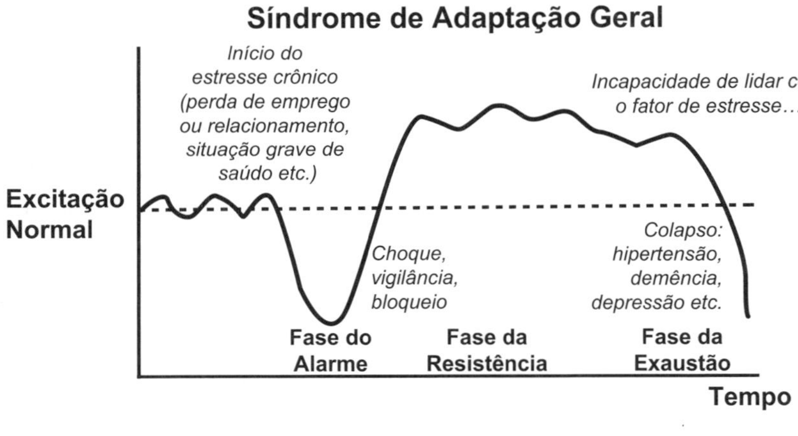

O que torna o trabalho de Selye tão relevante para nossa discussão é que, embora a tecnologia e a cultura tenham mudado drasticamente desde a Revolução Industrial e a taxa de mudança tenha disparado desde a Revolução da Informação, o hardware do corpo humano não sofreu muita alteração em pelo menos cem mil anos. O que chamamos de "definhamento" é compatível com o hardware que foi levado ao ponto de ruptura pelo estresse não sanado.

Mas por que tantas pessoas bem alimentadas, seguras e razoavelmente protegidas estão sentindo esse estresse debilitante e crônico? Para começar, o capitalismo do século XXI não é para aqueles que têm o coração fraco. O mundo atual parece deixar *tudo* a cargo do indivíduo, da saúde à carreira, do planejamento da aposentadoria às 27 opções diferentes de serviço telefônico — tudo isso enquanto se espera que criemos os filhos e, quem sabe, também cuidemos dos pais idosos, sem mencionar preocupações mais amplas, como a inflação, o aquecimento global, os ataques à democracia e uma cultura de trabalho que agora espera que você fique disponível 24 horas por dia, 7 dias por semana. Portanto, o nível de estresse no ambiente de trabalho costuma ser elevado a 11. Mesmo quando não há ameaças imediatas à vida ou à integridade física, a falta de segurança no emprego, as ameaças do passado à nossa segurança ou a ansiedade em relação ao futuro nos forçam a permanecer atentos aos perigos que estão à espreita.

A ansiedade persistente sobre um futuro ambíguo é exacerbada pelo acesso inigualável à mídia sobre tudo o que há de errado com o mundo. É estatisticamente inevitável que, a qualquer momento, algo terrível esteja acontecendo com pelo menos algumas das bilhões de pessoas com as quais agora estamos conectados por meio eletrônico. Podemos estar fisicamente protegidos de um tiroteio na escola, de uma guerra civil ou de um tornado, mas, graças à mídia social e às notícias 24 horas por dia, 7 dias por semana, sentimos os efeitos disso percorrendo nosso sistema neuroendócrino.

E não é como se as redes sociais e as plataformas que nos conectam a tantas outras pessoas representassem a realidade de maneira neutra. O Twitter e o Facebook foram criticados por apresentar modelos de negócios que buscam nos manter envolvidos com situações que causam choque, indignação e ameaça à nossa sensação de proteção e segurança. Enquanto isso, propositadamente eles promovem um conteúdo que prejudica nosso sentimento de adequação para nos vender coisas das quais talvez nem precisemos.[6] Documentos internos do Instagram que vazaram mostram que, quando os responsáveis tomaram conhecimento de como a plataforma estava afetando negativamente a saúde mental de meninas adolescentes, sua única resposta foi tentar determinar como fazer com que essas jovens influenciáveis passassem *mais* tempo na plataforma.[7] Parecia haver pouca ou nenhuma preocupação com as imagens irreais que os algoritmos de captura de atenção estavam empurrando com maestria para mentes influenciáveis.

Há muito tempo, nosso espaço mental é disputado em um campo de batalha caracterizado pelo cientista político Herbert A. Simon como "a economia da atenção". E qual é a maneira mais segura de capturar a atenção de alguém? Sugerir uma iminente situação de ameaça. Se nos aprofundarmos no trabalho de Selye, veremos que nosso sistema neuroendócrino responde à percepção do perigo com maior vigilância e monitoramento, ou seja, atenção concentrada. Se o sinal de ameaça puder ser sustentado por relatórios incessantes de revolta, contágio ou extremismo político antitético às suas opiniões, sua atenção aumentará ainda mais. Cada postagem ou comentário no feed de notícias atinge seu sistema nervoso da mesma forma que o som de um galho quebrando pode gerar pânico se você estiver voltando para casa à noite e achar que alguém pode estar seguindo você.

Não podemos atualizar nosso hardware neural, que evoluiu para administrar a caça e a coleta há centenas de milhares de anos, mas podemos atualizar o software. E podemos fazer isso ao revisar a "programação interna" que desenvolvemos para organizar nossa experiência e conduzir nossa vida cotidiana. Isso não significa "melhorar" nossos hábitos. Significa ir *além* dos hábitos.

ENQUANTO ISSO, DE VOLTA À TORRE DE MARFIM

Desde a década de 1970, médicos, psicólogos e outros profissionais têm oferecido técnicas como meditação e ioga para lidar com o estresse persistente, o esgotamento, o desinteresse e a depressão. Embora algumas abordagens enfatizem o *desligamento* da mente — um processo de subtração —, descobrimos o poderoso efeito da adição. Foi uma mudança de paradigma para a psicologia ocidental, que, em grande parte, tratava os pensamentos perturbadores como uma praga a ser confrontada e exterminada. O movimento emergente da atenção plena inverteu o roteiro, sugerindo que ter esses pensamentos negativos não era um problema, mas tratá-los como especiais era. A atenção plena sugeria que um pensamento negativo era apenas um dos muitos pensamentos comuns que passam por nossa mente, privando uma história dolorosa de sua gravidade mental. No entanto, grande parte dessas técnicas tinha se esquivado de uma descrição científica, envoltas na mistificação ocidental das tradições orientais.

Como psicólogo, o coautor Zindel Segal ajudou a desenvolver a terapia cognitiva baseada na atenção plena, um dos programas de treinamento mais amplamente utilizados para promover a saúde mental. Na primavera de 2004, ele conheceu seu parceiro de escrita para este livro, Norm Farb, um estudante de graduação que estava trabalhando em alguns dos primeiros estudos de neuroimagem sobre como o treinamento da atenção plena é capaz de alterar o cérebro. Juntos, descobrimos que tínhamos a combinação perfeita de habilidades para aproveitar o treinamento da atenção plena para entender a transição do definhamento para o florescimento no cérebro.

Nós dois compartilhávamos um grande interesse em como o novo aprendizado permite que o cérebro se reorganize — um conceito chamado neuroplasticidade. Naquela época, considerava-se que a psicoterapia, as atividades físicas, a meditação e a ioga tinham efeitos neuroplásticos, mas havia muito poucas evidências palpáveis. Nós nos propusemos a mudar isso.

O trabalho de Sara Lazar, Richard Davidson e outros pioneiros científicos sugeriu que uma vida inteira de meditação poderia retardar o envelhecimento do cérebro e sincronizar as ondas cerebrais. Mas queríamos ir além dos estudos sobre aqueles que tiveram a sorte de passar por um treinamento extensivo, para nos concentrarmos na parte do estudo para a qual ninguém estava dando atenção: como a meditação pode ajudar pessoas comuns a controlar melhor suas emoções.

Um indício da literatura clínica sugeriu que as pessoas que levam as coisas para o lado pessoal — ou seja, que consideram que os comentários, os gestos e as ações de outras pessoas são direcionados a elas mesmas — geralmente apresentam mais problemas psicológicos. Portanto, talvez a meditação funcione, por reduzir essa autorreferência. Afinal, os textos clássicos sobre meditação prometem o "não eu", o "sem eu" ou, para citar o músico, cantor e compositor George Harrison, a eliminação do "eu sou mais eu". O budismo, uma das tradições antigas que deu origem à atenção plena e à meditação, ensina que o "eu" nada mais é do que uma criação mental, e enxergar as coisas pelas lentes do "eu" pode se tornar uma fonte de sofrimento e fragmentação. Da perspectiva budista, o florescimento tem início com a manutenção de uma "mente de principiante", na qual você deixa de lado as expectativas relacionadas a seu autoconceito. Mas como é possível medir o grau de egocentrismo de uma pessoa? Tivemos a sorte de poder aproveitar uma linha de pesquisa ocidental que vem sendo desenvolvida há três décadas.

No início da década de 1970, Fergus Craik e seus colegas da University of Toronto demonstraram o papel da autorreferência na retenção de informações.[8] Eles mostraram que os participantes do estudo que foram questionados se uma palavra se aplicava a eles como indivíduos se lembravam mais da palavra do que os participantes que foram questionados sobre algo menos pessoal, como se a palavra estava impressa em letras maiúsculas ou minúsculas. A descoberta de que o cérebro prioriza a autorreflexão em detrimento de outros tipos de pensamento foi um achado importante, validando a caracterização budista da vida mental e, também, ajudando a explicar por que as pessoas ficam presas em uma autojulgamento negativo. Se o autojulgamento é um processo mental priorizado, então podemos começar a entender a descrição de Selye sobre ficar preso a um modo de resistência que leva ao esgotamento: a resistência começa com um autojulgamento do tipo "não tenho certeza se sou capaz de lidar com essa situação", e o cérebro prioriza esses julgamentos ao excluir outras opções.

Em 2005, realizamos nosso primeiro estudo de neuroimagem com um protocolo semelhante.[9] Pedimos aos participantes que *julgassem* se determinadas palavras os descreviam ou não, uma versão controlada em laboratório de julgamentos do tipo "sou bom o suficiente?" que acionam a resposta ao estresse. Estudos anteriores identificaram que as regiões do cérebro que sustentam a autorreferência estão localizadas ao longo da linha média cerebral — mais especificamente no córtex pré-frontal medial.[10] Portanto, não nos surpreendeu muito o fato de que a linha média do cérebro dos participantes do estudo tenha se iluminado.

Em seguida, veio o teste crítico. Pedimos aos participantes que lessem as palavras relacionadas às características pessoais sem fazer nenhuma autoavaliação. Em vez disso, solicitamos a eles que *sentissem* quaisquer sentimentos, pensamentos ou sensações físicas que pudessem ter em resposta a essas palavras. Nossa hipótese era que a *sensação* suprimiria o eu conceitual e racional e, junto com ele, o impacto do autojulgamento. Afinal de contas, se você se livrar do eu, não haverá ninguém para ter baixa autoestima, sentir culpa e desesperança, não é mesmo?

Sabíamos que o cenário era desfavorável à capacidade dos participantes de mudar para a percepção sensorial. Os estudos de memória da década de 1970 mostraram que o cérebro prioriza o autojulgamento em relação a praticamente qualquer outro tipo de pensamento. Estudos mais recentes chamaram as estruturas cerebrais que impõem essa prioridade de rede de modo padrão.[11] A RMP domina a atividade cerebral mesmo quando o cérebro está em repouso, desviando recursos das partes sensoriais do cérebro.

Para termos uma chance de demonstrar uma fuga dessa forte tendência à autorreferência, recrutamos pessoas que se inscreveram em um curso de oito semanas para aprender a "transcender o ego" por meio da meditação. Designamos aleatoriamente metade dos participantes para serem analisados por meio de ressonância magnética (MRI) após a conclusão do curso. A outra metade havia se inscrito para o treinamento, mas ainda não o havia feito, o que é conhecido no ramo como "grupo de controle de lista de espera".

Em 2006, concluímos um dos primeiros estudos de neuroimagem do mundo sobre o treinamento de atenção plena. Os dados que estávamos obtendo eram bons, mostravam que o autojulgamento iluminava a RMP do cérebro. Validamos nosso programa de treinamento de atenção plena, desenvolvemos métodos de última geração para obter imagens do cérebro e reunimos uma excelente equipe de pesquisa com vasta experiência clínica e em neurociência. Nós, inclusive, validamos esse treinamento, porque as pessoas que o concluíram estavam se sentindo muito melhor do que o grupo de controle que estava na lista de espera para fazer o curso, mas que ainda não havia participado. A grande questão, no entanto, era: seríamos capazes de demonstrar que a meditação reduziu o estresse ao quebrar o impulso incessante da RMP para o autojulgamento?

Analisamos os dados de ressonância magnética funcional (fMRI), buscando evidências específicas de que as pessoas que meditam eram capazes de reduzir a tendência de se autojulgarem. Nossa hipótese apresentou um sucesso parcial: quando as pessoas se concentraram em sentir a experiência, observamos uma atividade menor nas áreas do cérebro da RMP que sustentavam o julgamento tanto nos grupos que passaram pelo treinamento quanto os que não passaram.

No entanto, não conseguimos encontrar muitas evidências de que as pessoas que fizeram o treinamento em meditação de atenção plena conseguiam reduzir o autojulgamento de uma maneira *melhor*. Tentamos todos os truques possíveis para esclarecer esse efeito e passamos quase um ano refazendo nossas análises. Fizemos diversas reuniões para falar sobre como essa "região do eu" no cérebro simplesmente não se desligava, lamentando o fato de que o treinamento em meditação de atenção plena não estava sustentando nossa teoria. Continuamos ignorando o fato de que tínhamos evidências dos efeitos do treinamento em outras partes do cérebro. Isso porque eles não estavam acontecendo onde esperávamos que estivessem. Não estávamos enxergando exatamente aquilo que procurávamos, ou seja, a redução da autorreferência conceitual. Em vez disso, *estávamos* observando uma maior atividade em partes aparentemente irrelevantes do cérebro que sustentavam a sensação corporal.

E, então, nos demos conta de uma coisa. Os benefícios da meditação de atenção plena não advêm do fato de nos *livrarmos* do eu. O que os dados mostraram foi uma *expansão* do eu na forma de entrada sensorial imediata. Os autojulgamentos negativos são enfraquecidos não por "julgar o julgamento" e suprimir o impulso, mas por enriquecer o autoconceito com experiências novas, contraditórias, perturbadoras e, por fim, criativas. Em vez de *desligar* as partes do cérebro que sustentam o julgamento, as pessoas treinadas na percepção das sensações aprenderam a *ativar* outras regiões do cérebro dedicadas à sensação. Conclusão: apesar de iniciar o treinamento tão estressado, ansioso e deprimido quanto o grupo de controle, após o treinamento, o grupo de atenção plena se sentiu melhor.

Todos nós sabemos, intuitivamente, que uma explosão de sensações ajuda a melhorar nosso humor. Deixar de pensar e se esforçar, conectar-se à capacidade do corpo de sentir o mundo — observar as ondas do mar ao pôr do sol, sentir o cheiro de flores de lavanda — pode aliviar momentaneamente o estresse e esvaziar a mente.

O que não percebemos é como essa resposta natural e restauradora foi suprimida em cada um de nós por uma vida inteira de contraprogramação. Quando crianças, somos instruídos a "parar de perder tempo e nos concentrarmos"; quando adolescentes, a "assumir a responsabilidade e nos concentrarmos nas tarefas escolares"; quando adultos, a "dedicar tempo e nos esforçarmos até alcançar o sucesso". Embora cada uma dessas recomendações seja bem-intencionada, em conjunto elas transmitem uma mensagem coerente: sentir o mundo é uma perda de tempo, a menos que ela o ajude a fazer algo que seja útil. À medida que crescemos, ninguém nos diz que a sensação é uma habilidade que enfraquece diante do estresse. Se essa habilidade for negligenciada, podemos estar colocando nossa saúde mental em risco. E, após uma vida inteira de negligência, é muito menos provável que aproveitemos os benefícios da consciência das sensações, principalmente quando mais precisamos deles.

Exercício: Conheça Seus Sentidos

Mergulhar em nossas sensações pode significar assistir ao pôr do sol no Oceano Pacífico de um penhasco perto de Big Sur, na Califórnia, ou sentir o cheiro de sal e ozônio de uma tempestade tropical debaixo de uma palmeira balançando para lá e para cá. Mas nada diz que isso precisa ser tão majestoso.

Os participantes de nossos estudos aprenderam a se envolver em sensações do momento presente como parte do cotidiano. No entanto, isso requer prática, em parte porque nossos sentidos são tão hábeis que geralmente não damos valor ao seu trabalho.

Disponibilizamos a seguir alguns exercícios que você pode fazer para começar. Você pode fazê-los em qualquer lugar, mas é importante reservar um tempo e eliminar as distrações. Você colhe exatamente aquilo que planta e, ao fazer esses exercícios, é importante prestar muita atenção.

1. **Visão**

   Seus olhos traduzem a luz em dados de imagens complexas para o cérebro decodificar. A visão é considerada o mais poderoso dos sentidos porque dependemos mais dela do que da audição ou do olfato para coletar informações do ambiente.

   A prática: *Seja em um ambiente fechado ou ao ar livre, olhe ao redor e escolha cinco coisas que estão ao alcance de sua visão e diga ou escreva o nome delas. Em seguida, feche os olhos por um momento. Quando abrir os olhos novamente, olhe ao redor outra vez, só que, agora, escolha cinco coisas que você não listou da primeira vez, talvez porque estavam em segundo plano ou perdidas em um cenário poluído. Reflita por um momento e diga o nome de cada coisa que você observou.*

2. **Toque**

   O tato, talvez o primeiro sentido que os seres humanos desenvolveram, funciona por meio de receptores específicos que ficam logo abaixo da pele e que transmitem sinais de pressão e temperatura para o cérebro. Por ser o maior órgão do corpo, a pele pode proporcionar uma leitura rápida do que você está sentindo.

A prática: *Seja em um ambiente fechado ou ao ar livre, peça a um amigo para coletar uma variedade de pequenos objetos para você e colocá-los em uma sacola, de modo que você não os veja. Pode ser qualquer coisa: uma pedra, uma moeda, um lápis, uma bola de tênis, conchas, folhas, um punhado de arroz. Em seguida, feche os olhos e coloque uma mão, ou ambas, na sacola e sinta cada item, explorando seus contornos e suas dimensões. Talvez você consiga reconhecer e falar o nome do objeto, mas o mais importante é perceber a sensação de tocar um objeto sem saber o que é, para observar o que vem à mente antes de ser aplicado um rótulo.*

3. **Audição**

A audição é resultado da presença de ondas sonoras no ar que atingem nossos tímpanos, transferem as vibrações por meio de ossos e fluidos e enviam sinais sonoros ao cérebro. As ondas sonoras vibram em uma frequência única e, quando chegam ao ouvido, são amplificadas, para que o cérebro consiga distinguir entre fala, riso, música e o restante da experiência auditiva.

A prática: *Busque na memória as últimas vezes em que saiu de casa e, em seguida, faça uma lista dos sons que você pode ter ouvido. Dependendo de sua localização, você pode ter ouvido o som de um carro se aproximando ou buzinando, do canto de pássaros, de pessoas conversando, de uma porta batendo, do vento movendo os galhos das árvores, das portas de metrô se fechando, de um cachorro latindo, de passos na grama ou no cascalho. Agora, saia ao ar livre e ouça esses sons; ao ouvir cada som anotado em sua lista, risque-o dela.*

4. **Olfato**

O olfato começa quando inalamos o ar pelo nariz. As substâncias químicas presentes no ar atingem as células no teto da cavidade nasal e na fenda olfativa, que transmitem informações ao cérebro para serem decodificadas na forma de cheiros. Calcula-se que somos capazes de detectar mais de 1 trilhão de aromas diferentes.

A prática: *Encontre cinco coisas, em sua casa ou fora dela, algumas familiares e outras desconhecidas, e experimente cheirá-las. Ao inspirar o ar, tente identificar cada aroma da maneira mais vívida possível, nomeando-o se possível, mas também considerando aquilo com o que você mais o associa. Por exemplo, para você, o aroma cítrico de uma casca de laranja pode lembrar as tangerinas que vêm em caixas de madeira, aquelas que você costuma consumir com a família durante as festas de fim de ano. Alguns pontos de partida para o olfato podem ser o aroma da borra de café, de uma toalha de banho, de temperos de cozinha, como canela, gengibre ou curry em pó, de uma barra de sabão, de água fervente, da terra para vasos de flor, de sua axila, de folhas molhadas. A área do olfato e da memória ficam próximas uma da outra no cérebro, o que explica por que os cheiros geralmente provocam lembranças. Preste atenção para ver se algum desses aromas produz esse efeito em você.*

5. **Paladar**

A língua é nosso principal órgão gustativo. Milhares de papilas gustativas dividem os sabores em categorias, como salgado, doce, azedo, amargo e picante. A mastigação e a deglutição fazem com que os sabores de diferentes partes de uma refeição se combinem em nossa boca. Cada um desses sabores é sentido pela língua, e esses dados são enviados ao cérebro. O cérebro, então, decodifica essas informações para nos ajudar a identificar os sabores.

A prática: *Na próxima vez em que for comer algo, observe se consegue nomear cada sabor característico — salgado, doce, azedo, amargo ou picante. Você pode experimentar fazer isso durante um lanche, com apenas um tipo de comida, ou durante uma refeição maior, com uma variedade de alimentos. Quando reconhecer o sabor que mais consegue identificar, diga o nome em voz alta.*

Assim como os participantes do nosso estudo, você deve ter notado que nem sempre é fácil mergulhar em sensações puras. Muitas vezes, há outras coisas se passando em nossa mente, mesmo quando tentamos nos concentrar e prestar bastante atenção. Todo o esforço necessário para manter o foco na sensação ressalta a rigidez de maneiras mais familiares de se relacionar com nossa experiência, os hábitos e as rotinas mentais que organizam nossa mente.

2

A CASA DO HÁBITO

Nós somos o que fazemos repetidamente.

—Will Durant

VIDA NA REDE DE MODO PADRÃO

Desde a infância, somos instruídos a prestar atenção, resolver problemas, não nos distrairmos, dar nosso melhor e, acima de tudo, adiar a gratificação até que a tarefa tenha sido concluída com sucesso. O resultado disso são muitos desafios mentais e emocionais decorrentes do fato de passarmos muito tempo refletindo — principalmente sobre como estamos nos saindo — e não passarmos tempo suficiente apenas explorando, desfrutando do mundo sensorial ao nosso redor.

O fato de sermos cientistas não significa que estamos imunes a essa propensão. Em nossa primeira pesquisa, estávamos tão empenhados em ajustar o critério que demoramos muito tempo para enxergar o que os dados estavam indicando. Um enorme ponto cego em nossa análise inicial nos impediu de perceber que havia algo mais importante do que o aumento da cognição que determinava o bem-estar. De maneira um tanto irônica, um dos motivos de nosso fracasso foi a rede responsável por nossa mentalidade individual: a rede de modo padrão. Todas as vezes em que analisamos os dados esperando ver a RMP ser desativada por meio do exercício da atenção plena, todas as vezes em que nos surpreendemos e nos decepcionamos quando não conseguimos observar um movimento na atividade da RMP, era a nossa RMP que estava nos atrapalhando a ter esse novo insight.

A Casa do Hábito formada pela RMP se estende como uma barbatana dorsal sobre o cérebro, com dois núcleos extras, um acima de cada ouvido. Ele não é apenas o epicentro da consciência pura do "eu" e o centro da capacidade de discernimento, mas também a parte que nos leva a nos concentrarmos no que ele considera as tarefas mais essenciais para a sobrevivência. A RMP combina as respostas adquiridas (os hábitos) com a complexidade da situação específica que temos diante de nós a qualquer momento. Esse estímulo protetor, que nos mantém no domínio do hábito, é uma enorme vantagem quando precisamos ser eficientes com relação à nossa atenção. É a RMP que elimina o esforço de ações repetitivas e automáticas (às vezes chamadas de "atividades sem pensar"), como escovar os dentes. A RMP também cria modelos para comportamentos mais complexos, mas, que, ainda assim, são rotineiros, como dirigir até o trabalho ou fazer uma apresentação bem ensaiada. Ela nos permite transitar por lugares conhecidos, atravessar um fluxo de pessoas ou de veículos ou preparar receitas conhecidas e, ao mesmo tempo, ter os requisitos mentais disponíveis para pensar no futuro, ouvir música ou um podcast. De maneira mais ampla, seu suprimento imediatamente disponível de respostas prontas para serem usadas nos permite manter um senso de quem somos e como nos encaixamos em um grupo maior. Sem a RMP, teríamos que reaprender essas informações contextuais todos os dias, restando pouco tempo para outras atividades.

No entanto, manter uma variedade completa de respostas automáticas na ponta da língua tem um custo: a necessidade de adequar a situação ao hábito com rapidez, a fim de garantir nossa sobrevivência, muitas vezes mantém um cérebro "em repouso" tão ocupado quanto um cérebro em atividade. Como nosso padrão é tentar resolver problemas, comparar-nos uns com os outros, remoer o passado e planejar o que o cérebro antecipa como sendo o futuro, o mais próximo que chegamos do descanso mental geralmente é por meio da divagação da mente. No entanto, mesmo quando a mente se sente livre o suficiente para divagar, ela não o faz de maneira aleatória; ela segue caminhos já conhecidos que podem se tornar contraproducentes, exaustivos e debilitantes.

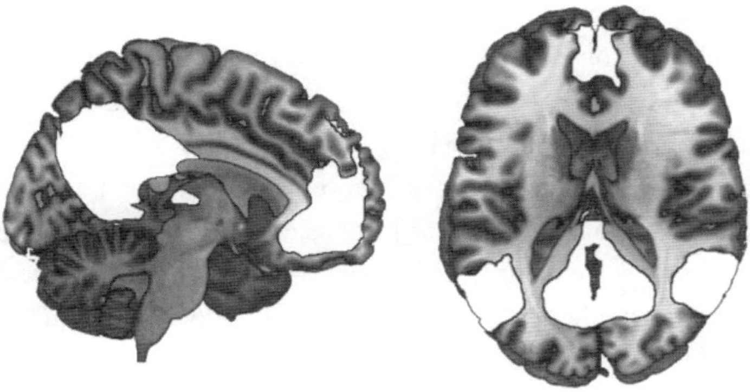

Rede de modo padrão. Imagem da esquerda: vista lateral; imagem da direita: vista de cima.

Talvez a demonstração mais impressionante da importância da RMP na vida humana é uma série de estudos que mostram que permitir que uma pessoa se desligue de tarefas específicas enquanto passa pelo scanner é uma das maneiras mais confiáveis de ativar a RMP.[1] Ao final de uma tarefa que exige esforço, como memorização ou rotação mental, geralmente dizemos aos participantes para "descansar e relaxar". No momento em que eles "soltam o volante" e param de guiar a mente, a RMP entra em ação, criando narrativas que envolvem planejamentos, arrependimentos, obrigações e desejos. Foi sugerido que a RMP é a matriz biológica do fluxo de consciência, ou o monólogo interno que todos nós experimentamos *como* consciência.[2]

A denominação da RMP só ocorreu por volta da virada do novo milênio, mas o inventor do eletroencefalograma,[3] Hans Berger, mostrou, há mais de um século, que a atividade elétrica no cérebro permanece alta mesmo quando a mente está supostamente em repouso. (Talvez seja isso que o matemático francês Blaise Pascal tinha em mente em meados do século XVII, quando atribuiu todos os problemas do mundo à incapacidade do ser humano de se sentar sozinho em uma sala.[4])

Na década de 1950, com a evolução da tecnologia da neurociência, adquirimos a capacidade de mensurar a atividade metabólica no cérebro — quanto oxigênio e açúcar são consumidos a cada momento — com uma técnica de imagem chamada tomografia por emissão de pósitrons (PET–CT). Usando os exames de PET–scan, Louis Sokoloff e sua equipe fizeram a surpreendente descoberta de que passar do repouso para a resolução de problemas de matemática *não* alterava a atividade cerebral.[5] Na década de 1970, David Ingvar observou que algumas partes frontais do cérebro ficavam, na verdade, *mais* ativas durante o repouso do que durante o processamento mental "com esforço".[6] Estudos como esses deram origem a uma teoria de que talvez todo o monólogo interno que fazemos simplesmente não seja registrado como esforço porque é tão abrangente e persistente que parece natural. É apenas algo que você faz sem perceber, como respirar.

Exercício: Porta Aberta na Casa do Hábito

Embora, à primeira vista, possa parecer extraordinário o fato de existir um sistema cerebral que esteja sempre gastando energia, sem nunca descansar de verdade, você pode testar essa ideia por si mesmo. Após terminar de ler este parágrafo, pare de ler por cerca de trinta segundos e observe o que acontece em sua mente. Não é necessário fazer nada de especial, apenas deixe sua mente fazer o que ela quer fazer naturalmente, sem precisar se concentrar em nada ou obter a "resposta certa". Pronto? Comece agora!

...

...

...

E... estamos de volta! Em seguida, faremos três previsões do que aconteceu com base em nossos anos de experiência em psicologia e uma boa dose de ousadia. A primeira é que *sua mente não estava muito tranquila ou descansada*. É provável que você tenha se perguntado algo como: "O que eu deveria estar fazendo? Será que estou fazendo certo? Não estou sentindo nada! Isso é besteira!" Ou talvez tenha sentido uma pontada de ansiedade ao tentar fazer a contagem regressiva de trinta segundos. Talvez você tenha pensado que é bobagem fazer esse teste ou tenha se preocupado com o fato de que a experiência não corresponderia às expectativas. Talvez tenha ficado animado e curioso com a chance de ter essa experiência. Ou talvez sua mente tenha se voltado imediatamente para algo como "O que tem para o jantar?". Mas podemos presumir com tranquilidade que você não ficou completamente indiferente durante trinta segundos e, depois, voltou a ler.

Esta é a segunda previsão: quer você tenha experimentado uma cacofonia de diálogos internos ou apenas alguns momentos de clareza, acreditamos que a maioria de seus pensamentos não envolveram temas como arte, justiça ou álgebra. Muito provavelmente, eram pensamentos sobre você! "Por quanto tempo vou fazer este teste? O que vou conseguir com isso? O que eu deveria estar sentindo?" Eu, eu, eu, eu, eu, eu! E por que não?

Em nossa terceira previsão, vamos supor que, quando você deixou a mente "descansar", não só teve pensamentos automáticos e não só esses pensamentos eram sobre você, como também eram bastante *familiares*. O que queremos dizer com isso é que, se você e mais três amigos transcrevessem os pensamentos que tiveram durante esses trinta segundos, provavelmente conseguiriam identificar a quem cada um deles pertencia. Se você é uma pessoa que fica entediada com facilidade, pode ter pensado em tédio e perda de tempo. Se você trabalha demais, talvez tenham surgido pensamentos sobre quão cansado está. Se você gosta de comer, talvez tenha pensado no jantar. Se a escola ou o trabalho são prioridades em sua vida, talvez uma prova ou algum prazo tenha surgido em mente. E se você estiver passando por um problema de relacionamento — adivinhe quem apareceu em seus momentos de silêncio?

Embora em um momento de divagação mental algumas frases de monólogo interno possam parecer banais, sugerimos que não se trata disso. É só a RMP o levando de volta a seus padrões habituais, talvez até obsessivos. Apesar de seus muitos aspectos negativos, o egocentrismo da RMP pode servir como um contrapeso para o excesso de envolvimento em uma atividade ou na tarefa de outra pessoa. É aquela voz em sua cabeça perguntando quando você pode fazer uma pausa durante uma atividade pesada ou questionando a relevância de uma palestra chata a que você está assistindo. Embora grande parte do cérebro esteja preparada para resolver problemas e se envolver com o mundo ao seu redor, a RMP nos lembra de cuidar de nós mesmos ao longo do caminho, reforçando um contexto egoísta para garantir que não nos esqueçamos do panorama geral. Você pode ter ficado disperso ou resolvido um problema de matemática, feito seu roteiro de viagem ou ficado imerso em um momento de descontração. Mas, no fim das contas, a RMP o traz de volta para casa, a Casa do Hábito.

OS BENEFÍCIOS DO HÁBITO

Fazer com que a RMP rode pensamentos e hábitos autorreflexivos de maneira insistente pode ser exaustivo para a mente, mas, conforme mencionado anteriormente, se tivéssemos que fazer o esforço de planejar quem somos e o que estamos fazendo a cada momento, não aguentaríamos fazer isso por nem sequer um dia. O problema é que há muita coisa para assimilar e nunca há tempo suficiente, e é por isso que grande parte de nossa vida precisa ser conduzida no piloto automático.

O livro *Rápido e Devagar: Duas Formas de Pensar*, do ganhador do Prêmio Nobel Daniel Kahneman, chamou a atenção para o comportamento automatizado e seu oposto. O livro traz um relato detalhado de como o cérebro alterna entre o raciocínio lento e deliberativo (Sistema 2) e um estado rápido e intuitivo (Sistema 1). A neurociência sustenta essa observação. Ela também mostra como o trabalho consciente e deliberativo das partes "executivas centrais" do cérebro (Sistema 2) é transferido para a RMP (Sistema 1) após um pouco de repetição. Nosso trabalho de neuroimagem mostra que a RMP permanece silenciosa quando os participantes se dedicam a atividades repetitivas pela primeira vez, como pressionar um dos dois botões para selecionar a orientação da seta em uma tela (⬅ ou ➡). No entanto, em cinco a dez segundos, à medida que a pessoa se adapta à tarefa, as partes do cérebro responsáveis pelo planejamento e controle de atenção se estabilizam e a RMP é ativada. No caso de comportamentos mais complexos, como aprender a tocar um instrumento musical, ultrapassar os movimentos intencionais e deixar que a "memória muscular" assuma o controle demora muito mais tempo. Em seu livro *Blink*, Malcolm Gladwell sugere que a referência mais comum para alcançar a excelência é dez mil horas. Em termos neurocientíficos, Gladwell está descrevendo como a RMP incorpora gradualmente as habilidades recém-adquiridas, transformando-as em hábitos simples e fluidos de percepção e desempenho.

Considere, por exemplo, uma habilidade que a maioria de nós domina: ficar em pé. Imagine como seria se, toda vez que quiséssemos ficar em pé, tivéssemos que pensar: "Tudo bem, incline-se para a frente, acione os músculos das pernas, empurre os pés contra o chão, comece a respirar um pouco mais rápido, acelere a frequência cardíaca, fixe-se em um ponto de referência, compare o movimento visual com o movimento do líquido no ouvido interno para se equilibrar, envie sinais aos músculos para se ajustarem, etc." Em vez disso, todas essas ações coordenadas acontecem instantaneamente e sem esforço. Se você observar uma criança pequena que está aprendendo a ficar em pé, poderá perceber como essa programação requer centenas de repetições até se tornar fluida. Por outro lado, podemos perceber como esses hábitos se deterioram à medida que envelhecemos ou quando sofremos uma lesão.

Enquanto as primeiras habilidades que adquirimos na vida, como andar, engolir e respirar, acabam sendo automatizadas pelo tronco cerebral e outras partes mais "primitivas" do cérebro, cabe à RMP gerenciar processos mais complexos, conectando as sensações recebidas ao nosso contexto social, nosso humor e nossa motivação. A RMP também nos ajuda a atribuir importância emocional e significado a nossas experiências.

Em um mundo no qual precisamos tomar decisões a todo momento em meio a uma série aparentemente interminável de informações, ter uma maneira de reduzir automaticamente o caos interno e a complexidade de cada evento em uma realidade coerente e sensata é uma grande vantagem. O filósofo Daniel Dennett descreve essa redução como um aspecto fundamental do ser humano, um tipo de "gravidade narrativa" que nos dá um senso de identidade coerente. Não é de surpreender que o mal de Alzheimer atinja primeiro a RMP. Mesmo que, às vezes, desejemos a simplicidade da infância, sofrer uma regressão involuntária a um estado mais infantil não é nada fácil. Como um número cada vez maior de famílias já está ciente, a desorientação e a disfunção decorrentes do fato de se desvincular do contexto provocam uma incapacidade avassaladora.

Da mesma forma que não damos valor ao fato de que nosso coração precisa *automaticamente* bater mais rápido quando começamos a nos movimentar, não damos valor ao fato de que temos acesso automático às informações conceituais de que precisamos para explorar o mundo todos os dias, e é nesse ponto que a RMP se destaca.

Ter um sistema cerebral relativamente universal para manter nosso senso de identidade e personalidade também nos permite esperar a mesma constância de outras pessoas. A ideia de que o conhecimento é automaticamente incorporado e está disponível para nós é a base da integridade e do compromisso humano. Como seria possível responsabilizar alguém por fazer uma promessa se não se presumisse que o conhecimento dessa promessa fosse automaticamente levado para o futuro?

Esse sistema cerebral compartilhado também faz com que as interações sociais diárias ocorram de maneira muito mais tranquila. Imagine que você encontrou um amigo na rua e ele perguntou como você está. Graças à RMP, essa pergunta não suscita uma autoanálise minuciosa. Não ficamos ali parados com uma expressão perplexa no rosto, nos perguntando: "Como eu *estou*?" Em vez disso, temos um senso prontamente disponível de como estamos nos saindo, além de hábitos adquiridos de como responder a uma pergunta como essa. As respostas são automaticamente adaptadas pelo fato de a pessoa com quem estamos falando ser um amigo ou alguém do trabalho e pelo fato de sermos totalmente sinceros ou simplesmente darmos uma resposta padrão: "Bem. E você?"

Fazemos essa rotina de forma tão automática que é perturbador quando o processo dá errado — quando alguém "compartilha demais", dá algum detalhe íntimo de sua vida em uma ocasião mais formal ou, ao contrário, quando um(a) namorado(a) parece incapaz de se aprofundar no relacionamento mesmo após meses de namoro.

Como seres humanos, temos uma motivação profunda e crucial para dar sentido ao mundo e para sermos fiéis ao cenário que montamos. Uma maneira de chegarmos lá é ter padrões de referência, ou "heurística", para percepção e ação, e é ótimo quando eles funcionam como um relógio. Você pode considerar a RMP como um concierge para essas heurísticas, o melhor explicador da experiência de vida. Portanto, a RMP está fazendo mais do que nos fornecer um monólogo interno e um senso de identidade. Ela nos ajuda a entender automaticamente que um sinal vermelho significa "pare", que devemos nos apressar quando estamos atrasados e que uma pessoa que se aproxima de nós é um amigo e deve ser cumprimentada de maneira diferente de um estranho.

QUANDO A AUTOMAÇÃO DÁ ERRADO: O APRENDIZ DE FEITICEIRO

Considerando todos os benefícios que a RMP proporciona ao manter a Casa do Hábito, como ela pode se transformar em uma espécie de rede condenada, levando à frustração, à desistência ou ao esgotamento?

Só porque as informações foram programadas e acessadas automaticamente, não significa que elas se aplicam à situação em questão. E, quando o conhecimento consolidado que estamos explorando é incorreto ou inadequado, isso pode nos levar a ter sérios problemas.

Se você visitar o Reino Unido, a Austrália ou Cingapura (ou se for de um desses lugares e visitar quase todos os outros), terá que redobrar sua atenção para evitar ser atropelado, porque, nesses países, todos trafegam do "lado errado" da rua. É por isso que os 30% dos países (em sua maioria ex-colônias britânicas) cujos cidadãos dirigem do lado esquerdo da rua pintam as palavras "OLHE PARA A DIREITA" em tamanho grande nas faixas de pedestres — para avisá-los. Eles sabem que ter conhecimento desse costume local não protege as pessoas quando elas precisam enfrentar hábitos profundamente arraigados.

Parte de nossa compreensão automática de mundo, o "Sistema 1", é a direção de onde os carros vêm. Essa compreensão é tão consolidada que, para superar o conhecimento existente toda vez que você se aproxima de uma rua onde essa regra não se aplica, é necessário muito esforço. Pelo menos nos primeiros dias, semanas ou meses que você visita um novo lugar onde seu conhecimento obviamente não se aplica, você fica *preso* a esse conhecimento.

Mas nem todos os contrastes entre os hábitos do conhecimento existente e as novas informações são tão acentuados. Podemos estar cientes de que há algo errado, mas nos sentimos impotentes para fazer algo a respeito. Nós simplesmente começamos a nos atrapalhar, mais uma vez. É nesse momento que a RMP pode ser realmente prejudicial. Ao se deparar com novas informações perturbadoras, a RMP se volta para os antigos padrões de comportamento, insistindo para que façamos o que é de costume, da maneira habitual.

Se você assistiu ao filme *Fantasia*, da Disney, de 1940, deve se lembrar do Mickey Mouse como o aprendiz de feiticeiro. Uma de suas tarefas diárias é trazer água de um poço externo e encher uma banheira de pedra que fica na casa. Como um bom camundongo empreendedor, ele está sempre procurando maneiras de facilitar o trabalho. Ele observa atentamente enquanto seu mestre, Yen Sid, com chapéu de feiticeiro, conjura espíritos em uma fogueira. Quando Yen Sid se cansa e vai repousar, deixando o chapéu mágico para trás, Mickey vê uma oportunidade de aprender. Ele coloca o chapéu na cabeça e, imitando os gestos de Yen Sid, usa os poderes mágicos do chapéu para automatizar suas tarefas. Ele comanda a vassoura para que ela busque água, o que funciona tão bem que, quando a vassoura parece ter pegado o jeito, Mickey decide tirar uma soneca também. Ao acordar, ele vê que a água já cobriu todo o cômodo e que a vassoura continua adicionando, de forma maníaca, mais baldes cheios à banheira já transbordando. Para evitar que o lugar fique completamente inundado, Mickey pega um machado e corta o cabo da vassoura em várias partes; mas, então, cada uma das partes cortadas ganha vida e começa a carregar mais baldes de água ainda até a banheira. Somente quando Yen Sid retorna, ele consegue usar sua magia para fazer com que as partes do cabo de vassoura parem de trabalhar.

A lição que Mickey tirou dessa experiência — e que nós podemos tirar — é que os comportamentos automatizados são úteis apenas quando eles se adequam à situação. É ótimo não ter que pensar para usar um elevador ou servir sopa em um prato, mas o que acontece quando automatizamos tarefas mais complexas, como interpretar emoções em uma situação social ou lidar com o ressentimento após ter direcionado uma ofensa a alguém? Talvez estejamos tão acostumados a rir e dar de ombros diante do sarcasmo irônico de uma amiga que repetimos essa atitude quando ela está chateada de verdade. Toda vez que seguimos a orientação da RMP para ter uma percepção rápida do que está ao nosso redor, corremos o risco de não perceber as nuances e de combinar o comportamento errado com um esquema aparentemente semelhante, mas que, na verdade, é muito distinto.

ZEBRAS SEDENTAS

Ao nos fornecer padrões para seguirmos — "regras de ouro" para cada situação — a RMP promove, basicamente, um sistema de *exploração do conhecimento*. Ela consolida o que já sabemos e tenta acionar o conjunto adequado de instruções para gerir a incrível complexidade que é a vida cotidiana e com a maior eficiência possível. Mas o fato de estarmos presos a um padrão de exploração do conhecimento existente, a ponto de não conseguirmos mais considerar alternativas, também é chamado de ficar "estagnado". Como uma zebra que retorna ao mesmo local para beber água após este ser esgotado devido à seca, sofremos quando nosso *modo padrão* de exploração persiste diante de uma realidade em transformação.

Shanice era como aquela zebra sedenta que continuou trabalhando do mesmo jeito de sempre até ficar totalmente esgotada. E nós não somos diferentes dela: mesmo após ter uma experiência ruim, muitas pessoas voltam para um relacionamento prejudicial — seja com um empregador, uma paquera ou um membro da família — por medo de não serem valorizadas ou de ficarem sozinhas e, também, porque suportar a situação parece mais seguro e fácil do que começar tudo de novo. Em retrospecto, deixar de mudar o que está funcionando não faz muito sentido. No entanto, essa decisão não é tomada de maneira consciente: "Vou continuar nesse emprego/relacionamento/cidade/apartamento miserável, mesmo que ele esteja arruinando minha vida!" Pode levar um bom tempo até as pessoas perceberem que algo não está mais funcionando e, mesmo assim, sem ter uma alternativa clara — uma nova oportunidade à espreita —, nunca parece ser o momento certo para realizar uma mudança na vida.

Em *Fantasia*, é óbvio que a tentativa de Mickey de automatizar as tarefas lhe causará problemas, porque ele está brincando com forças que desconhece. No entanto, por mais que nos sintamos superiores a Mickey em seu dilema, a RMP de cada um de nós nos fornece algumas vassouras mágicas semelhantes que podem nos levar a ter problemas. O que suas "vassouras" estão fazendo? Observe as situações descritas a seguir. Alguma delas lhe parece familiar?

- Faço o possível para não discutir com meu cônjuge, mas ainda me envolvo em briguinhas diárias.
- Prometo ser mais aberto, mas resmungo "estou bem" quando, na verdade, estou chateado.
- Organizo uma lista de tarefas para ser mais eficiente no trabalho e, depois, passo horas nas mídias sociais.
- Prometo parar de procrastinar e ainda me pego montando minha apresentação às pressas momentos antes de subir ao palco.
- Consigo deixar de fazer um lanche às 21h, mas, logo em seguida, já estou comendo qualquer porcaria.

QUANDO O CONHECIMENTO AUTOMÁTICO FUNCIONA CONTRA A SAÚDE MENTAL

Como a RMP lida com todas as coisas automáticas, ela desempenha um papel importante na maneira como reagimos a humores tristes. Infelizmente, nesse caso, a estratégia da RMP de voltar ao hábito muitas vezes vem em forma de uma autocrítica implacável.

Se alguém com histórico de depressão perguntar "Por que estou me sentindo mal agora?", é muito provável que sua RMP imediatamente forneça um conjunto maior de perguntas: "O que eu fiz de errado? A quem eu desagradei?" Alguém que nunca teve problemas com depressão, no entanto, provavelmente se perguntará se o nível de açúcar em seu sangue está baixo ou dará de ombros e dirá: "Todos têm um dia ruim de vez em quando."

É comum, às vezes, ficar remoendo algo quando você está se sentindo deprimido. Mas, se você tem o costume de considerar o humor negativo um sinal de que você é uma pessoa inútil e sem esperança na vida, a RMP não o ajuda em nada, pois ela confirma sua expectativa de que ninguém gosta de você e que todos o rejeitam, o que limita sua capacidade de perceber qualquer tipo de saída desse estado de depressão. Quando se sentir mal é algo muito familiar, você começa a esquecer que não está condenado a se sentir assim para sempre. Quando uma vida envolta em um estado de depressão se torna padrão, ela enfraquece a motivação para buscar uma explicação diferente de "é tudo culpa minha". Isso acontece porque, ao tentar entender o que está acontecendo, a RMP exige uma resposta — qualquer uma —, mesmo que seja uma resposta deprimente. Infelizmente, essa estratégia rápida e superficial nos rouba a esperança de que esse sentimento possa mudar com o tempo ou de que nosso humor possa ter mais nuances do que parece a princípio. O contexto predefinido fornecido pela RMP fixa nossa impressão inicial de culpa em virtude de uma emoção negativa, que, então, justifica e explica o sentimento de acordo com a regra prática prontamente disponível da RMP.

As rotinas mentais da RMP evoluíram para nos ajudar a sobreviver por tempo suficiente para nos reproduzirmos; no entanto, elas são indiferentes quando se trata de nosso bem-estar individual. As pistas que proporcionam humor e contexto, por exemplo, podem aperfeiçoar a lembrança de temas relacionados — o que é bom para uma cantora que está tentando se lembrar da letra de uma música. No entanto, se ela sofre de transtorno de estresse pós-traumático (TEPT) e quer evitar o desencadeamento de uma memória traumática, essas mesmas pistas podem ser devastadoras. Nossa frustração por não conseguirmos nos livrar dos aspectos negativos pode nos levar a sentir raiva, mas isso só reforça o controle da RMP.

Há mais de um século, Sigmund Freud descreveu a rapidez com que as lembranças de um evento afetivo podem ser acionadas por situações semelhantes, a fim de formar uma representação mental, ou um complexo, que mantém essas ideias e emoções vivas na mente de uma pessoa. Para alguém que tem o que Freud chamou de mania de perseguição, até mesmo uma pequena discordância pode desencadear a sensação de que as pessoas estão querendo atingi-la. Alguém que tem o complexo de deus responderá aos pedidos para seguir as regras sociais com desculpas muito bem elaboradas, a fim de ignorá-las. Freud coletou relatos de casos interessantes (a evidência de "complexos" é, em grande parte, anedótica) que ilustravam como essas tendências interferiam no desempenho das relações interpessoais, mas suas narrativas não dizem nada sobre os mecanismos que causam a interferência. Embora as teorias de Freud tenham dado lugar a pesquisas mais sistemáticas, a questão permanece: existem hábitos mentais ocultos de percepção e reação que podem nos ajudar a entender por que, às vezes, temos problemas para lidar com determinada situação? Ao refletirmos sobre o papel da RMP como um "concierge da heurística", atendendo a todas as situações com explicações e expectativas prontas, podemos ver que ela representa uma forte candidata ao que Freud estava falando. Será que a RMP poderia estar, inadvertidamente, mantendo estilos de pensamento mais rígidos?

Abordamos essa questão ao estudar indivíduos que têm maior probabilidade de ter esses "complexos" ou "manias" e que haviam se recuperado de um ou mais episódios de depressão. Eles pareciam relativamente saudáveis e esperavam continuar assim, porém seus históricos clínicos sugeriam uma chance de 40% a 50% de terem depressão novamente, presos ao estímulo habitual da RMP de suas visões de mundo negativas.

Pesquisas clínicas confirmam que o desencadeamento da depressão é mais provável quando já se esteve deprimido antes, o que corrobora a ideia de que alguma programação interna deu errado. Entender a propensão alimentada pela RMP de repetir tendências desajustadas ajuda a explicar por que a depressão e a ansiedade são transtornos que geralmente se tornam crônicos e recorrentes. Para encontrar uma maneira de ajudar a evitar o regresso dos quadros de depressão, precisávamos entender o papel do processamento emocional automático da RMP, especificamente o tipo de processamento provocado pelo humor negativo.

No início dos anos 2000, conforme Segal e Farb foram se envolvendo com pesquisas relacionadas ao cérebro, Segal ajudou a estabelecer o padrão para o estudo da vulnerabilidade psicológica para a depressão. Em um de seus estudos inovadores, ele entrevistou centenas de indivíduos que estavam recebendo tratamento para depressão e acabou com 99 participantes que estavam suficientemente avançados no processo de recuperação para entrar em um programa de acompanhamento.[7] Para ver um contexto depressivo se desenrolando em tempo real, ele convidou esses indivíduos para ir ao laboratório e ouvir uma música que provavelmente os induziria a um humor triste. Tratava-se da introdução da música orquestrada de Sergey Prokofiev para o filme *Alexander Nevsky*, com o título "Russia under the Mongolian Yoke". Acredite em nós, se existe uma música deprimente, essa certamente preenche todos os requisitos; mas, para garantir, a equipe a remasterizou em velocidade reduzida. Ao mesmo tempo, eles pediram aos participantes do estudo que se lembrassem de um incidente na vida que os tivesse deixado tristes. A combinação de música lúgubre e lembranças tristes induziu a um leve estado de tristeza que durou de cinco a dez minutos e que desapareceu após esse intervalo de tempo.

Segal pediu aos participantes que preenchessem uma avaliação de estilos de pensamento depressivo antes e depois do experimento. Um exemplo clássico é o pensamento "em preto ou branco", ou pensamento dicotômico, sobre adequação pessoal e autoestima, pensamentos como "Se eu não me sair bem em tudo, nunca serei respeitado" ou "Minha felicidade depende mais de outras pessoas do que de mim". Ocasionalmente, todos têm pensamentos como esses, mas algumas pessoas demonstram uma tendência realmente exagerada de endossar essas suposições extremas quando estão se sentindo para baixo.

Após a avaliação, cada participante obteve uma pontuação que indicava sua tendência a voltar aos padrões de pensamento rígidos e extremistas. A equipe, então, acompanhou essas pessoas por dezoito meses para observar quem tinha uma recaída e quem permanecia bem. O fascinante foi que, nesse experimento simples, as respostas dos participantes a estados de tristeza previram como eles se sairiam meses depois. Ao comparar suas respostas ao humor triste com as respostas ao humor normal, 70% dos participantes pareciam *não reagir*: eles não foram afetados pela indução do humor, não demonstrando nenhuma mudança ou diminuição no pensamento disfuncional. Os 30% restantes foram *reativos*: quando colocados em um estado de humor triste, eles endossaram um número significativamente maior de pensamentos disfuncionais, o que indica um pensamento mais "preto ou branco".

Surpreendentemente, essa reatividade cognitiva a um humor triste teve implicações importantes para o desempenho dessas pessoas durante o processo de acompanhamento. Apenas 30% do grupo não reativo teve uma recaída. Por outro lado, 69% dos participantes reativos sofreram uma recaída clínica, o que indica mais do que o dobro do risco. Esse resultado mostrou, pela primeira vez, a fragilidade oculta que pode persistir depois que uma pessoa sai da depressão. No início do estudo, todos haviam se recuperado de um episódio depressivo e apresentaram pontuações normais nas medidas clínicas — cada um deles diria honestamente que estava indo bem. A vulnerabilidade, entretanto, estava escondida abaixo da superfície, um predador melancólico esperando por sinais de angústia antes de atacar a presa. No entanto, pensamentos depressivos e lembranças ruins que passavam despercebidos quando as coisas estavam calmas vinham à tona ao primeiro sinal de estresse.

Quando acionado, o contexto do sofrimento passado permeia a mente e distorce os hábitos de pensamento de tal forma que é capaz de dominar a experiência do indivíduo no presente. Todos, inclusive nossos participantes, inevitavelmente enfrentam contratempos e desafios na vida, mas as pessoas mais vulneráveis recorrem a atitudes disfuncionais que impedem o enfrentamento adaptativo. Diante do estresse, parece que elas são mantidas em cativeiro na Casa do Hábito.

Quando começamos a trabalhar juntos, refletimos sobre o que poderia estar acontecendo no cérebro para explicar as descobertas provocativas de Segal. Naquela época (meados dos anos 2000), as teorias das redes cerebrais estavam se tornando populares; para nós, a vulnerabilidade à depressão parecia ser obra da RMP. Não foi preciso um grande esforço de imaginação. A RMP poderia estar apenas fazendo o que sempre faz, automatizando a percepção e a reação, mas, nesse caso, impondo uma programação bastante rígida e infeliz.

Na mesma época, nossa intuição recebeu apoio de descobertas convergentes de um grupo independente de pesquisadores que relataram que, na depressão, a hiperatividade da RMP era algo comum. Liderados por

Yvette Sheline, da Universidade de Washington, em St. Louis, os pesquisadores compararam os cérebros de indivíduos saudáveis e de indivíduos deprimidos enquanto ambos os grupos estavam "em repouso" no PET-scan. Sheline descobriu que, nas pessoas deprimidas, a RMP havia se espalhado muito além de seus limites normais, ocupando regiões do cérebro que normalmente estariam envolvidas no planejamento e na regulação das emoções.[8]

Essa foi uma descoberta importante, porque a invasão da RMP em áreas de planejamento e tomada de decisão representa um colapso da distinção crítica entre estar no piloto automático e ter controle sobre a própria vida. Na depressão, até mesmo o pensamento intencional e esforçado se torna algo que leva a uma tendência de questionar a própria adequação. Toda questão se resume a: "O que isso diz sobre mim?" Não importa quão equilibrada, sem julgar a si mesma, a pessoa deprimida tente se manter; ela é como um irmão mais novo que sofre há tempos, feliz por estar jogando Nintendo com o irmão mais velho sem perceber que o controle dele está desconectado. Isso é parte do que é tão insidioso nos transtornos de humor: não importa quanto giramos o volante, nosso carrinho continua seguindo a mesma rota.

Para uma pessoa que sofre com depressão ou ansiedade, essa rota consiste em uma ruminação inútil em vez de uma verdadeira solução de problemas. Com o trabalho de Sheline, obtivemos evidências claras de que uma RMP superexcitada poderia prever um mundo interno que reproduz freneticamente o pessimismo e o desamparo, um mundo que bloqueia os esforços para "sair do roteiro", reinterpretando construtivamente a experiência como uma distração irrelevante.

Exercício: Vamos Lá, Pés — Começando a Se Mexer

A esta altura, imaginamos que você esteja intrigado, mas talvez cético, sobre quanto de sua vida é programada pela RMP. Para um exemplo simples e realista, vamos dar uma olhada em seus pés.

Esses carinhas sofrem muito: andam quilômetros dentro de sapatos desconfortáveis, congelando na neve ou pisando em pedras. Às vezes, tentamos compensá-los com mimos — lixa, imersão e esfoliante. Normalmente, prestamos atenção em nossos pés somente quando eles nos causam dor. Quando isso acontece, a mente se volta para a atenção. Essa é uma discrepância que precisa ser resolvida — agora mesmo!

Mas reserve um ou dois minutos para pensar em seus pés *sem* olhar para eles. O que lhe vem à mente? O tamanho do calçado? Esse é um dado automático e bastante óbvio. Mas é provável que também surjam alguns julgamentos subjetivos. Você gosta ou não de seus pés? Gostaria que eles fossem diferentes? Você se preocupa com o cheiro deles? E qual é situação das unhas de seu pé?

Talvez você imagine os lugares para onde seus pés o levaram ou os problemas que eles lhe causaram; ou talvez você os julgue por terem ficado feios com o tempo — seus dedos já estão muito longe dos "porquinhos" que sua mãe teria beijado. Deixe que a mente seja seu guia. A questão é que você tem muito conhecimento armazenado sobre seus pés, e tudo o que precisa fazer é pensar neles, para que todas essas informações surjam espontaneamente.

Agora, para dar uma reviravolta, reserve um ou dois minutos para prestar atenção em seus pés *enquanto* olha para eles. Permita que sua atenção se concentre em seus pés, nas partes de dentro e de fora deles — desde os ossos até a própria pele, permitindo ter as sensações do toque na pele e da pressão quando eles entram em contato com o chão ou a cama. Agora, cerre os dedos dos pés, enrolando-os o máximo que puder e prestando atenção às sensações físicas nos dedos e nas solas de cada pé: tensão muscular, o fluxo de sensações até os tornozelos. Em seguida, abra bem os dedos dos pés, observando qualquer mudança na sensação à medida que os músculos relaxam.

Quando você compara o *julgamento* com a *percepção*, até mesmo um alvo aparentemente mundano como os pés pode fazer com que coisas muito diferentes surjam em sua mente. O julgamento busca estabelecer uma certeza; há uma avaliação de "O que preciso fazer para resolver isso?". Talvez ir a uma pedicure, consultar um podólogo, usar um sapato de tamanho maior? Existe uma lacuna entre como as coisas deveriam ser e como elas são? Essa sensação pode parecer um pouco incerta, pois não há um resultado exato, mas também pode ser menos estressante, porque o julgamento fica em segundo plano. Ao ter essas sensações, você notou que a prioridade não era buscar por uma discrepância? Se você perceber que consegue sentir os dedos dos pés e os pés, mas não tem ideia do que virá em seguida, parabéns, você está pronto para o próximo capítulo.

3

SABER É METADE DA BATALHA

> Acredito que... a pétala de uma flor ou um minúsculo verme no caminho diz muito mais, contém muito mais do que todos os livros da biblioteca. Não se pode dizer muito apenas com letras e palavras.
>
> —Hermann Hesse, *Narciso e Goldmund*

PENSANDO COMO UM MAMÍFERO: A TROCA DE EXPLORAR PARA SER EXPLORADO

Você se lembra de Shanice, a empreendedora corajosa que lidou com as consequências do esgotamento enquanto se esforçava para administrar uma empresa em crescimento? Lançar o negócio de seus sonhos fez com que ela vivesse em um ritmo frenético e, pensando bem, insustentável, no qual Shanice, a pessoa, desapareceu em meio a uma mistura de atividades e obrigações.

Não foi culpa dela ter perdido de vista um aspecto fundamental da sobrevivência da maioria dos organismos vivos: *a troca de explorar para ser explorado*. Uma colônia de formigas pode prosperar em um tronco apodrecido, um recurso abundante que pode ser explorado com muita eficiência. Porém, mais cedo ou mais tarde, os recursos se esgotam, então a colônia dedica uma parte de sua energia à exploração, enviando batedores para *procurar* a próxima fonte de nutrição. As empresas inteligentes fazem a mesma coisa, estão sempre em busca de novas fontes de receita. A alternativa seria repetir as lições desanimadoras pelas quais o setor fonográfico passou ao ser completamente pego de surpresa com o surgimento do streaming, que revolucionou a maneira como as pessoas ouviam música.

Shanice só está fazendo o que é "natural" para ela e para todos nós: explorar o conhecimento existente diante da incerteza, do medo e da ameaça. Ela não consegue mais enxergar que o fato de continuar com sua estratégia de "trabalhar mais" parou de lhe dar retorno, algo semelhante a plantar na mesma área de cultivo uma vez que os recursos se esgotaram. Ela está tão presa na Casa do Hábito, na tentativa de explorar o recurso que conhece bem, que não percebe que pode haver outra opção.

SENSAÇÃO NA PARTE ANTERIOR

Estudos da natureza nos mostram, inequivocamente, que a exploração por si só não é a melhor estratégia de sobrevivência. A seleção natural favorece as estratégias de busca por alimentos que equilibram, de maneira flexível, os benefícios da exploração de um recurso existente enquanto permanece atento a novas possibilidades.

Felizmente, fomos criados para atingir esse equilíbrio ideal. A RMP nos obriga a arregaçar as mangas e explorar o que já foi testado e comprovado, mas grande parte do restante de nosso aparato mental é dedicada a explorar o cenário de possibilidades. Para isso, precisamos obter informações por meio de nossos sentidos, e existem grandes áreas do cérebro dedicadas exclusivamente às sensações.

De fato, uma das maneiras mais fundamentais de organização do cérebro é a distinção entre sentir e responder. Você já deve ter ouvido falar de outras formas de mapear as regiões e as funções do cérebro, como a dicotomia "o lado direito do cérebro é voltado para a sensação; já o esquerdo, para a lógica". Na ciência das redes neurais contemporânea, afirmar que qualquer conceito abstrato está fisicamente localizado em uma área parece… falso.[1] Por outro lado, a estrutura da experiência sensorial concreta é bem definida.

Atualmente, centenas de milhares de estudos científicos confirmam a existência de vizinhanças sensoriais distintas, bem como suas localizações específicas. Nesses estudos, a visão é *sempre* representada na parte posterior do crânio; a audição, logo atrás das orelhas; o olfato e o paladar, na parte superior do nariz; e o tato, ao longo da "faixa de cabelo" de massa cinzenta, que vai da coroa da cabeça até as orelhas. Até mesmo o sentido do que está acontecendo dentro de nosso corpo — a interocepção — tem um espaço definido, localizado logo abaixo da faixa de cabelo somatossensorial, que desce até a parte da frente das orelhas. A interocepção nos dá um mapa do estado interno do corpo — sensações de calor, dor e prazer.

Juntas, essas descrições retratam a sensação como "aterrada" na metade posterior do cérebro, deixando a parte frontal para descobrir o que fazer com ela. Para reconhecer objetos, por exemplo, o córtex visual deve ser capaz de discernir onde as bordas começam e terminam, colocá-las em perspectiva em termos de longe versus perto, determinar se o objeto está em movimento, e assim por diante. Somente quando esse tipo de decodificação tiver sido feito, a parte frontal do cérebro poderá atribuir nome aos objetos detectados e considerar a relevância deles para você.

Estudos de neuroimagem demonstraram que a atenção a uma modalidade sensorial específica ativa um conjunto específico de regiões cerebrais. Essas vizinhanças alocadas de modo específico agem como um conjunto de unidades de processamento, trabalhando silenciosamente, cada uma recebendo carregamentos de dados brutos de seu respectivo órgão sensorial. O córtex visual, por exemplo, recebe informações sobre o padrão de luz e escuridão que incide sobre a retina. O córtex auditivo recebe de ambos os tímpanos informações sobre o tom e a intensidade; o córtex somatossensorial recebe, na superfície da pele, informações de localização da vibração.

Cada sentido requer uma vizinhança própria definida, devido à tarefa incrivelmente complexa de receber estímulos sensoriais ruidosos, dividi-los em partes úteis e reembalar os componentes limpos em pacotes de informações que podem ser utilizadas. Cada unidade de processamento tem um trabalho específico a fazer, após o qual envia seu produto para outra instalação mais distante. Quando um número suficiente de componentes é montado, temos as informações necessárias para o que chamamos de percepção.

Se você cortar qualquer um dos fios neurais ou danificar essas regiões sensoriais primárias, perderá a capacidade de ter as sensações associadas a elas. Aproveitamos o fato de essas regiões estarem perfeitamente definidas em nossa primeira pesquisa em conjunto, um dos primeiros estudos de neuroimagem do mundo sobre o treinamento da atenção plena. Ao contrário da atividade na parte frontal do cérebro, que poderia representar uma variedade de atividades cognitivas, a natureza fixa do processamento sensorial significa que sabíamos se nossos participantes estavam abertos às sensações. A ativação das regiões sensoriais é inequívoca; quando ela se manifesta, isso fica claro.

A implicação dessa universalidade é que todos temos o potencial de deixar o raciocínio abstrato, o julgamento e a ruminação mental para trás enquanto canalizamos recursos metabólicos limitados para essas regiões sensoriais bem delineadas. No filme *Penetras Bons de Bico*, o personagem John, de Owen Wilson, usa uma frase de efeito brega: "Sabe quando dizem que usamos apenas 10% de nosso cérebro? Acredito que usamos apenas 10% de nosso *coração*..." Embora seu conhecimento anatômico esteja certamente incorreto, o sentimento de John não está totalmente errado ao descrever o grau em que priorizamos a cognição e negligenciamos a experiência sensorial.

AÇÃO NA PARTE FRONTAL

Assim como a neurociência estabeleceu que a sensação tem início na parte posterior do cérebro, é igualmente correto dizer que nossas respostas à sensação são geradas na parte anterior. O mapa de seu corpo de cabeça para baixo, a faixa sensorial, fica contra uma fissura que divide as metades anterior e posterior do cérebro, apropriadamente chamado de sulco central ("sulco" significa vale). Do outro lado desse mapa sensorial, existe um segundo mapa corporal de cabeça para baixo, mas este, conhecido como mapa motor, *envia* sinais para os músculos e os órgãos. Não importa quão complicado seja seu raciocínio, quando você decide mover qualquer parte do corpo, o sinal que desce do cérebro até a coluna vertebral se origina aqui. Portanto, na neurociência popular, a distinção mais clara não deveria ser entre esquerda (lógica) e direita (emoção), mas entre frente e verso, sendo a *entrada* do corpo e o mundo além dele localizada, principalmente, na parte de trás do cérebro, e a *saída*, na parte da frente.

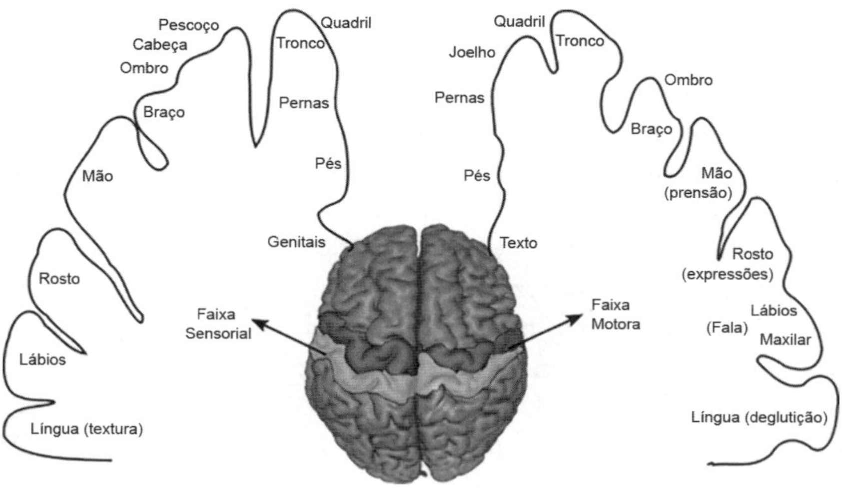

A faixa motora, entretanto, é apenas o início da parte frontal. Antes de estarmos prontos para enviar comandos para o corpo, deve haver muito planejamento e processamento, e o cérebro é organizado de acordo com isso, com uma série de mecanismos se preparando em torno da confluência dos mapas sensoriais e motores. Logo antes da faixa motora, avançando em direção ao rosto, o córtex motor suplementar planeja *como* implementar o comportamento. E ainda mais adiante está o córtex pré-frontal, no qual consideramos *quais* ações serão tomadas de acordo com nosso contexto atual. Esse é o desejo de nossa capacidade distintamente humana de considerar alternativas, preferências e consequências, a chamada função executiva, que integra a experiência de vida para informar o pensamento e o comportamento. Localizada na parte dorsal (superior) do córtex pré-frontal, essa rede, apropriadamente chamada de rede de atenção dorsal, se choca com uma parte central muito importante da RMP, na qual o hábito tenta se impor a essas decisões executivas.

A distinção entre frente e verso é fundamental para o papel da sensação nessa descrição do cérebro e do comportamento. A sensação atua como um contrapeso caótico à imposição de ordem da RMP, desafiando os hábitos que o prendem.

A TRISTEZA O EMPURRA PARA A FRENTE DA FILA

O trabalho de Segal sobre a vulnerabilidade à depressão deixou claro que existe uma grande variação entre as pessoas em relação à brutalidade com que elas se criticam após um transtorno. Sheline esclareceu esse ponto, mostrando que, quando as pessoas estão em um processo de depressão, a RMP muitas vezes ultrapassa os limites da parte frontal do cérebro e se intromete em sua vizinhança, interferindo em outras funções mentais (inclusive "pensar com clareza"). Mas por que isso se torna um problema permanente para algumas pessoas e não para outras? Será que algumas delas simplesmente nascem com uma RMP do tipo "vizinho ruim" que reage de maneira exagerada, causando problemas? Ou será que a experiência de vida torna algumas pessoas mais vulneráveis à invasão da RMP em outras regiões do cérebro?

Para responder a essas perguntas, precisávamos detectar o momento em que a RMP ultrapassa seus limites após um transtorno. Dessa forma, desenvolvemos uma tarefa que induz à tristeza para usar em uma ressonância magnética funcional (fMRI). Pedimos aos participantes que assistissem a trailers de filmes tristes enquanto escaneávamos o cérebro deles. Eram filmes de tirar o fôlego: uma mãe com câncer se despedindo dos filhos (*Laços de Ternura*); um filho que se reencontra com seu pai boxeador, mas que o perde novamente quando ele sucumbe a lesões relacionadas à luta (*O Campeão*). Para controlar os efeitos de assistir a trailers de filmes em si, também analisamos o que acontecia no cérebro dos participantes quando eles assistiam a imagens mais neutras, como programas de reforma de casas e imóveis.

Conforme previsto, a RMP ficou muito mais ativa no cérebro dos espectadores que assistiram a trailers de filmes tristes. As classificações elevadas de tristeza indicaram que esses trailers cumpriram sua função, e a RMP fez sua parte ao contextualizar e personalizar a experiência. A maioria dos participantes saía do scanner com os olhos cheios d'água e dizia coisas como: "Foi exatamente como quando tive que me despedir de minha mãe."

Mas algo curioso e inesperado apareceu na análise. Nossa hipótese era de que uma atividade maior da RMP promoveria uma ativação maior das partes sensoriais do cérebro, um sinal de que as pessoas estavam sendo inundadas por sentimentos negativos. Mas, novamente, confundindo nossas expectativas, vimos o contrário. No cérebro da maioria das pessoas, as regiões sensoriais foram *desativadas* em resposta a sentimentos tristes. Elas simplesmente se desligaram.

Esse fato prejudicou um pouco nossa hipótese de que era a RMP que determinava a vulnerabilidade à depressão. Houve uma variação considerável entre os participantes, desde os que estavam bem até os que estavam moderadamente deprimidos, portanto analisamos se as diferenças individuais na resposta do cérebro à tristeza estavam correlacionadas aos níveis de depressão. Novamente, nossa descoberta não foi o que esperávamos. O processo de contextualização era universal e não estava relacionado à depressão, o que significa que a RMP era consistentemente ativada pela tristeza, independentemente de quão bem alguém estivesse. O que acabou prevendo a intensidade dos sintomas *não* foi uma variação na atividade da RMP, mas a *extensão da desativação do processamento sensorial.* A tristeza inibiu uma região do cérebro chamada ínsula, a "ilha" entre os níveis mais profundos do cérebro e o córtex cerebral de nível superior, e quanto mais ela era desativada, pior as pessoas se sentiam.[2]

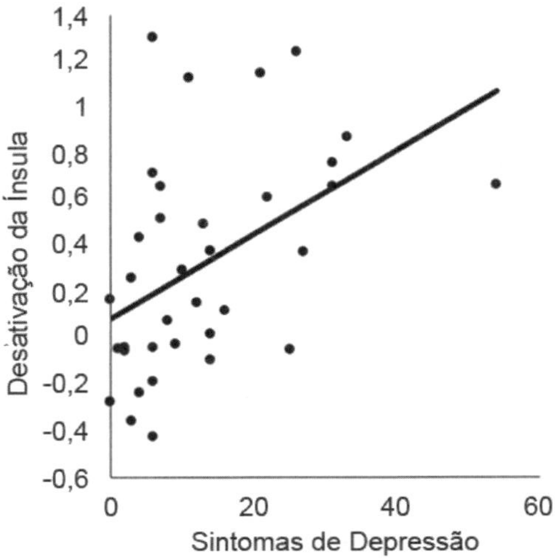

Os resultados foram surpreendentes, porque a ínsula é uma das fábricas dos sentidos, recebendo as estruturas sensoriais viscerais do corpo — borboletas no estômago, uma pontada de dor, o rubor ao receber carinho de alguém que amamos. A desativação da ínsula reflete uma sensação *menor*, e não maior, de emoção, porque as sensações, especialmente aquelas que vêm de dentro do corpo, formam a base da emoção. Nossas emoções são uma combinação de sensações brutas do corpo e de nossa interpretação delas; para lidar com as emoções negativas, os participantes de nosso estudo estavam bloqueando as estruturas sensoriais que dão origem aos sentimentos de tristeza, preocupação e angústia. Ao bloquear as sensações viscerais, eles inibiram sua capacidade de se sentir mal, provavelmente buscando uma sensação de alívio.

No entanto, apesar de parecer plausível que o bloqueio das sensações reduziria a tristeza, os participantes que bloquearam as sensações *não* relataram menos sentimentos de tristeza no momento — apenas que sua tristeza se tornou um tipo de expectativa, um conceito ou uma coisa, em vez de uma experiência viva e incorporada. E esse tipo de tristeza "vazia" estava associado a níveis mais altos de sintomas depressivos — transtornos de humor, problemas de concentração, sono e apetite. Portanto, os inibidores de sentido em nosso estudo foram bem-sucedidos em realizar uma espécie de alquimia em resposta à tristeza, eliminando as sensações viscerais que podem formar a emoção no momento; mas, ao fazer isso, eles se condenaram a um estado de tristeza conceitual, temporalmente estendido e involuntariamente mais persistente.

Essas descobertas desafiaram nossas noções de depressão como uma condição de experiência emocional avassaladora. Quando você tenta vislumbrar o que seria uma tristeza profunda, pode imaginar uma criança de 5 anos aflita, com lágrimas escorrendo pelo rosto e muco saindo do nariz, totalmente consumida pela intensidade dos sentimentos. Mas uma pessoa deprimida não experimenta a tristeza da mesma maneira — na depressão, a tristeza geralmente é caracterizada pela *ausência* de sentimentos incorporados, substituídos por restrições, isolamento e anulação. Os participantes mais deprimidos de nosso estudo aprenderam, de alguma forma, a regular os sentimentos, uma reação compreensível ao serem continuamente expostos ao estresse, à perda e a pesadas autocríticas. No entanto, como as sensações físicas são a estrutura da emoção, quanto mais uma pessoa se fechava para a sensação do que estava acontecendo com seu corpo, menos ela conseguia sentir *qualquer* emoção.

Esse foi o item mais importante para explicar por que os seres humanos experimentam o modo de resistência de Selye. Nossa pesquisa anterior mostrou que o treinamento de meditação expandiu o eu ao incluir a sensação corporal momentânea. Neste caso, a exposição a emoções negativas fez o oposto, inibindo a sensação momentânea e, assim, contraindo o senso do eu para que dependesse principalmente de informações conceituais. Porém os conceitos são uma faca de dois gumes, porque transcendem o momento e persistem ao longo do tempo. Quando esses conceitos são negativos e inibimos a sensação, não há novas informações capazes de desafiá-los; é por isso que ficamos presos a eles. Os julgamentos de fracasso ou inadequação reinam supremos quando não permitimos que novas informações penetrem em nossa mente.

Sabíamos, por meio de pesquisas anteriores, que as pessoas que foram ensinadas a praticar a atenção plena e a consciência corporal tinham uma capacidade muito maior de vivenciar o eu por meio dos sentidos. Para ver se elas reagiriam à tristeza de maneira diferente, realizamos novamente um projeto de "controle de lista de espera". Metade dos participantes foi designada aleatoriamente para concluir a redução do estresse baseada em atenção plena (MBSR) antes de entrar no scanner. Ainda esperávamos que esse grupo de pessoas apresentasse uma atividade reduzida da RMP, assim como no primeiro estudo, porque esse tipo de treinamento ajudava as pessoas a parar de seguir automaticamente a tristeza até a toca do coelho da autodepreciação. Porém, mais uma vez, a ação não aconteceu onde esperávamos. Até mesmo os participantes com treinamento em consciência corporal apresentaram uma ativação da RMP relacionada à tristeza. O que os diferenciou foi que, em resposta aos trailers de filmes tristes, o grupo com treinamento em atenção plena *não inibiu o processamento sensorial* da mesma maneira que os participantes sem treinamento. Na análise final de nosso estudo, a previsão dos sintomas mais amplos de depressão não foi feita em relação ao grau de ativação da RMP, mas ao grau de desativação sensorial.

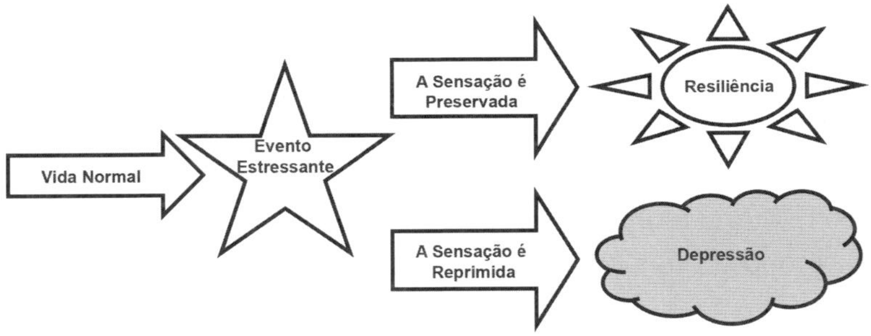

Os participantes sem treinamento passaram a maior parte do tempo dentro do scanner personalizando a experiência da tristeza, excluindo qualquer outra informação. Era como se o trailer do filme triste tivesse testado os limites do que eles conseguiam suportar, o que os levou a erguer um muro para evitar seus sentimentos. O problema é que, em vez de protegê-los, a restrição dos sentimentos piorou o estado de depressão. Por outro lado, os participantes com treinamento aprenderam a tratar o *sentimento* de tristeza não como um problema a ser isolado e eliminado, mas como um convite para ampliar sua percepção.

O ESTRESSE ABRE BURACOS EM SUA INTENÇÃO DE SENTIR ALGO

Se a supressão das sensações faz com que os sintamos piorem, por que essas tendências persistem sem nosso consentimento? A resposta começa a surgir quando analisamos as estratégias mais comuns para gerenciar emoções negativas.

Digamos que seu amigo tenha se irritado com você. A pior coisa que você pode fazer é tentar agir normalmente, *suprimindo* qualquer expressão de emoção. Assim, você acaba sentindo não apenas a dor da rejeição, mas também a dor de ser silenciado.

Um pouco acima na hierarquia está a abstração, que não o ajuda a mudar o significado de algo perturbador, mas pelo menos faz com que sua mente se concentre em outra coisa. Você se consola dizendo que talvez, da próxima vez, será diferente; é melhor não ficar remoendo as coisas ruins que acontecem.

No degrau mais elevado está a reavaliação, quando você descobre um motivo aceitável para as coisas acontecerem, uma maneira de enxergar os eventos que reduz ou elimina a dor emocional. Você percebe que seu amigo está tendo problemas em casa e que a reação dele não tem nada a ver com você. Isso permite que você volte a se envolver sem se magoar.

A maioria das pessoas concorda que a reavaliação é melhor do que a abstração e a supressão. O problema é que, quando estamos muito estressados e irritados, nossa capacidade de refletir com calma e fazer reavaliações positivas desaparece.[3] Em vez disso, optamos pela abstração para nos acalmarmos, porque, quando somos desafiados dessa forma, não conseguimos suportar a ideia de ter um envolvimento mental com o estressor. Meses de lições em sala de aula sobre os benefícios da reavaliação não são suficientes para convencer a maioria das pessoas a utilizá-la em um confronto extremamente difícil. A abstração oferece alívio imediato, mas também diminui suas chances de entender ou mudar o problema em si.

Persistimos nessa negatividade porque o estresse bloqueia as sensações, o que torna muito difícil enxergar algo além do que já sabemos. E quando o que "sabemos" é o transtorno, os sentimentos de inadequação e a dificuldade para lidar com a situação, a RMP continua no comando, e as diferentes perspectivas que poderiam interromper a autotortura não conseguem penetrar. Permanecemos na rotina habitual, passando do estresse à angústia, à depressão, à ansiedade e ao colapso.

Para evitar isso, precisamos de um mecanismo que permita que novos significados surjam de maneira segura. Essa é uma forma de preservar a capacidade de trabalhar e resolver as situações desafiadoras. Para aprender a manter as vias sensoriais abertas para um envolvimento mais eficaz, precisamos entender de verdade o que acontece quando o estresse bloqueia essas vias.

Exercício: Perceber o Bloqueio

Imagine que você acabou de chegar ao imóvel onde está agora pela primeira vez e, como um corretor de imóveis, quer avaliar as características do ambiente. (Se estiver do lado de fora, você poderia ser um jardineiro, avaliando o jardim que o cerca — ou a ausência dele).

O que você consegue observar? O que consegue sentir? O que você vê? O espaço é colorido? Você consegue ouvir alguma coisa? Como está seu estado de espírito ao olhar ao redor? Se estiver sentado, consegue sentir seus pés tocando o chão? É difícil ficar curioso? Tente perceber se as cores, os sons, as formas e as texturas parecem distintas e "reais" para você, em vez de turvas e distantes.

Agora vamos fazer uma pausa em todo o panorama e injetar um leve toque de dramaticidade. Pense em um fator de estresse recente, uma situação que você considerou desafiadora e talvez até um pouco irritante. Não um trauma grave ou algo de fato avassalador — apenas um daqueles aborrecimentos ou conflitos cotidianos que tendem a desgastá-lo. Você pode citar o problema do trânsito em sua cidade, o preço dos alimentos no supermercado ou uma palavra indelicada que algum conhecido arrogante direcionou a você. Não é difícil encontrar fontes de estresse, portanto escolha qualquer uma delas e comece a refletir sobre ela. Observe se você consegue fazer com que esse problema seja a coisa mais importante que você tem em mente neste momento. Mergulhe nessa reflexão, perguntando-se como é possível lidar com o problema e por que você precisa lidar com ele, e permitindo-se experimentar novamente como é estar nesse estado de enfrentamento do problema.

Está se sentindo mal? Ótimo! Agora olhe ao redor outra vez e observe o que você consegue perceber. Como é tentar buscar informações sensoriais com esse problema ocupando sua cabeça? Seus sentidos parecem mais ou menos relevantes? Parece mais fácil ignorar a importância das sensações, como se houvesse preocupações mais urgentes nas quais pensar? Ao analisar seus sentidos, alguma coisa mudou? As cores parecem mais "acinzentadas", as formas no ambiente são excessivamente familiares ou comuns, a tarefa de sentir a textura do lugar em que você está sentado é um exercício sem sentido? Não é que você não consiga ver, ouvir ou tocar o que está ao seu redor. É que você começa a se perguntar: "Por que se preocupar?" Essa é a inibição relacionada ao estresse em ação. Basta um pouco de estresse para esgotar toda a sua capacidade de se preocupar em absorver novas informações.

Então qual é a alternativa? Temos muita prática em explorar nosso conhecimento, mesmo quando ele é perturbador e contraproducente. Precisamos de mais treinamento em exploração.

4

ATENÇÃO COMO EXPLORAÇÃO

> Você tem um cérebro na cabeça. Você tem pés em seus sapatos. Você pode ir em qualquer direção que escolher.
>
> DR. SEUSS, *OH, THE PLACES YOU'LL GO!*

APRENDENDO A ESTAR PRESENTE NO MOMENTO

Após o 11 de setembro, Dalai Lama enviou uma equipe de monges tibetanos para construir meticulosamente uma mandala de areia no antigo local onde ficava o World Trade Center, apenas para destruí-la assim que o padrão atingisse a perfeição. Sua primeira reação pode ser perguntar a si mesmo, surpreso: "Mas qual era o objetivo disso? Por que adicionar um modelo de demolição à destruição em grande escala?" Todo esse esforço, os detalhes tão minuciosos, um design intrincadamente colorido e... puf! Mas o objetivo da mandala era *ser,* sem nenhum outro propósito. Na verdade, o objetivo era demonstrar a virtude de deixar para lá, desistir da ilusão de controle e ser propositalmente improdutivo de vez em quando.

Se para você isso parece um completo desperdício, pode ser porque, desde cedo, seu cérebro é condicionado a aprender coisas novas e, depois, a lucrar com base na exploração desse conhecimento. Um exemplo disso são os boletins escolares. São avaliações de desempenho. Investimos em produtos, não apenas em processos. No caso desses monges, qual é o produto obtido em seu ambiente de teste?

Certamente não é a mandala em si, que existiu apenas por um instante. *Explorar* a obra de arte finalizada para algum propósito prático, ou mesmo preservá-la para a posteridade, seria subverter seu propósito de treinamento, que é possibilitar o envolvimento sensorial no presente. O produto é *o que acontece com os monges* que se envolvem no processo, juntamente com aqueles que assistem a eles, ajudando-os a se tornarem seres mais sensoriais, confortáveis para viver o momento presente. Aqui está implícita a ideia de que a mente pode ser treinada para entrar em um estado de sensação.

Em 1949, Donald O. Hebb, um dos fundadores da neurociência moderna, descreveu como o aprendizado e o esquecimento do cérebro ocorrem a cada momento. Ele argumentou que as regiões do cérebro que são ativadas ao mesmo tempo formam conexões mais fortes, aumentando a probabilidade de serem ativadas juntas no futuro. Ele transmitiu a essência desse processo, conhecido como *aprendizado hebbiano*, por meio do aforismo: "Neurônios que disparam juntos se conectam." Por outro lado, se a coativação for impedida, as conexões entre as regiões diminuem, um processo conhecido como *extinção*.

Atualmente, muitas décadas depois dessa constatação, sabemos que a reconfiguração do cérebro ocorre rapidamente sempre que há um novo aprendizado. Na verdade, as evidências de crescimento do cérebro são visíveis após somente uma semana de desenvolvimento de uma nova habilidade, seja ela suturar uma ferida ou fazer malabarismo com bolas de tênis! Se uma pessoa consegue aprender a fazer malabarismo em uma semana, alterando permanentemente sua estrutura cerebral, que mudanças podem ser possíveis quando ela aprende a se envolver de maneira mais ampla em suas sensações?

De volta ao laboratório, essas eram questões que nos preocupavam enquanto nos perguntávamos como desfazer os efeitos inibidores do estresse sobre a sensação. Quando há algum conflito, a RMP tenta nos prender na Casa do Hábito, levando-nos a nos esforçar mais para fazer o que sempre fizemos. Nossa esperança — e nossa hipótese — era que, se as pessoas pudessem ser treinadas para prestar atenção às sensações e se o novo aprendizado fortalecesse os caminhos neurais, isso poderia enfraquecer a tendência protetora da RMP, permitindo que as sensações fossem liberadas com novas informações e oportunidades.

A ATENÇÃO É ALGO QUE PODE SER FACILMENTE ALTERADO

O treinamento de atenção plena a que alguns de nossos participantes foram submetidos ajudou a reduzir o estresse, aumentando o acesso às sensações. Essa descoberta nos motivou a examinar mais de perto os aspectos mais básicos desse treinamento — prestar atenção à respiração. Sabíamos por meio de pesquisas anteriores que, com um pouco de esforço, as pessoas conseguiam envolver seus sentidos externos e, assim, ativar as fábricas de sentidos na parte posterior do cérebro. Nós nos perguntamos: será que prestar atenção à respiração poderia "flexionar" diferentes músculos neurais de maneira semelhante, transferindo o metabolismo para as regiões sensoriais?

Ligamos o fMRI e solicitamos aos participantes que flexionassem seus músculos de atenção no âmbito sensorial.[1] Pedimos a eles que se engajassem em dois tipos específicos de atenção: a atenção interoceptiva (AI), sintonizando a respiração ou a sensação do batimento cardíaco; e a atenção exteroceptiva (AE), sintonizando o mundo ao redor, como quando você percebe a batida de sua música favorita. Na rotina, a atenção interoceptiva volta-se para dentro, para as borboletas no estômago antes de uma importante apresentação; já a atenção exteroceptiva ajuda a perceber um sinal de "pare" mesmo quando você está dirigindo distraído devido ao estresse de estar atrasado para uma reunião.

Para verificar se a atenção influencia a atividade cerebral, pedimos aos participantes que alternassem entre prestar atenção à respiração (AI) e olhar para palavras em uma tela (AE). A literatura de pesquisa existente nos mostrava onde procurar os efeitos da atenção — a visão deveria ser representada primeiro na parte posterior do cérebro, no córtex visual primário, enquanto a percepção da respiração deveria ativar a parte inferior da faixa de cabelo somatossensorial, bem na frente das orelhas, e mais profundamente na ínsula, um ponto de chegada representativo de nossas sensações corporais internas mais profundas.

Nossas descobertas mostraram que o foco de atenção dos participantes previa a atividade cerebral, embora alguns processamentos sensoriais ocorressem automaticamente, independentemente de para onde a atenção era direcionada. Por exemplo, as alterações nas frequências respiratórias dos participantes eram sempre registradas na ínsula, mas o rastreamento das frequências respiratórias pela ínsula era mais preciso quando as pessoas prestavam atenção à respiração. O foco na respiração fez com que a correlação entre a respiração mais rápida e a maior atividade da ínsula *dobrasse* de intensidade. Durante a AI, a ínsula também apresentou maior conectividade com o painel de controle sensório-motor do cérebro — o tálamo. A atenção à tela (AE), por outro lado, foi associada a uma maior ativação no córtex visual, e este apresentou maior conectividade com o tálamo.

Ou seja, você não precisa de um manual de instruções, uma cirurgia ou passar meses meditando no topo de uma montanha para reconectar seu cérebro e ativar a percepção para vencer o hábito. Tudo o que você precisa fazer é prestar atenção.

A ATENÇÃO DEIXA UM RASTRO

Nosso estudo demonstrou que a atenção pode deslocar a ativação neural para diferentes locais do cérebro. Mas será que essas mudanças podem ser sólidas o suficiente para resistir ao estresse, quando a RMP está em alerta máximo e exige que você siga o que já foi testado e comprovado? Afinal de contas, não há uma equipe de cientistas atrás de você para lembrá-lo de prestar atenção aos sentidos quando a situação começa a ficar estressante.

Para explorar essa questão, comparamos as respostas de dois grupos de participantes às mesmas tarefas usadas em nosso estudo anterior sobre atenção.[2] Mais uma vez, utilizamos um projeto de "controle de lista de espera", que comparou os participantes que haviam recebido treinamento de meditação recentemente com aqueles que estavam aguardando para receber o treinamento.

Conforme esperado, a atenção alimentou a sensação, deslocando o padrão geral de atividade da parte frontal para a parte posterior do cérebro. Mas, para as pessoas que não haviam recebido treinamento, essa centelha de ativação sensorial se apagava antes de conseguir se comunicar com a parte frontal do cérebro. Era como ver um fluxo de carros se aproximando de uma ponte retrátil, apenas para se amontoar à espera da passagem de um grande navio. Para o espectador, o fluxo de luzes traseiras é interrompido antes que os veículos possam atravessar a ponte, embora exista um meio de fazer isso. No entanto, as pessoas com treinamento levaram a sensação adiante até os portões do córtex pré-frontal, a base da consciência e da tomada de decisões. Praticar a atenção às sensações corporais significava aprender a manter a ponte disponível na maior parte do tempo.

Além disso, mesmo quando a atenção estava ausente, o treinamento recorrente fortaleceu a via da ínsula. A atenção estendeu temporariamente a ponte até o córtex pré-frontal, mas o treinamento recorrente era como aprender a deixar a ponte disponível, permitindo que as informações sensoriais chegassem à consciência mesmo por omissão. É evidente que prestar atenção não apenas molda o funcionamento do cérebro no momento presente, como também influencia a estrutura permanente do próprio cérebro. Quando paramos de prestar atenção, a sensação desaparece, levada pela corrente metabólica. Porém, como *a estrutura de base foi alterada*, conseguimos acessar a sensação com menos esforço.

Considerando o poderoso efeito da atenção sensorial voltada para nosso bem-estar, por que não oferecemos esse tipo de treinamento para as crianças nas escolas? Temos educação física para promover o desenvolvimento saudável do corpo, mas não temos um programa de treinamento correspondente para promover a redução do estresse e a saúde mental. Livros e computadores são ótimos, assim como bolas de basquete e de vôlei, mas também é importante incentivar as crianças a perceber a inclinação da luz na vidraça da janela, quem sabe o arco-íris que surge da luz refratada à medida que o ângulo de incidência do sol muda ao longo do dia. Talvez elas também possam aprender a refletir sobre os próprios pensamentos e sentimentos como paisagens mutáveis em vez de propriedades fixas.

A popularidade da ioga e da atenção plena mostra que existe o desejo de se reunir com o mundo dos sentidos, mas muitas pessoas permanecem céticas, considerando essas práticas meditativas algo quase religioso. Os avanços da neurociência, no entanto, devem garantir que o treinamento dos sentidos não é mais místico do que fazer alguns alongamentos ao acordar. Entendemos que a rigidez muscular decorre da falta de mobilidade das fibras e, portanto, o alongamento faz sentido. Da mesma maneira, incorporar uma maior consciência sensorial em nossa rotina é fundamental para manter os "músculos" dos sentidos do cérebro flexíveis, permitindo que eles se flexionem e se estiquem, alcançando a parte frontal do cérebro. "Parar para sentir o aroma das flores", por assim dizer, deixa de ser um truísmo fácil de ignorar e se torna um hábito vital, que podemos aprender a acessar mesmo quando os prazos estão acumulados e o estresse está elevado. Quando a sensação de estresse aperta, reservar um tempo para explorar nossos sentidos ajuda a aliviar a tensão.

PRESTAR ATENÇÃO TEM UM CUSTO PARA NÓS

Para entender por que é tão importante desenvolver esses músculos sensoriais, considere o seguinte experimento mental. Imagine que toda a sua vida, do nascimento até a morte, está dentro de um longo túnel de sua experiência. Cada seção transversal do túnel representa um único momento no tempo; ele contém todos os diferentes elementos de sua experiência que estão disponíveis para você:

- Seus sentidos externos (visão, audição, paladar, tato e olfato).
- Seus sentidos internos (sensação de calor ou frio, fome, sono, dor, prazer e, talvez, a sensação que você tem após comer demais à noite).
- Seus pensamentos — a narrativa interna que se desenrola em sua mente a cada momento.
- Suas memórias — as experiências passadas e o conhecimento que você está trazendo à mente.
- Suas expectativas — o futuro que você idealizou, incluindo suas esperanças, seus desejos e seus medos.

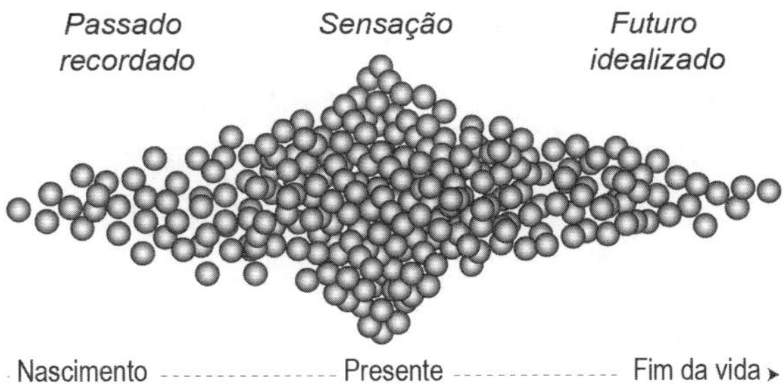

Agora, a atenção é um sistema de capacidade limitada — existe apenas uma quantidade limitada de atenção para ser utilizada. Quando algo capta sua atenção, pode não haver capacidade de perceber outros elementos da experiência. Isso não significa que você não possa estar ciente de diversas coisas em determinado momento; em teoria, você poderia passar o tempo analisando os diferentes elementos, passando dos sentidos para os pensamentos, para as memórias e vice-versa, em uma análise constante de sua experiência atual.

Porém, na prática, não é isso que acontece. Percebemos algum aspecto de nossa experiência, um pensamento ou uma sensação, que é marcante porque está ligado a experiências anteriores e ao futuro previsto. Portanto, embora a atenção *pudesse* vagar livremente por uma ampla série de experiências, o que *acontece* é que nos concentramos em apenas um ou dois elementos da experiência, porque a maior parte de nossa atenção é gasta na interpretação desses elementos em uma narrativa. Não podemos deixar de elaborar uma história que dê sentido a algum pensamento, sentimento ou sensação marcante. Mas a consequência dessa narrativa é que não sobra atenção para perceber muitos outros elementos presentes em determinado momento.

Na maior parte do tempo, não há problema com essa tendência quando nossas narrativas criam um senso de significado e propósito e nos ajudam a nos concentrar nas coisas mais importantes de nossa vida — nos beneficiamos da eficiência de prestar atenção ao rosto de um amigo quando ele está chateado, a um semáforo em um cruzamento ou a um projeto de trabalho quando o prazo se aproxima. No entanto, quando nossos hábitos de atenção não nos atendem, ficamos cegos para opções alternativas, pois a atenção é tão limitada no presente que se prolonga até o passado e o futuro. Enxergamos cada momento como se estivéssemos vendo o panorama completo, mas estamos profundamente condicionados a estar cientes de apenas algumas partes desse panorama.

É exatamente por isso que a reconstrução das vias sensoriais é tão transformadora. Como a atenção é um recurso limitado, uma maneira poderosa de romper uma narrativa ou visão de mundo dominante é privá-la desses recursos de atenção. Um jeito simples de fazer isso é prestar atenção aos elementos da experiência que ainda não estão vinculados a essa visão de mundo — ao direcionarmos nossa atenção para uma sensação que não se destaca de imediato, removemos recursos da história que construímos e nos reintegramos ao desconhecido. Com o tempo, a propriedade de absorção do cérebro reduzirá a facilidade com que uma história vem à mente, abrindo a porta para novas narrativas surgirem. Isso cria uma espécie de ambiente de teste no qual podemos escolher entre as histórias que nos governam, contanto que possamos nos esforçar para atender à nossa experiência de maneiras novas e exploratórias.

Ao pensar no "túnel da experiência", podemos entender como uma caminhada ao ar livre pode ser apenas mais uma caminhada, porque prestamos atenção às mesmas coisas antigas e repetimos as mesmas histórias que são familiares para nós. Mas, *se* você entender como prestar atenção aos elementos desconhecidos em sua experiência pode enfraquecer o controle de suas narrativas dominantes e abri-lo para a descoberta de algo novo, *a próxima caminhada que você fizer pode mudar sua vida.*

Exercício: Buscando Alterar as Sensações

Conforme mencionado anteriormente, uma das funções mais básicas do cérebro é receber as informações aleatórias e ruidosas dos sentidos e reembalá-las de forma a gerar ordem e significado para nós — o que levanta a questão de quanto dessas informações é determinado por outra pessoa, seja um chefe, um grupo social, uma empresa de mídia ou um anunciante. A boa notícia é que você tem uma palavra a dizer sobre o que faz, independentemente do que os outros têm em mente. Mesmo em um dia agitado e repleto de distrações, você ainda tem a opção de explorar seus sentidos. Nossos estudos mostram que é possível retomar o foco onde você deseja se concentrar, em vez de deixar a mente à mercê da economia da atenção.

Ao passar mais tempo envolvido em sensações, é possível fortalecer as vias de atenção para a percepção sensorial. Ao observar como as sensações familiares e aparentemente estáticas podem, na verdade, ser compostas de muitas partes que se alteram, você estará se aprimorando e deixando de ver apenas o que espera ver ou de se relacionar com seu corpo da mesma maneira. Nossa pesquisa mostra que, quando você está praticando a atenção aos seus sentidos, provavelmente está ativando partes do cérebro que tendem a ser negligenciadas. Se você continuar ativando essas regiões, começará a formar novas vias neurais, mudando a estrutura de seu cérebro literalmente. Quanto mais tempo passar envolvido nas sensações, mais a neuroplasticidade fará com que as sensações estejam disponíveis para você. É como adicionar um novo amigo à sua lista de contatos (ou na "discagem rápida", para as pessoas que ainda sabem o que é uma discagem).

Mas o que acontece quando deixamos de lado os nomes familiares que atribuímos às sensações e as tratamos como formas dinâmicas de energia que nosso corpo recebe? Como as energias, a luz ou o som, elas têm um fluxo, um refluxo e um compasso próprios. Você pode mergulhar mais plenamente na sensação ao se concentrar nas seguintes características específicas:

1. **Mudança e Movimento na Visão.** Encontre um espaço amplo e aberto para observação. (Se você estiver dentro de casa, pode ser uma janela.) Reserve um momento para olhar ao redor, para cima e para baixo, para a esquerda e para a direita. Agora selecione um objeto em seu campo de visão, próximo ou distante, e comece a se concentrar nos elementos visuais que se destacam para você. Por exemplo, se você vir uma árvore, observe qualquer movimento dela, as partes mais escuras e mais claras, os pontos lisos e ásperos, o contato com o solo e asfalto, simetria e assimetria, sombra e luz do sol e se esses elementos permanecem os mesmos ou mudam de repente. Você também pode perceber a vontade de nomear o que está vendo (casca, galhos, tronco, folhas), mas tente resistir. Tente realizar a experiência com esses objetos de maneira puramente visual.
2. **Mudança e Movimento no Toque.** Uma de nossas experiências sensoriais mais comuns, mas que normalmente é negligenciada, é o contato com os tecidos de nossas roupas. Por um momento, concentre-se no tecido tocando sua pele, na sensação de cada textura diferente. Você percebe que, em determinados lugares, o tecido pode estar apertado, folgado, áspero ou macio? Essas sensações permanecem as mesmas ou mudam quando você anda ou se senta? Mais uma vez, tente suspender a atividade cognitiva de rotular e concentre-se na experiência puramente por meio de seu sentido tátil.

3. **Mudança e Movimento na Audição.** Seja em um ambiente interno ou externo, pare por um minuto para ouvir os sons ao redor. Observe se você consegue perceber como o som está disposto em camadas, com os sons mais altos e mais familiares chegando primeiro: tráfego, vozes, água corrente, portas abrindo e fechando, telefones tocando. Em seguida, ouça os sons que estão abaixo dessa camada, talvez a mochila batendo contra seu corpo, sua respiração, os dedos tocando um copo ou os talheres em uma mesa. Observe a qualidade de cada som: próximo ou distante, intenso ou sutil, contínuo ou intermitente, surpreendente ou previsível. Observe, ainda, o espaço entre a saída de um som e a chegada de outro, bem como os momentos de silêncio, quando não há som algum. Mais uma vez, tente se ater às qualidades dos sons em si, em vez de rotular o que está ouvindo.
4. **Mudança e Movimento no Olfato.** Encontre cinco itens ao seu redor, alguns familiares e outros desconhecidos, e cheire-os de verdade. Pode ser uma borra de café, uma toalha de banho, temperos de cozinha como canela, gengibre ou curry em pó, uma barra de sabão, água fervente, terra para vasos, sua axila, folhas molhadas. Desta vez, ao inspirar, em vez de colocar um rótulo no aroma, observe se você consegue descrever as qualidades dele e se ele muda ou permanece o mesmo com o tempo. O aroma é intenso ou sutil, chega rápido ou devagar, registra surpresa, é contínuo ou intermitente, transforma-se em outro aroma ou permanece o mesmo durante todo o tempo? Todos os aromas desencadeiam lembranças ou recordações para você, ou apenas alguns deles?
5. **Mudança e Movimento na Degustação.** Na próxima vez em que for fazer um lanche (talvez comer uma ou duas coisas em vez de uma refeição), observe se você consegue dedicar tempo para este exercício. Em vez de nomear qualquer um dos sabores primários, apenas registre um sabor — ou sabores — presente e descreva as qualidades dele e se elas mudam ou permanecem as mesmas ao longo do tempo. O sabor é intenso ou sutil, chega rápido ou de-

vagar, causa surpresa, é contínuo ou intermitente, transforma-se em outro sabor ou permanece o mesmo durante todo o tempo?

Após qualquer um desses exercícios, pode ser uma boa ideia verificar como você está se sentindo. Após estender algumas de suas pontes sensoriais, você teve alguma experiência que o surpreendeu ou viu algo que foi inesperado? Qual foi a sensação de permitir a entrada de novas informações? Foi emocionante ou você ficou um pouco ansioso, uma vez que estimulou a natureza imprevisível de seus sentidos? Independentemente de ter gostado da experiência ou não, teve algo revelador em termos de como você reagiu às sensações? Você mudou de ideia sobre sua preferência por determinado aroma ou sabor? Experimentou seu corpo ou o mundo ao seu redor de maneira diferente?

A essa altura, é completamente normal, e talvez seja até um bom sinal, se você não tiver certeza do que concluir dessa experiência — ao sentir o mundo presente, você sentiu um gostinho de como é valorizar a mudança em vez da certeza. Pode ser incrivelmente desconcertante valorizar a incerteza da sensação em um mundo que valoriza a certeza e a ação.

5

UMA ALTERNATIVA À AÇÃO?

> Hoje, como em todos os outros dias, acordamos vazios e assustados. Não abra a porta do escritório e comece a ler. Pegue um instrumento musical.
>
> —Rumi

Em 15 de janeiro de 2009, o Capitão Chesley "Sully" Sullenberger salvou 155 vidas ao aterrissar com segurança o voo 1549 da US Airways nas águas geladas do rio Hudson. Tendo perdido os dois motores logo após a decolagem, ele se deparou com uma situação nova para ele. Seus primeiros pensamentos, como ele mesmo lembrou, foram: "Isso não pode estar acontecendo... Esse tipo de coisa não acontece comigo."

Sully era um piloto veterano com mais de quarenta anos de experiência. Mas ele logo percebeu que a vida tinha acabado de derrubar todas as suas expectativas e rotinas, e que seus hábitos havia muito praticados e, aparentemente, cruciais não o ajudariam a pousar o avião em terreno firme de maneira segura.

Apesar de ter recebido treinamento extensivo para pousos de emergência, Sully nunca havia pousado um avião comercial na água. Mas, afinal, quem já fez isso? Portanto, ele não teve escolha a não ser improvisar, buscar estratégias completamente novas e, é claro, acertar de primeira. Ele também percebeu que sob pressão, do tipo vida ou morte, não havia espaço para nada além de envolvimento total no momento presente, ou seja, atenção total ao que os sentidos estavam lhe dizendo. Ele descreveu seu foco mental da seguinte forma: "Eu não tinha nenhum pensamento alheio em minha cabeça naqueles poucos segundos... Não me permiti ter e nem mesmo tive a propensão de fazer isso. Em nenhum momento pensei em minha família. Não pensei em nada além de controlar a trajetória de voo e resolver cada problema de uma vez até que, finalmente, tivéssemos tudo solucionado."

Quanto às emoções, ele não fingiu ser o herói estoico com sangue frio correndo nas veias. Na verdade, como ele mesmo lembrou, seu envolvimento total no momento o colocou em contato muito próximo com seu verdadeiro pavor: "[O treinamento] o ajuda a desenvolver a habilidade de invocar essa capacidade de gerar uma sensação de tranquilidade, uma tranquilidade profissional vinda de algum lugar... porém não estávamos calmos. Não conseguíamos ficar calmos. O estresse era intenso, mas tínhamos que nos concentrar... para conseguirmos fazer nosso trabalho apesar de todo o estresse."

Em vez de se esforçar para manter o equilíbrio ou a racionalidade, Sully se colocou dentro do caos do momento, na encruzilhada entre a percepção e a reação à medida que os eventos se desenrolavam, deixando de lado as antigas práticas e permitindo que o estresse fluísse em seu corpo. Mas será que as emoções exacerbadas não prejudicaram sua capacidade de raciocínio? Aparentemente não, de acordo com as 155 vidas que ele salvou.

Para entender como Sully conseguiu ser bem-sucedido em sua missão, você precisa ler o depoimento dele sobre a situação: "O estresse era intenso, mas tínhamos que nos concentrar." Ele está basicamente dizendo que não havia tempo para incluir "sentir-se estressado" na lista de problemas a serem resolvidos. Seu trabalho não era fazer com que ele se sentisse melhor, mas pousar o avião. "Lidar" com as emoções o teria feito desviar recursos mentais cruciais para tentar se manter calmo e regulá-las. Quando os motores do avião pararam de funcionar, preocupar-se em se adequar às expectativas culturais de um herói estoico e inabalável era um detalhe que ele não podia se dar ao luxo de ter.

Anteriormente, falamos sobre como muitas pessoas reprimem as emoções negativas quando estão tristes. Descrevemos como observamos esse padrão no exame de fMRI, por meio do qual descobrimos que quanto mais as pessoas reprimiam seus sentimentos, mais deprimidas elas pareciam ficar. No entanto, as pessoas com treinamento em se envolver com suas sensações aprenderam a permitir que a influência emocional das cenas de filmes tristes fosse processada com o mesmo fluxo sensorial que elas permitiam a imagens de programas neutros e pouco exigentes. Ou seja, bloquear as emoções é algo que estamos habituados a fazer, mas, assim como Sully, podemos ir além desse comportamento. Quando aceitamos esse padrão e bloqueamos o que estamos sentindo, muitas vezes nos desviamos do que é mais importante. Deixamos de lado a oportunidade de absorver novas informações para atender às expectativas.

O primeiro passo de Sully para salvar um avião que estava despencando do ar foi *aceitar* o "problema" concomitante de seu estado emocional, ou seja, seu sentimento de estresse avassalador, sua incapacidade de ser aquele piloto imperturbável. Mas como o fato de aceitar as emoções negativas pode reduzir o impacto delas em nosso corpo?

Para chegar à resposta, em primeiro lugar precisamos entender por que somos facilmente capturados pelo estresse.

A MÁQUINA DE PREVISÃO QUE É VOCÊ

Ao longo dos anos, foram usadas diversas metáforas — muitas vezes refletindo a tecnologia dominante da época — para descrever o funcionamento do cérebro. Os gregos antigos pensavam em nosso aparato mental como uma espécie de teatro; Freud se baseou na hidráulica para descrever uma mente que funciona por meio do acúmulo e da liberação de pressões psíquicas; a cibernética retratou o cérebro como um computador; os gurus da autoajuda tratam o cérebro como um músculo, enaltecendo estratégias do tipo "use-o e fortaleça-o".

Atualmente, os neurocientistas usam a metáfora do cérebro como uma *rede neural*: uma complexa rede de conexões que combinam entradas sensoriais com saídas motoras. A partir dessa perspectiva, o cérebro está *sempre* tentando prever o que acontecerá em seguida, mantendo-o preparado para qualquer obstáculo que a vida lhe apresentar.

Lisa Feldman Barrett faz pesquisas relacionadas às emoções e descreve a condição do cérebro da seguinte forma: ele fica em uma caixa escura (o crânio), recebendo apenas pistas sensoriais sobre o que está acontecendo no corpo e no mundo exterior. O cérebro está sempre recebendo informações de suas unidades sensoriais: flashes de luz, sons repentinos, um gosto amargo, um cheiro forte ou sensações de pressão ou calor. As verdadeiras origens desses conjuntos de sentidos são desconhecidas, mas cada conjunto sugere que *algo mudou*, e o cérebro deve determinar se essas mudanças são suficientemente relevantes para a sobrevivência, a fim de justificar uma resposta.

Por sorte, nosso cérebro evoluiu para classificar rapidamente cada conjunto de sentidos, comparando-o com experiências passadas, a fim de deduzir as causas e as implicações. Essa classificação permite que o cérebro cumpra sua principal missão: organizar as reações que mantêm o corpo vivo. Como Feldman Barrett nos lembra, o cérebro não evoluiu para a lógica, a alegria ou a precisão, mas para regular o corpo que o abriga.[1] A maneira mais eficiente de fazer isso, principalmente quando a situação fica mais intensa, é antecipar as necessidades do corpo e satisfazê-las antes que as coisas saiam do controle.

Se você já caminhou em um parque ao anoitecer e avistou um animal grande e curvado com uma pelagem grossa vindo em sua direção, certamente seu cérebro gerou uma cadeia de suposições imediatamente, em vez de esperar por informações completas sobre qual tipo de animal é aquele. Se foram avistados coiotes na vizinhança, você pode optar por recuar rapidamente e continuar olhando por cima do ombro. Se uma mulher se aproximar do animal e colocar uma coleira nele, essa suposição — e o medo resultante disso — desaparecerá.

O cérebro está sempre criando cenários momentâneos da realidade, a fim de se antecipar aos eventos e preparar o corpo para agir conforme necessário. Esses julgamentos instantâneos muitas vezes estão errados, mas a alternativa seria pior: demorar mais para avaliar determinada situação pode significar que é tarde demais.

Pensar na vida sob a perspectiva do cérebro pode ser uma maneira diferente de entender a motivação humana. Imagine como é ser um cérebro tentando se orientar em meio a uma enxurrada de informações para manter o corpo vivo. Conforme vimos, o cérebro precisa representar e reagir às mudanças tanto no corpo quanto no ambiente externo. Mas como ele sabe com o que está lidando?

Do ponto de vista da neurociência, o cérebro está sempre fazendo suposições bem fundamentadas para, depois, lidar com as consequências. A ciência moderna tem um nome para essa estrutura: *modelo de codificação preditiva do cérebro*.

Esse modelo é importante porque visa explicar como entendemos todas as situações, não só aquelas que envolvem predadores em potencial em bosques à noite. Olhando ao redor do meu quarto, vejo paredes, uma escrivaninha, cadeiras — mas somente depois que muitos impulsos visuais são agrupados e processados pelo cérebro. A luz atinge meus olhos e é convertida em sinais eletroquímicos. Em seguida, o cérebro envia esses sinais para as diversas unidades cerebrais menores capazes de identificar bordas, distinguir cores ou detectar movimentos. Esses detalhes são, então, agrupados de duas maneiras diferentes.

Na parte inferior do cérebro, os objetos são comparados com o conhecimento de mundo que eu já tenho, atribuindo nomes, significados e memórias relacionadas. Um fluxo distinto de informações desloca para a parte superior do cérebro, a fim de posicionar os objetos no espaço em relação ao meu corpo, permitindo que eu me aproxime, desvie deles ou os manipule.[2] Todo esse agrupamento está acontecendo o tempo todo, mesmo quando só estou olhando para uma cadeira ou uma mesa. Quando vejo esses objetos mundanos, meu cérebro tenta combinar o processo sensorial relativamente fixo de identificar bordas, formas e texturas dentro da base de conhecimento de como as combinações de bordas, formas e texturas são chamadas — elas são denominadas “mesa” ou “cadeira” — e como cada uma pode ser utilizada. Mas esse simples ato de ver e identificar não é tão simples assim.

No livro *Rápido e Devagar: Duas Formas de Pensar*, Kahneman sugere que devemos evitar cometer erros de julgamento nos baseando na deliberação (Sistema 2), em vez de ceder à "preguiça" da intuição orientada pela RMP (Sistema 1). Mas, se precisamos ser cautelosos com julgamentos rápidos ou reações instintivas, o que dizer das percepções rápidas? Talvez não confundamos mesas com cadeiras, mas o que acontece quando automatizamos sinais mais ambíguos, como distinguir um sorriso de uma careta, um elogio de uma grosseria, um bocejo de um rosnado?

Não damos o devido valor ao sistema de percepção automatizada quando ele está intacto. No entanto, sempre que as regiões cerebrais de apoio sofrem danos, conseguimos perceber a complexidade por trás da classificação visual e de outros sentidos. O livro *O Homem que Confundiu Sua Mulher com um Chapéu*, de Oliver Sacks, apresenta um relato de pessoas que vivem com diversas formas de agnosia — a condição de não conseguir decifrar informações sensoriais. Seus estudos de caso mostram como a integração das informações sensoriais é fundamental para o desempenho cotidiano. Uma pessoa com agnosia não consegue identificar objetos de uso doméstico, mesmo que o tato esteja normal, reconhecer rostos familiares, mesmo que sua visão seja perfeita, ou distinguir a fala de sons não verbais, mesmo que a audição esteja normal. As estruturas sensoriais ainda estão produzindo conjuntos de sentidos; mas sem um significado associado, as sensações não estão ligadas a sentimentos, memória ou reações possíveis. Os casos clínicos de agnosia (juntamente com a confusão entre cães e coiotes) reforçam a ideia de que não há nada de especial em uma mesa, uma cadeira, uma árvore ou uma nuvem para lhe atribuir um nome e uma função. Precisamos que o cérebro identifique e classifique corretamente as coisas antes que possamos ter uma ideia de como interagir com elas.

No entanto, não basta dar nome a uma coisa. Quando o cérebro sabe com o que está lidando, surge uma segunda pergunta: isso é relevante para mim? A classificação de uma sensação ajuda a descrever as características físicas dos objetos, mas diz pouco sobre seu significado. É *você* quem dá significado a cada uma dessas experiências sensoriais. Do ponto de vista do cérebro, cada momento de reconhecimento deve ser associado a uma inferência mais primitiva derivada de eras de história evolutiva: isso é relevante para minha sobrevivência?

O cérebro está sempre tentando *dar sentido* às sensações, transformando o caos em algo previsível ou esperado, e grande parte de nosso conhecimento é aprendido ao longo do tempo. Imagine um pai apontando para uma chaleira que está assobiando e dizendo para uma criança: "Chaleira. Quente. Faz chá. Não encoste!" O cérebro da criança não precisa apenas classificar que o objeto é uma chaleira; ele também precisa aprender a anexar a essa categoria instruções para uma interação cautelosa com o objeto, porque, em meio ao caos das sensações, estão escondidas oportunidades e perigos reais. Essa identificação de categorias e, em seguida, a autorrelevância geralmente acontece automaticamente, possibilitada por algo que acontece sem percebermos e que nos prepara para reconhecer o mundo ao nosso redor.

A compreensão desse "algo" oculto está na vanguarda da neurociência moderna. De acordo com a teoria da *codificação preditiva*, o cérebro não tem tempo para avaliar cada nova situação do zero, portanto ele está sempre prevendo a próxima situação real para, em seguida, verificar se sua previsão está correta. Essa capacidade, aperfeiçoada por meio de milhões de previsões iterativas, sejam elas confirmadas ou não, é o motivo pelo qual você não precisa inspecionar um cômodo na quadragésima vez em que entra nele. É também por isso que você espera encontrar algumas coisas (mesa, cadeiras), mas não outras (patos, cachoeiras), em sua cozinha. A sensação se transforma em um jogo de previsão que geralmente conseguimos ganhar mesmo sem perceber que estamos jogando.

VOCÊ É O QUE PREVÊ

Andamos por aí presumindo que percebemos o mundo "real" ao nosso redor. Entretanto, até mesmo nossas percepções mais básicas podem não ser universais, mas, sim, idiossincráticas. Há muito os antropólogos sabem que o que nos preocupamos em classificar é culturalmente específico, com previsões feitas na medida para nos ajudar a circular em um ambiente específico. Em *Tristes Trópicos*, Claude Lévi-Strauss descreveu os sistemas de classificação usados por determinadas tribos da Floresta Amazônica. Em vez de criar categorias mentais voltadas para animais, vegetais ou minerais, eles agrupam "coisas que pertencem ao topo das árvores", "coisas que ficam debaixo das árvores" ou "coisas relacionadas a rochas". Presumivelmente, enquanto encontrar coisas em meio à vegetação é de extrema importância para essas tribos, um sistema formal de classificação científica não teria nenhuma utilidade para elas. Outras taxonomias populares enfatizaram os padrões de frutificação das árvores ou de comportamento de animais grandes que têm uma ligação direta com a atividade e a sobrevivência das tribos.

Para muitas pessoas, a neve nada mais é do que um material branco e úmido que precisamos limpar do para-brisa antes de sair com o carro. No entanto, para os inuítes do norte do Canadá, existem distinções e um léxico mais precisos. Esses caçadores habitantes do norte glacial têm cerca de quarenta palavras para classificar a neve, distinguindo, por exemplo, entre aniu, neve usada para fazer água, e maujaq, um tipo de nevasca na qual uma pessoa poderia se perder. Os suecos fazem distinção entre aprilsnö, a neve de primavera capaz de causar inundações, e kramsnö, que é boa para fazer bolas de neve. Em ambas as culturas do norte, surgem previsões mais específicas, porque reconhecer os tipos de neve é importante para a sobrevivência deles.

Todos temos prioridades culturais e de sobrevivência, e o cérebro filtra inúmeras possibilidades para encontrar um significado que atribua o melhor sentido àquilo que nossos sentidos estão captando. O principal objetivo é minimizar o *erro de previsão*, que é a diferença entre a expectativa (nosso conhecimento prévio do mundo) e a sensação (as informações que chegam até nós sobre o momento presente).

O modelo de codificação preditiva da mente pode ter sido introduzido pela primeira vez pelo filósofo Immanuel Kant no século XIX,[3] mas se tornou muito mais sofisticado e essencial para a ciência cognitiva ao longo dos séculos. Ele sugere que *toda motivação humana* vem da tentativa de minimizar o erro de previsão em todos os níveis cerebrais, geralmente sem que tenhamos consciência disso.

Em níveis mais baixos, a redução do erro de previsão pode ser semelhante ao cérebro descobrir onde uma porta deve aparecer em seu campo visual. Em níveis mais altos de cognição, os riscos são maiores, e a minimização da previsão pode afetar o funcionamento de todo o organismo. É nesse ponto que a motivação entra em jogo, porque as previsões de nível mais alto podem envolver o fato de a porta estar trancada, gerando preocupações com a segurança. À medida que amadurecemos, a maioria das pessoas passa a se sentir segura no ambiente delas, um sinal de que somos seres bem-sucedidos na resolução de erros de previsão, minimizando momentos de confusão e incerteza e não mais nos preocupando se há monstros debaixo da cama. No entanto, mais cedo ou mais tarde, nos encontramos em território desconhecido, e a necessidade de lidar com a incerteza e a quebra de expectativas volta à tona.

O QUE VOCÊ PREVÊ É O QUE O MOVE

A motivação para minimizar os erros de previsão é um fator inspirador, porque o eixo central do modelo é que as discrepâncias o conduzem à ação. Se você acordar e os objetos à sua volta estiverem mais embaçados do que o normal, talvez esfregar os olhos ou se lembrar de colocar os óculos pode ajudar. Se ainda assim estiver tudo embaçado, é muito provável que você deva ir a um oftalmologista. Quando você pisa no chão achando que está pisando no tapete, mas sente as bordas afiadas de um bloco de Lego machucando a sola do pé, você imediatamente reduz a pressão sobre o pé (de preferência antes de fazer um corte profundo na pele). Quando entra em casa e percebe um cheiro estranho, suspeita que há vazamento de gás e chama alguém para fazer a manutenção. Quando olha para o rosto de uma amiga e não enxerga nos olhos dela o brilho e a conexão que espera encontrar, talvez você presuma que há algo de errado e se sinta motivado a ajudá-la. Você pode, inclusive, prever que não está sentindo nada em particular ao realizar as mesmas tarefas todos os dias e, então, se surpreender ao descobrir um sentimento profundo de infelicidade ou ressentimento, o que o motivará a procurar outro emprego.

Novamente, o motivo pelo qual ficamos surpresos ou chateados é porque essa estrutura de previsão está tentando nos guiar para as mudanças que são necessárias para nossa sobrevivência. A resposta mais comum aos erros de previsão é a *inferência ativa*. Interpretamos a sensação de surpresa (o erro de previsão) como sinônimo de que algo está errado no mundo e que precisamos entrar em ação para corrigi-lo. Esse é o método ocidental clássico de trazer à tona a realidade. É o método ocidental clássico de alinhar a previsão e a realidade.

Muitas realizações grandiosas resultam de uma quebra de expectativa que é atendida por uma inferência ativa. Pegue o exemplo de Alfred Nobel, por exemplo, o inventor do século XIX que financiou os prêmios que carregam seu nome. Em vida, ele era conhecido como o inventor da dinamite, um homem cujas descobertas possibilitaram grandes avanços na engenharia e na construção civil. Mas ele também era conhecido como um dos primeiros e mais notórios traficantes de armas do mundo, um homem que forneceu armas para sustentar a corrida armamentista do final do século XIX. Um jornal francês lhe deu a rara oportunidade de abordar seu legado quando informou, erroneamente, que ele havia morrido. Na verdade, foi seu irmão Ludvig que havia falecido. Mas, diante desse grave erro de previsão — ele sabia que estava bem vivo —, Nobel ficou momentaneamente preocupado com a forma como seria lembrado. Para seu horror, o obituário dizia "O Mercador da Morte Está Morto" e condenava suas descobertas, dizendo que elas haviam causado enorme sofrimento. Nobel ficou chocado e, por sorte, ainda teve tempo para tomar uma atitude. Em pouco tempo, ele reestruturou seu testamento para deixar 94% de sua imensa fortuna pessoal para a criação da Fundação Nobel. Nos anos seguintes, esse prêmio imponente provavelmente motivou mais do que algumas das mentes mais brilhantes do mundo. Dessa forma, em virtude do incômodo de, surpreendentemente (pelo menos para ele), ter sido considerado um vilão, Nobel foi impelido a *agir sobre o mundo* para restabelecer a imagem de ser um bom contribuinte e um membro valoroso para a sociedade.

A inferência ativa é a forma como somos ensinados a agir na maior parte do tempo como adultos, e é um microcosmo da sociedade moderna. Quando o mundo quebra suas expectativas, você tenta mudar o mundo e, em muitos casos, essa é uma ótima estratégia. Eu *não deveria* estar com uma peça de Lego fincada no pé; eu deveria retirá-la e verificar se não há nenhuma outra peça no chão na qual eu possa pisar. Minha amiga *não deveria* estar tão triste, então talvez eu deva fazer algo para animá-la. Meu trabalho *não deveria* me deixar tão irritado e infeliz, então talvez seja hora de pedir demissão. Quando conseguimos agir para minimizar o erro entre a previsão e a sensação, experimentamos o *sentimento* de que nossas ações fazem a diferença.

Do ponto de vista psicológico, acreditar que você é dono do próprio destino é uma peça importante do quebra-cabeça que envolve o bem-estar. Seja cercando-se de pessoas que o apoiam, destacando-se nos esportes mesmo quando as probabilidades estão contra você ou tolerando os efeitos da quimioterapia para se recuperar de um câncer, determinadas ações confirmam a crença de que é possível desempenhar um papel na definição de nosso destino.

Scott Hamilton, patinador artístico norte-americano e medalhista de ouro nos Jogos Olímpicos, calculou que caiu 41.600 vezes em sua carreira. "Mas o engraçado é o seguinte", ele disse. "Eu me levantei 41.600 vezes. Esse é o músculo que você precisa construir em sua psique — aquele que o lembra de simplesmente se levantar."[4]

Seria fácil descartar o conselho de Hamilton simplesmente por considerar uma atitude rígida — afinal ele é um atleta olímpico. A lição que podemos aprender com ele, no entanto, é que cair e se levantar o ensinou a ir além da obsessão por seus fracassos como casos isolados e, em vez disso, enxergá-los como uma parte fundamental do objetivo mais amplo com o qual ele se comprometeu. Dessa maneira, cair o lembrou de que ele ainda estava na jornada, e levantar-se era simplesmente a etapa seguinte de sua evolução.

Assim como Hamilton, quando as pessoas se envolvem em uma inferência ativa, elas estão jogando os dados, tentando reivindicar um pouco desse doce poder de ação para restaurar um sentimento de ordem, moldando o mundo ao nosso redor para se adequar aos nossos ideais. Entretanto, toda vez que tentamos criar um sentimento de poder ao mudar o mundo, também corremos o risco de fracassar, e há momentos em que pode ser imprudente tentar. Por exemplo, se após assistir a Scott Hamilton uma pessoa decidisse dar um salto mortal para trás sobre patins enquanto corre em alta velocidade, provavelmente ela não teria uma grande sensação de domínio e controle. Ter controle sobre as coisas é algo maravilhoso, mas o que fazer quando simplesmente não é possível assumir o controle e transformar o mundo à nossa volta?

A INFERÊNCIA ATIVA É ÓTIMA (EXCETO QUANDO NÃO É)

A inferência ativa — assumir a responsabilidade de resolver o problema — funciona muito bem quando tocamos em um objeto quente e precisamos tirar a mão rapidamente ou quando começamos a ficar irritados porque nosso nível de açúcar no sangue caiu e, de maneira inteligente, comemos um sanduíche. No entanto, sabemos que, às vezes, ela falha e, por isso, começamos a nos sentir estagnados e sem esperança. Temos consciência de que estamos com um problema, mas nenhuma de nossas melhores estratégias para resolvê-lo consegue se sustentar.

Às vezes, isso acontece quando tentamos usar a inferência ativa para resolver problemas que não têm relação com ela. Um exemplo clássico é quando queremos mudar algo que já aconteceu. Uma questão como "Por que meu pai gostava mais do meu irmão do que de mim?" não é um exemplo de situação que possa ser alterada por meio de qualquer ação explícita. Da mesma forma, nunca conseguiremos resolver uma situação que ainda não aconteceu — e talvez nunca venha a acontecer. É por isso que perguntar "Como posso garantir que nada dê errado nas férias?" serve apenas para aumentar a ansiedade; e perguntar "Por que não consigo sacar como antes?" é tão inútil quanto, porque a inferência ativa não tem efeito sobre o processo de envelhecimento e ressentir-se disso é um caminho sem volta para a amargura. Nenhum esforço para mudar o mundo apagará o passado, garantirá o futuro ou alterará as leis da natureza. No entanto, mesmo com assuntos mais mundanos, acreditar que nossa única opção é ter o controle sobre as coisas gera frustração, nos mantém na posição de resistência e, como vimos com Shanice, a empreendedora, pode até provocar um colapso.

De fato, há diversos problemas relacionados à saúde mental que servem como exemplo de uma inferência ativa que não deu certo. A ideia de *desesperança assimilada* vem de pesquisas sobre depressão; ela descreve quando uma pessoa não consegue resolver seus problemas com tanta frequência por meio da inferência ativa que começa a considerar que eles não têm solução. Estudos em animais realizados no final da década de 1970 reproduziram esse padrão. Quando um rato for jogado em um tanque de água, ele nadará freneticamente para encontrar uma área segura em que possa subir. Mas, se esse rato continuar sendo jogado em tanques sem uma área segura, ele aprenderá a não se preocupar em nadar e procurar por uma. A estratégia trágica é que o rato continuará adotando essa atitude de derrota mesmo quando for jogado em um novo ambiente em que há uma área segura disponível; ele se afogará antes mesmo de começar a explorar o espaço novamente.

Talvez gostemos de pensar que somos mais inteligentes do que a média dos seres humanos, mas, quando se trata de superar um histórico de erro de inferência ativa, não passamos de ratos de laboratório. A desesperança assimilada pode explicar por que uma pessoa com depressão pode desvalorizar os recursos e o apoio que ela tem disponíveis. Não faz muito sentido sair de casa, ir para a academia ou ligar para um amigo se você concluiu que isso não fará diferença. Uma pessoa que sofre de depressão literalmente não consegue enxergar as possibilidades ao redor porque seu futuro foi bloqueado por um histórico de erros de inferência ativa.

ATRAVÉS DO ESPELHO: REFLEXÕES DE UM GRUPO DE PESQUISA

Por outro lado, a crença cega na inferência ativa pode ser um tipo de armadilha, principalmente quando se trata da saúde mental. Quando ela não funciona, podemos nos sentir como Obi-Wan Kenobi, de *Guerra nas Estrelas*, desesperado com a possível ida de Luke para o lado sombrio da Força — "a inferência ativa era nossa última esperança". No entanto, devemos canalizar nosso Yoda interior e levar a sério sua revelação de que "não... há outra". Yoda revela que o "Escolhido", Luke, tem uma irmã gêmea, Leia. No mundo da codificação preditiva, a inferência ativa também tem uma irmã misteriosa: a *inferência perceptiva*.

Essa "Nova Esperança" (sim, outra referência a *Guerra nas Estrelas*) é fundamental, porque há momentos em que é quase certo que a inferência ativa falhará. Simplesmente não é possível se livrar da depressão ou do transtorno obsessivo-compulsivo. Em vez de tentar fazer com que o mundo se adapte às nossas expectativas, a inferência perceptiva nos permite atualizá-las. Muitas vezes, a pessoa consegue progredir a partir do momento em que abre mão da ideia de controle absoluto. Como disse certa vez o renomado psicoterapeuta Carl Rogers: "O curioso paradoxo é que, quando me aceito exatamente como sou, posso mudar."[5]

Na primavera de 2013, Norm foi convidado para participar de um grupo de reflexão sobre *interocepção*, a sensação do estado interno do corpo, na University of Massachusetts Amherst. O encontro foi patrocinado por uma organização chamada Mind and Life, cuja missão é promover a exploração científica de técnicas contemplativas ancestrais. Os participantes eram uma mistura eclética de pesquisadores em neurociência clínica e estudiosos de meditação, ioga e qigong.

Ao combinar essas diferentes perspectivas, o grupo buscou trazer equilíbrio para uma literatura médica ocidental dominada por relatos de inferência ativa (como era de se esperar).[6] De uma perspectiva médica, os conceitos de doença e saúde vêm do sistema sensorial do corpo, também conhecido como interocepção. De uma perspectiva contemplativa, esse tipo de consciência corporal serve como base para enxergar os hábitos mentais de uma pessoa com mais clareza. Em vez de confiar em concepções sobre o corpo, observar as sensações de cada momento às vezes revela uma versão muito diferente da história, uma narrativa de oscilação e inovação em vez de permanência e repetição. Na tradição ocidental, a interocepção nos torna melhores agentes de resolução de problemas e tomadores de decisão. Já nas tradições orientais, a redução da necessidade de ação — a expectativa de que estamos no controle — proporciona não só um alívio para muitas doenças, mas também oportunidades de discernimento.

As reuniões do grupo de pesquisa começaram com uma discussão sobre a codificação preditiva como uma forma de entender a interocepção. Para a ciência e a medicina ocidentais, o objetivo da interocepção (e das sensações em geral) é promover a *inferência ativa*: quando sentimos dor, devemos tentar aliviá-la. O objetivo de identificar algo inesperado nas informações que o corpo transmite é capacitar nossa mente consciente a reconhecer, classificar e corrigir desequilíbrios em nossa fisiologia. E a medicina é bem-sucedida na medida em que consegue impedir que o corpo envie esses sinais inesperados e indesejados. O tratamento psiquiátrico que o ajuda a parar de ter essas sensações incrivelmente ruins é bem-sucedido. Os tratamentos para a dor crônica funcionam se os médicos conseguem dosar a medicação analgésica suficiente para atenuar a sensação sem levá-lo à dependência ou ao delírio. Até mesmo o cuidado paliativo, o ramo da medicina que lida com a experiência do fim da vida, busca remover de maneira ativa as fontes de sofrimento e deixar as pessoas confortáveis durante a morte.

No entanto, para as pessoas ligadas a tradições contemplativas, uma sensação inesperada também é uma oportunidade de mudar a nós mesmos, e não o mundo. Em vez de tentarmos nos livrar daquilo que origina algo inesperado, podemos explorar ou *buscar* uma compreensão do que nos levou a ser surpreendidos em primeiro lugar, para trabalhar com nossas expectativas em vez de nos ressentirmos com a quebra delas. Descobriu-se que os pesquisadores que inicialmente propuseram o modelo de codificação preditiva do cérebro criaram um termo próprio para a atualização de nossas expectativas em resposta ao inesperado. Eles chamaram esse comportamento de *inferência perceptiva*, o qual oferece uma alternativa à necessidade de sempre tentar consertar o mundo para justificar nossas expectativas. A inferência perceptiva nos dá outra ferramenta que podemos usar para transformar nossa mentalidade — uma que não exige que simplesmente sigamos em frente quando percebemos que as circunstâncias não são como imaginávamos.

No início da vida, tudo o que temos é a inferência perceptiva. É por meio dela que o bebê aprende a reconhecer a existência dos objetos e que eles são independentes uns dos outros. Em um campo visual que é apenas uma mistura de cores e texturas, nada é previsível porque nada é claramente identificável. Porém dividir o campo visual em diferentes unidades — uma mamadeira, um ursinho de pelúcia, uma bola — reduz drasticamente o caos. Não ficamos mais surpresos por continuar a ver essas mesmas delimitações à medida que nossa visão muda a cada movimento. Começamos a aprender sobre a permanência de objetos e que realmente existem coisas diferentes no mundo. E toda vez que atualizamos nossas expectativas para minimizar o efeito do inesperado, estamos nos envolvendo no processo amplamente inconsciente de inferência perceptiva.

No entanto, embora a inferência perceptiva seja intrínseca à compreensão do mundo por uma criança, os cientistas ignoraram totalmente sua função na tomada de decisões de nível superior em organismos mais maduros. Uma vez que sabemos que existem mesas e cadeiras, alimentos nutritivos e cobras venenosas, qual é o motivo de continuarmos a atualizar nossas expectativas — para renovar nossa compreensão do mundo que nos rodeia? De acordo com a linha de pensamento ocidental predominante, a principal coisa a ser feita é alterar para a inferência ativa: para minimizar meu choque, minhas percepções me dizem como devo agir em relação ao mundo. Se eu sentir uma pontada na barriga, talvez deva comer; se eu me sentir confuso, devo fazer uma pergunta e tentar compreender melhor; se me sentir chateado com alguém, devo confrontar essa pessoa ou, então, evitá-la. Resumindo, em resposta ao imprevisto, devo fazer com que as coisas voltem a se alinhar com a expectativa anterior. Devo agir para assumir o controle e moldar o mundo, inclusive meu estado interno.

Um dos principais insights do grupo de reflexão foi perceber como a inferência perceptiva é negligenciada, porém imprescindível para ter uma vida saudável. Embora os modelos de neurociência reconheçam corretamente que a sensação de surpresa pode ser minimizada por meio da inferência ativa, a inferência perceptiva pode ser outra opção de grande valor para reagir ao imprevisto. Quando sinto vontade de comer, posso me perguntar se estou realmente com fome ou apenas entediado ou ansioso e observar se essa sensação desaparece sozinha. Se estiver desorientado, posso parar, me acalmar, refletir sobre esse sentimento e analisar se minha percepção sobre a situação mudou. Se alguém me magoar, posso refletir sobre como chegamos a essa situação, explorar uma série de alternativas e só então decidir se devo tomar uma atitude. Ou seja, há muito espaço para atualizarmos conceitos e classificações, principalmente para coisas menos objetivas, como os próprios sentimentos ou as intenções e motivações de outras pessoas.

Não se trata apenas de um ponto cego dos neurocientistas; nossa cultura, de modo geral, não considera a inferência perceptiva uma abordagem útil para conduzir a rotina diária. Em vez disso, encaramos atitudes e sentimentos como objetos reais, assim como mesas e cadeiras, e quando definimos que estamos tristes, irritados ou preocupados, somos motivados a agir de acordo com a situação, para que não precisemos mais nos sentirmos assim. Raramente consideramos que são nossas expectativas que precisam ser alteradas.

Não há nada de errado em ter estratégias adaptativas e saber ler os sentimentos. É uma boa ideia comer quando está com fome, falar quando vê alguma injustiça, assim como evitar pessoas desagradáveis e situações perigosas. Outras vezes, porém, quando tentamos consertar o mundo para minimizar a incongruência de imprevistos, continuamos a nos sentir surpreendidos, angustiados e desrespeitados, e nossas ações não resolvem a discrepância. Gritamos com alguém que está atrapalhando a passagem e acabamos nos sentindo ainda pior por termos agido como idiotas. Comemos muitos salgadinhos e continuamos com aquela sensação que interpretamos como fome. Nessas situações, a constante violação de nossa noção de como as coisas *deveriam ser*, mesmo após seguirmos a inferência ativa, é um sinal de que precisamos mudar nossas expectativas. Dizer que as ações de outra pessoa estão erradas ou dizer a nós mesmos que não deveríamos nos sentir de determinada forma não é o ponto de saída desse ciclo vicioso. Para resolver a situação, precisamos de um modelo melhor do que realmente está acontecendo. Enquanto estivermos usando um modelo obsoleto, continuaremos a nos deparar com a desagradável surpresa de estarmos seguindo o mesmo caminho.

O fato de não se valorizar a inferência perceptiva nas sociedades ocidentais modernas pode ser resultado da confusão sobre como usá-la. A tendência da cultura ocidental é desprezar o refinamento das percepções como se fosse submissão ou resignação. No entanto, a arte de questionar, de lidar com nossa interpretação do mundo, está no centro das práticas contemplativas de outras tradições. Se eu avaliar cuidadosamente minhas sensações, quais são as alternativas à minha interpretação mais óbvia? A literatura científica já demonstrou o valor disso — as pessoas que praticam essa arte de reavaliar, de buscar novos significados nas sensações, geralmente são mais saudáveis e felizes. O ponto ideal, dadas as exigências do mundo do trabalho, é o equilíbrio entre as inferências ativa e perceptiva. Mas, primeiro, precisamos aprender a fazer isso.

INFERÊNCIA PERCEPTIVA: NEGLIGENCIADA, MAS IGUALMENTE POTENTE

A inferência perceptiva começa com a valorização da sensação. Na infância — e isso vale para qualquer pessoa que tem poder ou status menor —, espera-se que façamos inferência perceptiva quando nossos modelos de mundo estão fora de sincronia com o mundo real. Comer bolo de aniversário no café da manhã todos os dias não é uma expectativa razoável — pelo menos é isso que nos dizem. Na medida em que nos dizem *por que* comer bolo no café da manhã pode prejudicar a saúde ao longo da vida, podemos crescer e perceber que não comer bolo no café da manhã acaba sendo um bom conselho e que, para sermos saudáveis, precisamos estabelecer limites em relação às nossas sensações de desejo. Por outro lado, se a babá simplesmente tirar o bolo de sua frente e disser "Não, porque eu disse que não", o resultado no controle do comportamento da criança será o mesmo; no entanto, para dar sentido a essa experiência, a criança pode internalizar a noção de que as pessoas fortes conseguem o que querem, e força significa ser a pessoa que decide o que comer. Em ambos os casos, ela precisa entender o fato de não ter o que esperava obter, mas a inferência perceptiva determina fortemente seu modelo em relação a futuras experiências com comida.

O problema é que nem sempre temos a experiência ideal de atualizar nossos conceitos de uma forma que possamos aceitar e concordar. Com muito mais frequência, somos forçados a aceitar a realidade de situações que não conseguimos mudar sem deixar de lado o ressentimento pela falta de poder sobre elas. Esse é um tipo de atualização de conceito, uma inferência perceptiva, mas não é uma inferência que aborda a quebra de expectativa — ainda queremos mudar o mundo à nossa maneira, e a inferência é de nossa falta de poder para fazê-lo. E é por isso que, quando nos tornamos adultos e acumulamos posição social e autonomia, associamos a inferência perceptiva a essa experiência inicial de impotência que não ansiamos reviver.

No entanto, mesmo que aprendamos a aceitar a necessidade de, às vezes, atualizar nossos conceitos em vez de nos ressentirmos com essa transformação, a inferência perceptiva pode parecer um esforço pesado, principalmente quando o custo da atualização de nosso modelo mental inclui a quebra de expectativas ou previsões culturalmente aceitas. Alterar as expectativas pode ser a coisa certa a se fazer e, ainda assim, o ambiente externo pode interpretar isso como uma tentativa de ser controlado, intimidado, oprimido ou de simplesmente se render. No entanto, são raras as pessoas que se comprometem com a inferência perceptiva apesar da enorme pressão para fazer o contrário.

Ash Barty tinha só 25 anos e era a tenista número um do mundo quando anunciou sua aposentadoria do tênis profissional. A maioria dos atletas se mantém firme até o corpo não aguentar mais. Mas Barty, a primeira mulher australiana em décadas a vencer Wimbledon e o Aberto da Austrália, no auge de sua carreira e sem lesões graves, simplesmente decidiu se afastar. Considerando a carreira lucrativa que, sem dúvida, ela ainda tem pela frente, essa pode parecer uma péssima decisão. Mas seu raciocínio faz todo o sentido:

> "Para mim, sucesso é saber que dei absolutamente tudo de mim", disse Barty. "Sei quanto é preciso trabalhar para dar o melhor de si. Já disse isso diversas vezes à minha equipe; não tenho mais isso dentro de mim. Não tenho mais a motivação física, o desejo emocional e tudo o que é necessário para se desafiar no nível máximo. Acho que apenas sinto que estou absolutamente... esgotada. Sei que, fisicamente, não tenho mais nada para dar e, para mim, isso é sucesso."

Barty sempre foi introspectiva, com uma motivação que, de certa forma, transcende a competitividade externa. Parte da ascensão de Barty no mundo do tênis foi devido à convivência com esse intenso espírito competitivo, uma sensação de "desejo emocional", nas palavras dela, que a motivou a se submeter a um nível quase inimaginável de disciplina e sacrifício necessário para permanecer no topo do esporte. Contanto que conseguisse despertar essa ânsia de vencer, ela estava disposta a treinar mais do que seus adversários. Mas, ao atingir seus objetivos, algo mudou — ela havia suprido parte dessa necessidade. Então, quando Barty pensou na preparação para o próximo torneio, ela cometeu um *erro de previsão*: ela não sentia mais a mesma coisa em relação ao esporte.

Em vez de ignorar sua perda de entusiasmo ou tentar criar uma nova motivação, Barty aceitou que seus sentimentos haviam mudado. Confiante em sua *inferência perceptiva* de que havia perdido a motivação na disputa, ela fez a *inferência ativa* de que não fazia mais sentido treinar em um nível altamente exigente, o que era necessário para reproduzir conquistas como vencer em Wimbledon e no Aberto da Austrália.

O que torna Barty incrível é o fato de ela ter dado ouvidos a esse sentimento, apesar de todas as pressões externas e de saber que, mesmo que baixasse o nível do treinamento, provavelmente continuaria a acumular uma fortuna com prêmios em dinheiro e patrocínios. Mas o problema é o seguinte. Os atletas de elite devem, por definição, encontrar incentivo para se esforçar mais do que os milhares de outros que tentam alcançar a mesma posição. No entanto, de acordo com o depoimento de Barty, ela nunca foi o tipo de prodígio do tênis incentivado por um pai ou um treinador autoritário. Talvez seja por causa de sua introspecção que Barty é frequentemente descrita como "autêntica" em vez de apenas "talentosa" ou "dotada". Para que permanecesse fiel a si mesma, ela precisou dar ouvidos às mudanças em seu corpo e em sua perspectiva emocional, que lhe diziam que ela já estava farta. Suas ações a transformaram em uma exceção em um mundo no qual a incapacidade de responder a novos estímulos com inferência perceptiva deixa milhões de pessoas vivendo o que Henry David Thoreau chamou de "vidas de desespero silencioso".

O problema com a desesperança assimilada é que, um dia, tudo se torna insuportável. Sonia Bansal, do Maryland Psychiatric Research Center, estava interessada em casos graves de incapacidade de se ajustar às inconsistências entre percepção e realidade. Ela e seus colegas começaram a explorar o motivo pelo qual os pacientes com esquizofrenia persistem em crenças rígidas ou distorcidas, mesmo quando são apresentados a evidências que contradizem seus modelos mentais. Ela solicitou a dois grupos de participantes, um com e outro sem esquizofrenia, que informassem a direção de pontos giratórios em uma tela de computador. Em 50% das tentativas, houve uma mudança de 90° no movimento dos pontos na metade do teste. As pessoas com esquizofrenia tendiam a registrar o movimento inicial e a perder a alteração com mais frequência do que os participantes saudáveis. Quanto mais fortes eram os delírios e as alucinações, mais essa tendência persistia.

A pesquisa do Dr. Bansal mostra que as crenças, que supomos serem muito diferentes das sensações, operam usando os mesmos princípios. Se não conseguirmos permitir a entrada de novas informações do ambiente, continuaremos a confiar em perspectivas ultrapassadas que nos fazem sentir incapazes de aproveitar as mudanças quando elas acontecem — acabamos nos sentindo cada vez mais alienados de um mundo que insiste em mudar ao nosso redor.

E SE VOCÊ NÃO FOR UM SULLY OU UMA BARTY?

Quando analisamos mais de perto os momentos mais desafiadores da vida do Capitão Sully e de Ash Barty, um elemento comum se destaca: eles permitiram que a sensação desempenhasse um papel significativo antes de agirem no mundo. Sully *permitiu* que o estresse indesejado permanecesse presente, a fim de que ele pudesse se concentrar em pousar o avião. Barty *aceitou* que seu desejo de vencer havia diminuído. Poderíamos argumentar que, por trás de tudo isso, esse momento de aceitação mudou os modelos mentais dessas duas pessoas, permitindo que elas fizessem coisas surpreendentes. Mas e quanto ao restante de nós? Todos precisamos lidar com situações — talvez menos dramáticas, mas igualmente emocionantes — em que percebemos que precisamos atualizar nossa concepção do mundo, e não o mundo em si.

Imagine que você está na fila do caixa do supermercado em uma sexta-feira movimentada. Após colocar os itens na esteira do caixa, você procura seu cartão de crédito na carteira, mas percebe que não está com ele. Nesse momento, seu estômago começa a se revirar, seus planos para o jantar vão por água abaixo e, durante todo o tempo, o atendente do caixa está olhando para você, querendo saber: "Dinheiro ou cartão?" As pessoas na fila começam a ficar inquietas e a trocar olhares de reprovação. E o que acontece em seguida? Você tem um ataque de pânico e se culpa por ser um idiota? Tenta encontrar uma desculpa para justificar que perdeu o cartão ("Eu me distraí com meus filhos me chamando quando estava saindo de casa")? E, o mais importante, todo o fim de semana parece estar arruinado, porque você certamente ficará dias remoendo esse acontecimento constrangedor.

Nesse tipo de situação, a inferência ativa simplesmente não é uma opção. A não ser que aconteça um milagre e alguém pague sua compra, você não tem como pagar pelos produtos, portanto não vai adiantar ficar quebrando a cabeça em busca de uma solução simples. Mas a inferência perceptiva pode ajudá-lo. Pense no alívio que seria se você *pudesse* dizer a si mesmo simplesmente: "Ah, esqueci meu cartão. Que constrangedor. Acho que vou ter que buscá-lo em casa." Quando é óbvio que você não pode fazer o esperado e pagar pela compra, manter a responsabilidade de pagar de alguma forma não ajuda; seria muito melhor considerar sua responsabilidade para com os que estão na fila atrás de você e encontrar uma maneira de deixar a compra de lado por enquanto. Afinal de contas, parecer um pouco tolo na frente dos outros não é o fim do mundo. Você pode pedir desculpas pelo inconveniente e solicitar ao caixa que deixe seu carrinho de lado até que você busque o cartão e retorne. O caixa pode até normalizar a situação, dizendo que isso acontece o tempo todo.

O momento mágico não é, por um milagre, encontrar o cartão no bolso da calça. Ele acontece quando você para de desejar o impossível e aceita que o cartão não vai simplesmente aparecer. De repente, seu mundo se transforma. Você pode tomar uma atitude, ir até sua casa e, com um estresse de nível 3 em vez de 10, encontrar o cartão ou, se necessário, pedir ao banco para cancelá-lo e solicitar outro. Basta atualizar um modelo mental que diz que errar nunca é aceitável, pelo menos não para você. "Errar é humano", acontece com qualquer pessoa; isso pode tirar um enorme peso de nossos ombros se simplesmente aprendermos a aceitar como verdadeiro. É por isso que a série de TV *Vila Sésamo*, interessada no desenvolvimento emocional das crianças, apresentava o pássaro Garibaldo cantando "Ah, todos cometem erros; ah, sim, cometem" várias vezes. Sabemos disso intelectualmente, mas aceitar nossos erros e seguir em frente exige esforço — exige inferência perceptiva.

LIÇÕES DO LIMITE

Décadas de pesquisas sobre transtornos mentais confirmam a toxicidade de modelos mentais excessivamente rígidos, do tipo reforçado pela RMP. No entanto, mesmo para as pessoas que se dedicam às expressões mais extremas de sofrimento emocional — a autoflagelação — um dos tratamentos mais eficazes é a inferência perceptiva. São pessoas com modelos preditivos fortes, baseados em experiências anteriores de trauma, abuso ou manipulação emocional que lhes causaram considerável sofrimento. A autoflagelação pode assumir diversas formas, inclusive cortar-se com uma lâmina de barbear, queimar-se com cigarros ou fósforos, dar socos em si mesmo e, em sua forma mais extrema, cometer suicídio. Até recentemente, a autoflagelação era pouco compreendida. As pessoas que se autoflagelam reconhecem que, embora esse comportamento possa parecer extremo, ele serve a um propósito — transformar a dor emocional em física. Para as pessoas traumatizadas, isso proporciona um meio de expressão e alívio, mesmo que acarrete um custo considerável.

Marsha Linehan, uma notória psicóloga clínica da University of Washington e fundadora da terapia comportamental dialética (DBT), praticou autoflagelação quando era adolescente. Em 1961, quando tinha 17 anos de idade, Linehan foi hospitalizada por isolamento social e comportamento autoflagelante, que incluía bater a cabeça contra uma parede. Enquanto estava no hospital, ela recebeu um rigoroso tratamento com medicamentos psiquiátricos, horas de psicanálise e trinta sessões de terapia eletroconvulsiva, mas, no final, nada parecia ajudar. Dois anos depois, quando recebeu alta, a única coisa que Linehan levou consigo foi a convicção de que o que ela precisava era de um tratamento que atendesse ao seu histórico de aprendizado único. Ela queria mapear qual emoção específica levou a qual pensamento específico que levou ao último ato de autoflagelação. Somente ao compreender o modelo mental com o qual ela estava trabalhando seria possível quebrar a sequência e aprender novos comportamentos para lidar com sua revolta interna. Mas como entender uma mente em momentos como esse? É como decodificar os sinais de socorro de um navio em meio a um temporal no oceano.

O insight peculiar de Linehan foi que nada disso poderia ser solucionado sem antes parar a tentativa de resolver as coisas, o que significa aceitar a revolta interna como ponto de partida. Ela chamou esse reconhecimento da vida como ela é, e não como queremos que ela seja, de *aceitação radical*. Talvez você pense que isso se parece mais com algo que você encontraria escrito em um mosteiro zen ou em uma loja de cristais, mas eis a questão: a aceitação radical não requer cantos ou incenso. Ela é parte inerente dos modelos de codificação preditiva do cérebro, embutida nos relatos de como as crianças aprendem a reconhecer o mundo. O problema é que menosprezamos o papel da aceitação na vida adulta.

As habilidades de aceitação radical ensinadas na DBT, como a inferência perceptiva, enfatizam a saturação sensorial e a exploração como um primeiro passo para responder à dor causada por sentimentos e crenças prejudiciais. Habilidades como a disposição e a tolerância ao estresse ensinam as pessoas a se conectarem propositadamente com a sensação de sentimentos como raiva, impulsividade e vergonha no corpo, mesmo quando isso é incrivelmente desconfortável. Só então poderemos melhorar nosso relacionamento com esses estados mentais e responder de maneiras que não sejam ditadas apenas por antigos hábitos defensivos.

O que torna o trabalho de Linehan tão convincente é o fato de ela ter conseguido melhorar a vida das pessoas que se autoflagelam em uma época em que havia poucos tratamentos eficazes. Ela colocou o tratamento da autoflagelação e do transtorno de personalidade limítrofe (TPL) no mapa, fornecendo um meio de tratamento — o DBT — e estabelecendo sua base de evidências.

Nas décadas de 1980 e 1990, Linehan conduziu estudos controlados e randomizados que fizeram uma avaliação rigorosa da DBT, muitas vezes comparando-a com outros tratamentos à disposição. Em um estudo, por exemplo, ela comparou os resultados de pessoas que receberam o tratamento com DBT com os de pessoas que foram tratadas por outros psiquiatras. Aquelas que receberam o tratamento com DBT foram hospitalizadas com menos frequência, passaram menos tempo em tratamento e tentaram o suicídio poucas vezes. A atitude enganosamente simples de aceitação radical abriu um caminho para a cura, apesar do compromisso da comunidade terapêutica com as estratégias de inferência ativa desenvolvidas para "reformular" pensamentos inadequados. Ao fazer isso, Linehan deu esperança a inúmeras pessoas para as quais as estratégias de inferência ativa não funcionavam.

Independentemente de já termos nos sentido sobrecarregados a ponto de considerar a autoflagelação, nosso cérebro funciona da mesma maneira. Todos passamos por situações das quais não conseguimos nos esquivar e cujas circunstâncias não conseguimos alterar. As práticas de inferência perceptiva presentes no tratamento com DBT são igualmente aplicáveis, mesmo que a intensidade do sofrimento seja diferente.

Exercício: Encontrar a Tonalidade de Sentimento nas Sensações

Como a DBT demonstrou, tornar-se mais flexível requer a capacidade de questionar a precisão de nossos modelos mentais. Ou seja, devemos nos preparar para a inferência perceptiva em vez de pularmos para a ação corretiva. Isso significa que, quando experimentamos sentimentos intensos, precisamos aprender a explorá-los em vez de agir imediatamente para solucioná-los. Portanto, quando você se sentir irritado ou envergonhado por achar que não é tão bom quanto os outros, não ignore esses estados mentais. Em vez disso, preste atenção em como você sente a angústia em seu organismo.

No Capítulo 3, fomos além de nossas expectativas e conceitos e monitoramos o fluxo e o refluxo das sensações à medida que elas surgiam. Agora, sugerimos explorar as tonalidades sutis de sentimento que acompanham cada sensação. Uma tonalidade de sentimento não é tanto um conceito ou uma ideia sobre a sensação quanto uma inclinação para fazer uma destas três coisas a respeito dela: ela pode orientá-lo a *querer mais* de uma sensação (afundar em uma banheira com água morna, dar a primeira mordida no chocolate, ouvir os acordes iniciais de sua música favorita), *querer* menos dela (tocar um fogão quente, morder uma fruta estragada, ouvir o alarme de incêndio) ou simplesmente ficar *indiferente* a ela (vestir um suéter, beber uma garrafa de água, olhar para um outdoor em uma rodovia).

O simples fato de saber que nossas sensações têm tonalidades de sentimento associadas a elas não nos ajuda muito. Mas, na prática, registrar os momentos de "gosto disso", "não gosto daquilo" ou "tanto faz" que aparecem junto com uma sensação pode diminuir a necessidade de reagir a ela.

Prestar atenção às sensações viscerais pode parecer algo trivial — afinal você já não está ciente de seus sentimentos? Possivelmente mais do que você gostaria de estar? Porém nos atualizarmos sobre como reagimos às sensações é um ato de inferência perceptiva. Reconhecer os sentimentos, inclusive o incômodo ou a repulsa, separa o sentimento da ação que geralmente o acompanha. O primeiro passo para libertar os sentimentos da Casa do Hábito é lhes dar outra casa.

1. **Tonalidade de Sentimento na Visão.** Encontre um espaço amplo e aberto para observar. (Se estiver em um ambiente fechado, olhe pela janela.) Reserve um tempo para explorar todo o cenário. Agora escolha um objeto em seu campo de visão — pode ser próximo ou distante de você — e comece a se concentrar nos elementos visuais que se destacam nele. Por exemplo, se você escolher um prédio, observe as partes mais escuras e mais claras, as sombras e a luz do sol, as superfícies lisas e texturizadas, a pedra, o vidro, a altura e a largura da construção. Em seguida, avalie sua resposta subjetiva. Você gosta ou não gosta de alguma dessas características? Ou permanece indiferente a elas? Sua reação o deixa mais ou menos curioso para continuar observando?
2. **Tonalidade de Sentimento no Toque.** Assim como no Capítulo 1, peça a um amigo para coletar uma variedade de pequenos objetos para você e colocá-los em uma sacola. Pode ser qualquer coisa: pedras, um lápis, uma bola de tênis, conchas, folhas ou arroz. Agora coloque uma ou ambas as mãos dentro da sacola e sinta cada item, tocando-o e explorando-o. É possível detectar uma sensação sutil de gostar, não gostar ou ficar indiferente a alguma das texturas ou superfícies que você está tocando? Essas reações o deixam mais ou menos curioso para continuar a explorar o objeto?
3. **Tonalidade de Sentimento na Audição.** Quer esteja dentro ou fora de casa, pare por um minuto para ouvir os sons ao redor. Mas, em vez de procurar por um som em particular, deixe que sons variados cheguem até seus ouvidos. Se não houver nenhum som, preste atenção a isso. Você consegue detectar uma sensação sutil de gostar, não gostar ou ficar indiferente a algum dos sons que ouve? Essas reações o deixam mais ou menos curioso para continuar ouvindo?
4. **Tonalidade de Sentimento no Olfato.** Encontre novamente cinco coisas em sua casa ou fora dela, algumas familiares e outras desconhecidas, que você possa explorar por meio do olfato. Você pode começar por uma borra de café, uma toalha de banho, tem-

peros de cozinha como canela, gengibre ou curry em pó, uma barra de sabão, água fervente, terra para vasos, sua axila, folhas molhadas. Desta vez, ao sentir os aromas, você consegue detectar uma sensação sutil de gostar, não gostar ou ficar indiferente a algum deles? Sua reação o deixa mais ou menos curioso para continuar a explorar o olfato?

5. **Sentir os sabores na degustação.** Na próxima vez em que for comer, observe se você consegue registrar os sabores que estão presentes na boca. Pode ser mais fácil isolá-los no início de uma refeição do que mais tarde, quando eles se misturam com outros alimentos. Ao mastigar e provar um alimento, você consegue detectar uma sensação sutil de gostar, não gostar ou ficar indiferente a qualquer uma dessas sensações? Essas reações o deixam mais ou menos curioso para continuar a explorar o paladar?

Por meio desse exercício, talvez você não tenha mudado nenhuma de suas opiniões sobre as coisas que viu, tocou ou provou, mas esse não é mesmo o objetivo do exercício. O objetivo é fazer com que você vá além da confirmação de expectativas previsíveis e, em vez disso, amplie a experiência bruta que está diante de você.

Pode ser difícil permanecer no momento e evitar reagir ao que você vê na sua frente. No entanto, com certa prática, é possível experimentar a inferência perceptiva, mesmo em um mundo que o pressiona a reagir, controlar e responder.

Na verdade, existe um nome para esses momentos mágicos. Chama-se estar presente. O sentimento de *presença* é o envolvimento com a realidade que pode ser sentida — e ponto final. Você não está esperando nada mais e nada menos. Estar presente elimina a discrepância entre o que *é* e o que *deve ser*. E, assim como encontramos poder de ação ao promover mudanças efetivas no mundo, experimentamos a presença quando aprendemos a deixar de lado nossos modelos mentais habituais e inadequados e a elaborar previsões que se alinham melhor com o mundo à medida que as situações se desenrolam.

6

O PODER DA EXPANSÃO DOS SENTIDOS

> Eu vagava solitário como uma nuvem
> Que flutua no alto de vales e colinas
> Quando de repente vi uma multidão,
> Uma série de narcisos dourados.
>
> —William Wordsworth

Arquimedes tinha um problema. Hierão II, o rei de Siracusa, suspeitava que sua nova coroa não era de ouro puro e encarregou Arquimedes de descobrir a verdade. Usando uma balança, era possível comparar o peso da coroa com o peso do ouro puro, mas isso não era garantia de que ela fosse inteira de ouro. Arquimedes precisava de uma maneira de confirmar que a coroa tinha exatamente o mesmo peso que o ouro. Mas como? Ele estava *preso* às ferramentas da época, e a um enigma que não conseguia solucionar. Ficou claro que ele precisava de um tempo antes de continuar; então foi tomar um banho quente. Ao entrar na banheira e sentir a água subir para acompanhar o peso de seu corpo, o bloqueio mental se desfez. "É isso!", gritou (e, segundo depois, saiu correndo nu até a rua). Ele havia descoberto o deslocamento como uma forma de medir a massa, não apenas por meio de seus formidáveis poderes de análise, mas ao deixar de lado o esforço cognitivo e se render à sensação.

Em 1666, enquanto a peste assolava a Inglaterra, Sir Isaac Newton deixou Cambridge e foi para Woolsthorpe Manor, a fazenda de ovelhas de Lincolnshire onde nasceu. Forçado a deixar de lado a paixão pelos estudos em matemática, ele se viu com tempo livre, algo pouco habitual, e, sentado debaixo de uma macieira, em um "estado de espírito contemplativo", observou uma maçã cair no chão. Em um lampejo repentino, ele percebeu como é incrível o fato de os objetos não caírem para os lados ou para cima, mas sempre para baixo. De alguma forma, esses objetos devem ser atraídos pela massa da Terra. Para dar sentido a essa observação, Newton postulou que deveria existir uma força invisível chamada gravidade. Naquele momento em que estava bastante atento aos seus sentidos, Newton viu o fenômeno familiar de objetos caindo como se estivesse vendo-o pela primeira vez. Libertar-se de seus hábitos voltados puramente ao intelecto o ajudou a revolucionar nossa compreensão da física.

A genialidade requer fazer algo novo. Ela tem muitos elementos misteriosos, entre eles, a capacidade de deixar de enxergar as coisas da mesma maneira. Muitos grandes pensadores ao longo da história iniciaram suas descobertas ao perceber primeiro que estavam *estagnados*, presos à rotina e ao que lhes era habitual. No entanto, as histórias de suas descobertas surpreendentes destacam muito pouco do trabalho árduo em cima de um problema até surgir uma solução. Em vez disso, vemos que são raras as vezes em que a descoberta acontece em meio a atividades rotineiras; elas geralmente ocorrem quando o estudioso deixa de lado seu processo de pensamento habitual. A interrupção não veio de outro pensamento, mas de uma experiência *sensorial* que o ajudou a fugir da Casa do Hábito de sua RMP. A intensidade mental diminui e, nesse momento de receptividade e presença, a ficha cai, assim como a maçã de Newton caiu.

INSIGHTS NO CÉREBRO: UMA QUESTÃO DE SALIÊNCIA

Não podemos retroceder na história e examinar o cérebro de Arquimedes e de Newton, mas podemos usar nossa abordagem existente para determinar a dinâmica que deve ter entrado em jogo em seus momentos de inspiração. A rede de modo padrão está ativa, retomando e reproduzindo o problema em questão, bem como as soluções anteriores, dando um contexto para a inferência ativa. A rede de atenção dorsal está orientando o processo de reflexão e análise. E, então, acontece algo que não é abrangido por nenhuma dessas duas redes. Em meio à cacofonia da atividade cognitiva, o inesperado subitamente toma conta do cenário mental. O *peso* da *água deslocada* na banheira, o ato da maçã ter sido *puxada* em direção à Terra, capta a atenção dos grandes estudiosos.

Nesse momento mágico em que a cognição cessa seu esforço e o cérebro é inundado pelas sensações, interrompendo a RMP, todos os padrões e as estratégias habituais são reduzidos, quando não deslocados. O que *domina* não é mais a tentativa habitual e intelectual de buscar uma solução para o problema. Em vez disso, a interrupção da predominância da RMP permite novas representações, uma rede que responde às entradas sensoriais, como a banheira de Arquimedes e a paisagem do jardim de Newton. A água da banheira de Arquimedes é reconfigurada como uma ferramenta de medição; o ruído de uma maçã caindo de uma árvore se transforma em um sinal para Newton de que existe um princípio fundamental da natureza que havia sido ignorado até então.

A boa notícia é que a capacidade de interromper a RMP para permitir novas percepções não está reservada aos gênios que tentam realizar grandes avanços na física. A evolução moldou nosso cérebro com um sistema que interrompe a atividade em andamento sempre que aparecer algo que exija nossa atenção absoluta: um tigre emergindo da vegetação alta; seu chefe olhando fixamente para você toda a manhã; você sentindo uma súbita falta de ar sem nenhum motivo específico. Essa é a *rede de saliência*, que realoca o combustível neural — açúcar e água — das regiões do cérebro que conduzem os acontecimentos como de costume (RMP) para as regiões que recebem novos dados sensoriais. A rede de saliência nos avisa que as coisas não estão ocorrendo conforme o esperado — houve um *erro de previsão*.

Dessa forma, podemos decidir explorar o conhecimento existente fornecido pela RMP, aproveitando a rede de atenção dorsal para ajustar nossos planejamentos preexistentes — isso é *inferência ativa*. No entanto, o aviso da rede de saliência também pode ser um sinal para interromper a rotina, receber novas informações das regiões sensoriais na parte posterior do cérebro e analisar a situação novamente por meio da *inferência perceptiva*. Como as regiões sensoriais ocupam um espaço neural diferente e funcionam independentemente das regiões responsáveis pelo pensamento e pela ação, a rede de saliência tem a capacidade de desativar o sistema de hábitos em favor de uma atualização urgente. Você pode pensar na sensação como o assento ejetor embutido que o lança para fora da RMP.

Levantar, tropeçar no banheiro e escovar os dentes enquanto você está ainda meio adormecido é uma operação clássica do modo de rede padrão. Agora imagine que, na metade dos preparativos, você percebe que o tubo com uma substância branca que você está espremendo na escova de dentes não é creme dental, mas o creme antifúngico que acabou de comprar para tratar seu pé de atleta. Esse é o momento de despertar e se recompor.

O poder da rede de saliência foi revelado em uma pesquisa feita por William Seeley, neurologista e patologista da California University em São Francisco. Ele estudou uma doença relativamente incomum conhecida como demência frontotemporal (FTD), que tem como alvo a rede de saliência do cérebro. Diferentemente da doença de Alzheimer, em que a memória é uma das primeiras coisas a desaparecer, na FTD, as pessoas se lembram muito bem das coisas — elas simplesmente não conseguem controlar seus hábitos e impulsos. Uma pessoa com FTD pode lhe dizer que escovar os dentes com creme antifúngico é errado, mas acaba fazendo isso mesmo assim. O perfil da FTD nos ensina que a rede de saliência é necessária para mediar a relação entre os hábitos de uma pessoa e o mundo. Quando a rede de saliência fica prejudicada, o novo conhecimento não consegue interromper o hábito, e o intelecto não consegue ser despertado para ajudar.

Todos temos nossos pontos cegos e hábitos dos quais temos consciência de que não estão funcionando, mas que simplesmente não conseguimos deixar para trás. Mas, ao contrário de uma pessoa com FTD, nossas redes de saliência estão (em sua maioria) intactas; abraçar a sensação permite não só uma leve alteração nas preferências, mas uma mudança radical no roteiro. Não se trata apenas de uma pintura nova de um cômodo na Casa do Hábito; trata-se de uma reforma completa.

Há muito tempo, a fuga das perspectivas convencionais é o cartão de visitas de cientistas brilhantes e, também, de artistas sérios. O poeta underground Charles Bukowski narrou a vida de pessoas à margem da sociedade, incluindo o próprio vício persistente em álcool. Ele acreditava que não poderia escrever sem beber e que se dedicar à escrita significava adotar um hábito que destruiria sua saúde. “Encontre o que você ama e deixe que isso o mate” era seu lema comumente (mal)atribuído; e ele representa muito bem seu ethos (tenha ele realmente dito isso ou não). Para Bukowski, o maior risco vinha da conformidade, uma vida dedicada aos hábitos de seguir as regras da RMP. É claro que se embriagar para ativar a criatividade era mais uma regra; esta, porém, foi bem-sucedida em sustentar sua criatividade artística — buscar maneiras de desafiar as convenções sociais funcionava para Bukowski, pelo menos da perspectiva de um artista (o fígado dele pode ter discordado disso).

E se Bukowski estiver, pelo menos, parcialmente certo? E se o fato de nos apegarmos ao que sabemos estiver bloqueando o caminho para a criatividade, a satisfação e uma vida mais feliz? O que Bukowski estava interessado em matar era a confiança instintiva nos modelos previsíveis e já conhecidos. Somente quando vamos além da exploração do que já sabemos é que podemos encontrar a liberdade de criar algo novo. Assim como Newton e Arquimedes descobriram, o primeiro passo para desenvolver um insight é sair da Casa do Hábito. E, felizmente, isso não requer o consumo abusivo de álcool ou drogas, nem qualquer outra espécie de comportamento extremo.

O FATO DE SEU ALARME TOCAR NÃO É O MESMO QUE ACORDAR

Precisamos de uma maneira de interromper a RMP que não seja destrutiva e sirva apenas para emergências. Necessitamos de um disruptor que seja de fácil e que se sustente no longo prazo. O problema é que a rede de saliência consegue interromper a RMP apenas temporariamente, e a janela de oportunidade para a mudança é breve. O alarme para de tocar com muita rapidez, e o conforto dos hábitos retoma seu interesse.

O que faz com que uma resposta a um erro de previsão se sustente é a *resolução* desse erro. Se simplesmente nos desviarmos do problema, a motivação subjacente para lidar com o erro permanecerá ali. Por ser um tipo de alarme, a rede de saliência não resolve problemas; ela apenas sinaliza que algum aspecto de nossa experiência precisa ser analisado, alertando-nos de que foi cometido um erro de previsão. É como se alguém buzinasse ao passar por você na rodovia para alertá-lo de que as lanternas traseiras de seu carro estão queimadas. Para reagir com habilidade e aproveitar esse aviso (a *inferência ativa* de verificar as luzes traseiras do carro), você deve primeiro considerar a buzinada potencialmente útil e positiva do outro motorista. No entanto, se estiver cansado e dirigindo dentro da cidade, você pode escolher usar o modelo de que a maioria dos outros motoristas é egoísta e não está disposto a ajudar. Com base nesse modelo, a inferência ativa para verificar as luzes traseiras do carro não está disponível. Em vez disso, você pode decidir que alguns motoristas são idiotas e acenar para eles. Mas isso não contribui em nada para resolver o problema. Talvez, em algum momento, ocorra um sinal de erro mais forte — a polícia atrás de você com o giroflex ligado, pronta para multá-lo por dirigir com as luzes traseiras do carro queimadas. Por fim, o erro de previsão se torna grande o suficiente para forçá-lo a aceitar uma realidade ignorada.

Mas você não precisava levar essa multa. Diante do primeiro erro de previsão — o motorista bem-intencionado tentando alertá-lo —, também é possível fazer inferência perceptiva, para tentar explorar e entender por que o motorista pode estar buzinando para você. Em vez de trabalhar com um modelo dominante de que os motoristas que buzinam são idiotas e que seu carro está em perfeito estado, a inferência perceptiva pode sugerir que você reavalie suas suposições.

O que nos impede de nos beneficiarmos das surpresas instrutivas é a tendência de tratar a rede de saliência como um alarme que deve ser rapidamente silenciado. Estamos condicionados a responder a esse alarme exclusivamente por meio da inferência ativa, tratando a ativação da rede como o problema a ser resolvido. Essa atitude é compreensível em um mundo exigente e, muitas vezes, opressor, mas também limita nossa capacidade de aprender em favor de estratégias habituais. A sensação de surpresa pode ser um convite à descoberta e à flexibilidade na forma de reagir; é uma pena que, na maioria das vezes, nos ressentimos com o sinal de alarme da rede de saliência e reagimos duplicando as estratégias já consagradas que priorizam estar certo em vez de descobrir algo novo.

A EXPANSÃO DOS SENTIDOS: UMA FERRAMENTA PARA SE LIVRAR DOS OBSTÁCULOS

Levar uma multa é ruim, mas não é o fim do mundo. No entanto, os riscos são muito maiores quando, em vez de uma luz traseira queimada, há algo errado na maneira como enxergamos nós mesmos e o mundo. A reafirmação de modelos mentais distorcidos é especialmente problemática no caso da depressão. Sabemos que esses modelos têm poder porque, mesmo após a recuperação, as pessoas que estavam deprimidas têm uma taxa muito maior de se deprimirem novamente no futuro. No entanto, nem todos que se recuperam da depressão voltam a sucumbir. É como se algumas pessoas fossem capazes de atualizar seus modelos sobre si mesmas, o mundo e o futuro e outras não — um caso clássico de inferência perceptiva. Decidimos analisar se a inferência perceptiva determina por que algumas pessoas têm recaídas após a recuperação da depressão, enquanto outras permanecem livres dela.

Recrutamos 166 pessoas e as organizamos em dois grupos para receber um destes dois tratamentos, a fim de evitar o retorno da depressão: a terapia cognitiva (TC), na qual você aprende a responder a seus pensamentos negativos; e a terapia cognitiva baseada em atenção plena (MBCT), na qual você aprende a meditar.[1] Todos haviam participado de oito aulas semanais em grupo, com o objetivo de ajudá-los a minimizar os efeitos da ruminação mental, da preocupação e das emoções negativas em suas vidas. Fizemos o acompanhamento dessas pessoas durante dois anos, enquanto elas relatavam o que estavam fazendo para se manterem bem. O monitoramento clínico regular mostrou que 36 participantes —

22% de nossa amostra — sofreram um novo episódio de depressão. Esse número foi cerca de 10 a 15% menor do que o encontrado em estudos com pessoas que se recuperaram da depressão e que não fizeram nenhuma terapia preventiva; portanto, parece que nosso pessoal deve estar fazendo algo certo!

Mas o que exatamente era a coisa "certa" que estavam fazendo? Será que o grupo da TC havia se tornado especialista em administrar seus pensamentos e, agora, estava vivendo uma vida de satisfação e alegria? Ou será que o grupo da MBCT havia aprendido a mergulhar profundamente em estados de paz interior?

Nossos participantes nos mantiveram atualizados sobre como eles se saíram em 34 variáveis anteriormente relacionadas à prevenção da depressão. Esses itens incluíam estresse, ruminação mental, preocupação, consciência corporal, otimismo, inteligência emocional, satisfação com a vida, autocompaixão e atenção plena. Se você fizer as contas, 34 questionários × 20 itens cada × 8 aplicações × 166 participantes contribuíram com quase 1 milhão de dados para responder a uma simples pergunta: o que exatamente você está fazendo para ficar bem?

Para reduzir esse enorme conjunto de dados em um formato que pudesse ser interpretado, identificamos temas comuns entre os diversos questionários que recebemos. Esse tipo de *análise fatorial* foi como medir a temperatura do oceano por meio de suas correntes profundas, em vez de medir a superfície ondulada da água.

Descobrimos que o maior valor derivado de qualquer uma das formas de terapia não era específico da meditação ou das estratégias de reavaliação enfatizadas pela MBCT e pela TC, como sua denominação poderia sugerir.

Espere, o quê? A atenção plena soa como uma forma de expansão dos sentidos, porque você passa muito tempo observando os elementos constituintes da sensação corporal ou respiratória — aprendendo a fragmentar uma massa sólida de experiência em partes menores que podem ser exploradas. Mas a terapia cognitiva não envolve a exploração de sensações corporais ou respiratórias. E *seria possível* fazer a TC apenas tentando substituir pensamentos e crenças problemáticas sem muita exploração.

O que percebemos foi que o grupo da TC ainda apresentava elementos de expansão dos sentidos. Embora, historicamente, a TC combatesse pensamentos e crenças problemáticas, a forma mais moderna de TC empregada em nosso estudo focava a criação de um espaço de investigação no qual não se sabe como as coisas vão se desenrolar. Os terapeutas cognitivos experientes chamam isso de "orientar a descoberta", em oposição a "mudar a mente de alguém".[2] As práticas incluídas na TC atualmente envolvem ideias como "ativação comportamental" e "apreciação", a ideia de que, se você se colocar em situações desconhecidas ou ambíguas, nas quais não tem 100% de certeza de que o antigo roteiro da depressão será aplicado, a forma como você vê o mundo pode se abrir de formas inesperadas. Isso é muito diferente de apenas minar as crenças negativas de uma pessoa sobre si mesma, o mundo e o futuro.

A mensagem desse estudo foi que uma terapia eficaz leva as pessoas a se envolverem em um processo exploratório, independentemente da denominação da terapia. Ela cria um espaço seguro em que o paciente pode se colocar em uma situação em que, honestamente, não sabe como um novo comportamento se desenvolverá. Diante do fato de não saber, tudo o que resta a fazer é ser receptivo e explorar as consequências dessa nova abordagem. Chamamos isso de *expansão dos sentidos*. Os dados sugerem que a expansão dos sentidos consiste em duas habilidades complementares: *descentralização* e *tolerância ao estresse*.

Descentralizar significa dar um passo atrás para observar os pensamentos, os sentimentos ou as sensações sem reagir imediatamente a eles. Essa abordagem permite que nos distanciemos de nossa mente, a fim de que possamos tomar decisões conscientes e ponderadas para lidar com o que quer que esteja passando em nossa cabeça.

A *tolerância ao estresse* é a capacidade de suportar uma coisa ou uma situação que é desagradável para nós. É como continuar assistindo a um filme de terror mesmo quando a tensão aumenta.

Durante os dois anos de acompanhamento, os participantes que conseguiram ficar bem e evitar uma recaída foram aqueles que demonstraram um crescimento impressionante na capacidade de praticar a *descentralização* e a *tolerância ao estresse*, habilidades de expansão dos sentidos que aprenderam na terapia. Aqueles que tiveram uma recaída na doença apresentaram apenas um crescimento limitado nessas habilidades ou, em alguns casos, um declínio efetivo.

A expansão dos sentidos era o mecanismo comum em ambas as abordagens. Isso foi interessante e desafiador de conciliar. A prevenção contra a depressão não se limitou a apenas uma forma de expansão, seja prestando atenção à respiração durante a meditação ou registrando as experiências de vida na TC. O benefício era compartilhado por qualquer pessoa que tivesse o poder de se envolver na expansão dos sentidos, de explorar quem ela havia se tornado no mundo.

Uma das percepções que os participantes mais relataram foi de que "pensamentos não são fatos". Essa é uma indicação poderosa de que a pessoa está experimentando a descentralização — relacionando-se com os pensamentos e as crenças da mesma maneira que se relaciona com uma coceira em uma parte do corpo ou uma contração muscular. A meditação permite que você se familiarize com a sensação e, em seguida, convida-o a visualizar seu pensamento, por vezes distorcido, não como a narrativa dominante, mas apenas como mais um evento sensorial. A TC o convida a relaxar sua percepção dos pensamentos como fatos e a abordá-los como ideias ou interpretações que podem ou não ser verdadeiras. Em ambas as abordagens, os participantes encontraram um modo de questionar a verdade por trás até mesmo de conversas mentais planejadas.

Em vez de defender uma terapia em detrimento de outra, os dados mostraram que o que importava era a capacidade de praticar a expansão dos sentidos, de ter curiosidade sobre os erros de previsão do mundo e de tolerar a ambiguidade do que poderia estar causando esses erros. Ficamos intrigados com a ideia de que poderia haver outras maneiras de as pessoas aumentarem suas habilidades de expansão.

PESSOAS RESILIENTES TÊM CÉREBROS SENSÍVEIS

Além de preencher questionários antes e depois da terapia preventiva, aproveitamos nosso projeto de acompanhamento de dois anos para fazer uma pequena varredura cerebral. Pedimos aos participantes que assistissem a trailers de filmes tristes e a programas mais neutros dentro do scanner do fMRI, o que nos deu uma visão geral de suas reações emocionais. Depois, esperamos dois anos para analisar os dados, até sabermos quem havia tido uma recaída e quem tinha permanecido bem. De fato, esse se revelou o maior estudo de neuroimagem sobre depressão após psicoterapia preventiva já realizado.[3] O objetivo era combinar uma análise minuciosa do que os participantes vivenciaram — a descentralização e a tolerância ao estresse e tudo mais — com um relato de como o cérebro se modificou para oferecer bem-estar.

Apesar de alguns participantes se referirem a outros fatores, como curiosidade, tomada de decisão e tolerância, os dados obtidos nos convenceram de que a sensação está, de fato, onde está a ação. Com base em nossa pesquisa anterior, sabíamos que os trailers de filmes tristes provavelmente ativariam a RMP em detrimento do processamento sensorial, mas não tínhamos certeza se isso afetaria a vulnerabilidade das pessoas à depressão ao longo do tempo.

Apesar do poder da RMP, a perda de sensações era a questão principal. Da mesma forma que antes, a tristeza interrompeu o processamento sensorial. Alguns de nossos participantes continuaram com sintomas incômodos — um sentimento de culpa aqui, uma falta de motivação ali —, e a intensidade desses sintomas residuais foi positivamente correlacionada ao grau de desativação. Além disso, alguns participantes tiveram um número maior de episódios anteriores de depressão, e encontramos uma associação semelhante entre essa frequência e a maior desativação sensorial. Parece que o triunvirato de sentir-se triste no momento, sentir-se deprimido de maneira mais geral e ter tido mais depressão no passado convergiram e se manifestaram no córtex somatossensorial, que processa os sentimentos da superfície do corpo, e na ínsula, que processa o estado interno do corpo. Uma intensidade de desativação somatossensorial acima da média tornava uma pessoa *25 vezes* mais propensa a ter uma recaída do que alguém que estimulava os freios sensoriais em vez de pisar neles.

Isso não significa que não há esperança para essas pessoas. A terapia não reverteu o padrão de desativação, mas descobrimos um segundo sinal, na parte frontal do cérebro, responsável pelo planejamento da ação em vez da sensação. Essa região tendia a se acalmar depois que o indivíduo trabalhava com técnicas de terapia cognitiva ou de atenção plena durante oito semanas. Se ela se acalmava mais do que a média, isso reduzia em mais da metade o risco de a pessoa ter uma recaída.

Analisamos de que maneira essa região frontal se comunicava com o cérebro e descobrimos que sua ativação estava ligada à supressão de regiões sensoriais. Usar essa região para responder ao estresse por meio do pensamento, do planejamento e da correção foi como pisar no freio das regiões sensoriais. Embora oito semanas de terapia não tenham sido suficientes para interromper a supressão das sensações, tirar o pé do freio foi um bom começo.

Os dados do questionário nos mostraram que os participantes estavam confiando menos em reações impulsivas à tristeza. Eles estavam aprendendo a parar de tentar suprimir ou controlar as experiências emocionais, ampliando sua paleta de experiências aceitáveis e aprendendo a aceitar o desafio. Após oito semanas de treinamento, o cérebro deles ainda estava programado para evitar sensações, mas aqueles que obtiveram algo com a terapia aprenderam a parar de pisar no freio ao primeiro sinal de problema.

Havíamos descoberto algo surpreendente. Pela primeira vez, mostramos que a supressão das sensações diante do estresse era um marcador cerebral da vulnerabilidade à depressão no passado, no presente e até mesmo no futuro. Anteriormente, havíamos demonstrado que a supressão das sensações estava ligada à depressão no momento presente; agora já sabíamos que o bloqueio da sensação previa futuros episódios da doença. Essas descobertas eram muito diferentes do conhecimento predominante que atribuía a depressão ao excesso de atividade na parte frontal do cérebro. Sim, a parte frontal do cérebro é importante, mas a vulnerabilidade acontece quando a parte frontal do cérebro extrai novas informações de nossos sentidos.

Ou seja, descobrimos a evidência mais forte até agora de que o ato momentâneo de inibição sensorial afeta profundamente o rumo de sua vida. O lado positivo é que nossos participantes resilientes nos contaram como aprenderam a lidar com esse padrão — é preciso uma disposição cada vez maior para buscar informações em sensações inesperadas e perturbadoras. Diante do estresse, é preciso coragem para buscar e tolerar o que se descobre.

Exercício: Expansão dos Sentidos no Supermercado

Suspeitamos que há situações em sua vida que são recorrentes e previsivelmente pouco satisfatórias. Você sabe que tende a fazer *x* e que isso leva a *y*, e você não gosta de *y*. O que mais você pode fazer (não apenas "não *x*", mas, de fato, algo a *mais*)? Tente fazer coisas que você sinceramente não sabe como vão se desenrolar. Relembrando o convite de Rumi diante do desconforto, que tal fazer algo diferente, assim como você escolhe tocar seu instrumento musical em vez de estudar ou ler?

Você poderia, por exemplo, experimentar ir a um supermercado grande. A seção de produtos contém uma grande variedade de opções, mas, ao mesmo tempo, você já sabe do que gosta. Entre as dezenas de tipos diferentes de frutas e legumes, você tende a comprar apenas alguns deles e, talvez, compre outros alimentos "de vez em quando", permitindo que seus olhos apenas passem pelo restante deles.

Desta vez, leve um caderno. Sua tarefa é registrar dez cores diferentes que conseguir identificar entre os produtos. Em seguida, liste cinco aromas diferentes que você consegue identificar. Por fim, anote qualquer outra informação sensorial que chame sua atenção enquanto passeia pelos corredores. Isso mesmo, ande sem pressa; observe se consegue ser receptivo mesmo sem saber o que chamará sua atenção.

E se você fosse comprar frutas e verduras para a semana, quais escolheria? Talvez você pegue o que costuma comprar, e tudo bem! Nós nos perguntamos se você teria ficado mais curioso sobre sabores que normalmente ignoraria ou evitaria. O objetivo não é permanecer o mesmo nem forçá-lo a escolher um alimento que você detesta. Trata-se de ficar curioso sobre suas escolhas, observando como esse ambiente sensorial imersivo pode se comunicar com você, tornando a experiência mais do que apenas mais uma ida ao supermercado.

7

PRINCÍPIOS DA EXPANSÃO DOS SENTIDOS

A verdadeira viagem de descoberta não consiste em procurar novas paisagens, mas em ter novos olhos.

—MARCEL PROUST

APRENDENDO A EXPLORAR

René Redzepi, proprietário do renomado restaurante Noma, em Copenhague, entregou-se às sensações porque estava sendo sufocado pelo sucesso. À medida que seu restaurante se tornava cada vez mais popular, a pressão aumentava, e René se viu envolvido nos mesmos comportamentos de assédio moral com os quais seus mentores o atormentavam quando ele era um chef em treinamento. Ele jurou que nunca seguiria por esse caminho, então fez algo radical: deu um tempo, fechou temporariamente sua cozinha e foi para o meio do mato.

Determinado a explorar a arte da busca por comida, Redzepi ficou chocado ao descobrir que uma única folha de grama podia ter gosto de coentro e que uma formiga (uma *formiga*!) podia ter gosto de limão. Ele conseguiu provar todos esses sabores novos e inesperados a apenas alguns passos da porta de casa. Porém, de maneira ainda mais inesperada, a relação dele com a comida mudou, seguida pela relação com o mundo inteiro. Ele começou a perceber que ser um chef não se tratava apenas de transformar os ingredientes crus em pratos deliciosos por meio da alquimia culinária; ele passou a se considerar parte da natureza, com a responsabilidade de preservá-la e protegê-la. Ele começou com uma anseio por encontrar novos sabores instigantes, mas percebeu que o que realmente queria era sentir essa conexão.

Os concorrentes e os críticos zombaram dele, mas René demonstrou que, ao encerrar seus negócios habituais e se envolver nesse tipo de exploração sensorial, ele não só poderia desfrutar da busca por alimentos locais e selvagens, como também poderia transformá-los na melhor culinária do mundo. Após vasculhar incansavelmente o litoral e as florestas nórdicas, ele trouxe flores comestíveis, arbustos de espinheiro marítimo, algas, mariscos, bagas de roseira brava, cogumelos selvagens, alho e raízes de legumes para incluir no cardápio do restaurante. Redzepi mostrou que, com o treinamento correto da visão, do tato e do olfato, é possível, como ele disse, "passear em meio à natureza e colher ingredientes como fazemos nas prateleiras do supermercado". Itens exclusivos como caldo de caracol e sorvete de alga ajudaram o Noma a ganhar o título de Melhor Restaurante do Mundo quatro vezes em um período de dez anos. Mas, igualmente importante, a ruptura com os padrões estabelecidos para explorar livremente o mundo sensorial ajudou a nutrir Redzepi e sua equipe. Isso fez com que o trabalho que eles adoravam (mas que achavam cada vez mais estressante) voltasse a trazer inovação e entusiasmo.

Não importa qual carreira optamos seguir, todos passamos por períodos da vida em que desejamos algo novo e empolgante. Assim como Redzepi, podemos estar exaustos e esgotados em virtude da mesma rotina monótona. A pergunta óbvia é: por que continuar fazendo a mesma coisa? Não existe um meio-termo entre fazer mais do mesmo e deixar de lado as responsabilidades? A resposta, sem dúvida, é "sim". Em vez de se conformar ou se esquivar, pois fazer as duas coisas nos impede de enxergar novas possibilidades, você pode criar sua versão do que Redzepi fez, vasculhando os bosques e a costa. Você poderia experimentar a *expansão dos sentidos*.

Imagine o que seria possível fazer se os hábitos estivessem um pouco menos enraizados em nossa mente e se nosso repertório comportamental fosse ampliado. Imagine o que poderia acontecer se houvesse uma nova maneira de trabalhar, conversar com sua parceira ou se sentir bem consigo mesmo. E se você estiver estagnado apenas porque parou de explorar, o que fez com que você ficasse sem novas ideias? É isso que a expansão dos sentidos o ajuda a fazer — explorar.

Pode ser que seu trabalho seja péssimo, que as diferenças entre você e sua parceira sejam irreconciliáveis e que você seja tudo aquilo de que se queixa. Será que não seria o caso de descobrir se há algo a mais que esteja fazendo-o se sentir mal do que o fato de *tudo estar uma droga e a culpa ser sua*?

Mesmo que explorar não o ajude a encontrar uma solução para seus piores problemas, você se sentirá melhor por ter tentado. Um estudo recente publicado no *Journal of Happiness Studies* descobriu que, em dias estressantes, as pessoas que conseguiam manter a curiosidade se sentiam melhor do que aquelas que não conseguiam.[1] A abertura para a exploração significava que elas consideravam os desafios oportunidades de aprender e crescer. Mais uma vez, há um contraste entre o falso refúgio da Casa do Hábito e a disposição de sair dela e explorar.

COMEÇANDO

Apesar do sucesso, Redzepi precisou deixar de lado a rotina e todo seu aprendizado para expandir seu conhecimento e redescobrir a paixão pela culinária. Mas, independentemente de estarmos no auge da carreira como ele ou apenas no início e se esforçando para deslanchar, todos podemos nos beneficiar de uma exploração na selva de novas experiências, formas de conhecimento e novos insights fora dos limites seguros do hábito e da rotina.

Mesmo assim, abrir mão do que já foi testado e comprovado é assustador, porque você não tem ideia do que pode substituí-lo. É por isso que muitas pessoas esperam que uma crise as force a mudar. Muitas vêm o casamento desmoronar, são demitidas ou acordam dentro de uma cela na prisão acusadas de dirigir embriagadas. A maioria das pessoas não tem uma noção clara de como a vida se tornou tão estressante, de como tudo saiu do controle ou que não há como recuperar o que foi perdido até sair da Casa do Hábito e respirar ar fresco. Então de onde vem a motivação para mudar antes que as circunstâncias nos forcem a isso? Pode parecer uma exigência grande demais a ponto de dizermos a nós mesmos que simplesmente não temos tempo ou energia para pensar em realizar alguma mudança. Mas é assim que seguimos na mesma rotina, até que isso nos leve para um buraco escuro e desagradável.

Por sorte, Redzepi não esperou até ter uma crise que o obrigasse a agir. Ele percebeu cedo os sinais e teve a coragem de buscar um novo caminho — e não era como se ele tivesse todo o tempo do mundo. Se você leu o livro de Anthony Bourdain, *Cozinha Confidencial*, já tem uma ideia de como a vida de um chef pode ser insana. Imagine Redzepi, exausto após mais um dia de trabalho de dezessete horas, preocupado com o fluxo de caixa, a equipe, os pedidos de ingredientes, os concorrentes e, além de tudo, com a crescente sensação de falta de sentido na vida. Oferecer um serviço de gastronomia é um negócio bastante competitivo e, se ele tivesse tentado ignorar os sinais de esgotamento e apenas continuado a trabalhar, isso facilmente poderia ter prejudicado a qualidade de sua culinária. Ele poderia ter perdido a confiança de alguns clientes e tê-los afastado, e os funcionários poderiam tê-lo trocado por um ambiente de trabalho menos insano.

Às vezes, os efeitos debilitantes do hábito podem ocultar quão mal estamos nos sentindo, e as vendas que a RMP coloca em nossos olhos tornam difícil vislumbrar uma vida diferente. É por isso que é tão importante se agarrar àquele primeiro momento em que *você percebe que está estagnado*. Esse é o primeiro passo para se desvencilhar.

PASSO 1: ENCONTRE-SE EM UMA SITUAÇÃO DIFÍCIL

Quando percebemos que há um motivo real para uma mudança, uma diferença entre o modo como as coisas estão e como deveriam estar, podemos encontrar motivação para mergulhar de cabeça nisso.

No mundo dos campeonatos de pôquer, costuma-se dizer que as pessoas que agem de maneira não tão racional estão "perturbadas". As crianças ficam "perturbadas" quando são temperamentais ou fazem birra. Mesmo na idade adulta, é possível ficar "perturbado" quando o nível de açúcar no sangue está muito baixo. Sentimos fome e, de repente, começamos a nos incomodar com todos ao redor: os colegas de trabalho e a parceira, achando-os um pouco idiotas e irritantes, e qualquer exigência que nos façam pode parecer a gota d'água. Nossos colegas, amigos ou parceiros podem não saber que só precisamos comer algo, mas eles sabem muito bem que estamos irritados e mal-humorados. O problema é que não temos consciência de que nosso humor mudou e, por isso, colocamos nos outros a culpa de tudo o que está nos incomodando. Então — tímidos — após tirar um cochilo ou comer algo, percebemos que as pessoas não são irritantes e que talvez tenhamos exagerado um pouco.

A neurociência em ascensão atribui a culpa pelo fenômeno da "fome" à liberação de uma substância química no cérebro denominada neuropeptídeo Y, que está relacionada a sentimentos de raiva e agressão.[2] O neuropeptídeo Y parece induzir uma ativação mais intensa, porém instável, da rede de saliência, o sistema que nos alerta sobre os erros de previsão, avisando que algo está errado e precisa ser corrigido. A fome, na verdade, não intensifica os hábitos memorizados na rede de modo padrão, mas nos coloca em alerta máximo, o que faz com que sejamos mais reativos a qualquer quebra de expectativa.

Em última análise, a resposta "correta" é uma inferência perceptiva: "As coisas estão ficando intensas. Será que sou eu?" Mas, como vimos, não somos hábeis nesse tipo de introspecção. Em vez disso, caímos na inferência ativa por seguir um padrão, vendo culpados em todos os lugares.

Há uma inferência ativa que poderia resolver o problema — pegar uma barra de Snickers (ou, melhor ainda, algo que forneça um aumento gradual de açúcar em vez de uma avalanche). A parte difícil é ter autoconsciência suficiente para *perceber* o problema — essa é uma forte inferência perceptiva.

Quando o culpado é o metabolismo, reclamar dos colegas e lamentar nossa má sorte na vida não adianta nada. Ficamos presos na Casa do Hábito quando deveríamos estar vasculhando a geladeira. Mas, primeiro, em vez de reclamar, precisamos olhar um pouco para dentro de nós mesmos.

PASSO 2: OLHE ANTES DE PULAR

Um marcador confiável que nos ajuda a ter mais saúde e felicidade é manter a curiosidade sobre os hábitos mentais que comandam as percepções por trás deles. A etapa seguinte para o desenvolvimento é *preparar* um local apropriado para a expansão. Pode ser qualquer lugar onde você possa explorar seus sentidos; mas isso não significa que todas as escolhas sejam igualmente seguras, confortáveis e eficazes para você no momento. No final do Capítulo 6, sugerimos uma ida à rica rede de sensações que é a seção de produtos de um supermercado. Escolhemos esse exemplo porque, embora possa ser um pouco estranho documentar a cor e o aroma das coisas, este é um lugar onde certamente você conseguirá passar um bom tempo analisando os produtos — é a versão urbana da busca por alimento.

Pode parecer inútil escolher uma tarefa fixa para a expansão dos sentidos quando você pode simplesmente se imaginar fazendo isso. Entretanto, apenas ter uma hipótese do que aconteceria é confundir boas intenções com execução adequada. Quando estamos no início da carreira, é melhor escolher uma atividade em que é seguro se sentir um pouco estranho e que não tenha tanta pressão que o force a depender do hábito. Quando não há muita coisa acontecendo, é relativamente fácil perceber se estamos remoendo algo enquanto tentamos expandir os sentidos e, depois, corrigir esse comportamento. É muito mais difícil praticar em um ambiente caótico e sob pressão — embora o Capitão Sully tenha se permitido sentir e conseguido pousar o avião, não precisamos aprender em ambientes arriscados. Seja gentil e prepare-se para o sucesso.

É por isso que a escolha de um alvo sensorial adequado é tão crucial quando se pretende expandir os sentidos. Arquimedes observou a água em sua banheira, Newton analisou o percurso das maçãs no jardim e Redzepi buscou um meio de sobrevivência na floresta. Nenhum deles simplesmente sentou na cadeira do escritório e imaginou como é não estar estagnado. Você precisa *investir tempo* nas sensações para sair do modo das suposições e atuar de acordo com os modelos existentes. Caso contrário, apenas prever como seria sentir a expansão seria carregar outro conjunto de expectativas em vez de se envolver nas sensações. Queremos que você escolha um destino fora da Casa do Hábito, para que não acabe vagando entre um cômodo e outro. Se fizer isso, você estará pronto para a etapa 3, para se engajar na expansão dos sentidos.

PASSO 3: VENHA COMIGO SE QUISER VIVER

Sarah Connor (interpretada por Linda Hamilton), a protagonista do filme *O Exterminador do Futuro 2*, tinha muita motivação para se engajar na expansão dos sentidos. Ela também foi uma personagem feminina inovadora no cinema porque deixou para trás sua identidade de *O Exterminador do Futuro 1* como uma donzela em perigo para se tornar uma poderosa combatente em favor da liberdade.

Caso você não tenha percebido, o enredo dá uma reviravolta no primeiro filme, *O Exterminador do Futuro*, no qual Arnold Schwarzenegger interpreta um robô assassino maligno enviado de volta no tempo para impedir a ascensão do futuro libertador da humanidade. Na sequência, o personagem de Schwarzenegger foi reprogramado e enviado de volta, dessa vez para impedir a mesma missão que ele havia cumprido anteriormente.

Em determinado momento, ele está ajudando a resgatar Sarah de uma instituição para doentes mentais e, com seu característico sotaque austríaco, diz: "Venha comigo se quiser viver." No primeiro filme, Sarah tinha ouvido essa frase quando estava sendo resgatada *do* Exterminador. Porém ela reconheceu que ficar *presa* aos hábitos de temer e fugir dele não seria útil em sua situação, presa naquela instituição e sob o ataque de uma nova espécie de robô assassino. Ela precisou se *preparar* rapidamente para atualizar sua visão de mundo para uma em que ela e o Exterminador pudessem trabalhar juntos para lutar contra uma ameaça maior.

O conhecido ultimato do Exterminador revela que, para mudar de verdade, é preciso deixar o mundo entrar, destruindo a parte de si mesmo que rejeita sua experiência da realidade. Em algum momento, você precisa se engajar na terceira etapa e realmente *fazer isso*. Sarah o *faz*. As pupilas dela se dilatam, e ela deixa de lado a necessidade de lutar ou fugir e, pela primeira vez, enxerga claramente que essa figura perigosa de seu passado foi ressuscitada como um salvador muito improvável. Ela deixa de lado o que sabe e reescreve sua narrativa com base em sua experiência no momento. E, nesse momento, ela se transforma de Sarah Connor, uma possível vítima, na mãe da resistência humana à tirania. Não é exatamente o mesmo que Redzepi encontrar um inseto com sabor de limão, mas, ainda assim, é muito bom, não é?

Felizmente, a maioria das pessoas não precisará se dedicar à expansão dos sentidos enquanto sofre ameaça de morte por robôs assassinos. Mas, infelizmente, nossa posição de relativa segurança também significa que não receberemos uma orientação tão icônica para mergulhar fundo nessa exploração. No entanto, a ameaça de uma vida insatisfatória ainda está à espreita em um segundo plano. Portanto, neste momento, pense em nós como dois Arnolds mais amigáveis e menos musculosos. Venha conosco se quiser *viver*! Vamos mergulhar de cabeça e nos engajar.

PRINCÍPIOS EM AÇÃO: SINTA-O NA SOLA DE SEUS PÉS

Talvez você nunca tenha ouvido falar do mágico Tolly Burkan, mas é bem provável que já tenha ouvido falar do pilar de autoaperfeiçoamento que ele introduziu na década de 1970 — caminhar sobre o fogo. Agora sempre presente no circuito de palestras, caminhar sobre o fogo significa caminhar ao longo de uma trilha de 4,5 a 6m de carvão em brasa. Mas esse não é apenas um artefato cultural da era Nixon. A caminhada sobre o fogo é mencionada na Bíblia e na história romana, e é uma tradição entre os bosquímanos !Kung, do deserto de Kalahari.

O próprio Burkan acreditava que caminhar sobre o fogo era uma estratégia antes de experimentá-la. Em uma entrevista à ABC News, ele relembrou: "Imediatamente, pensei que isso tinha o potencial de tirar as pessoas da rotina do pensamento convencional... era inesquecível e potencialmente transformador."[3]

Caminhar sobre o fogo não é algo fantasioso no sentido da mente sobre a matéria. A física por trás dessa estratégia esclarece por que ela pode ser feita com segurança: as brasas de madeira são péssimas condutoras de calor e o tempo de contato dos pés com elas pode ser limitado a menos de um segundo, portanto é possível evitar pisar nas brasas mais quentes; além disso, os pés molhados fazem com que o calor evapore e se transforme em um vapor de proteção da sola chamado de Leidenfrost.

No entanto, caminhar sobre o fogo *é* algo mágico como um exemplo da *mente sobre a mente*: nós nos convencemos a tocar o fogo, embora uma das primeiras coisas que nos ensinam quando crianças é que algumas coisas são quentes e que essas coisas podem machucar. Para andar sobre o fogo, você precisa estar disposto a fazer uma revisão radical de um conhecimento profundamente arraigado. E, após uma vida inteira tentando não se queimar, é mais fácil falar do que fazer.

Para nós, caminhar sobre o fogo é uma maneira extrema e concentrada de expansão dos sentidos. Para sair ileso, você precisaria seguir as três etapas que descrevemos.

- **Perceba que você está estagnado.** Existe uma forte crença prévia que você quer desafiar: você começa preso à ideia de que qualquer exposição ao fogo é perigosa. Depois é convidado a questionar se essa crença é válida, o que pode motivá-lo a enxergar o mundo de outra maneira.
- **Prepare-se para a expansão.** Existe uma técnica para caminhar sobre as brasas que minimiza a exposição às chamas mais quentes. Andrew Weil, pioneiro na medicina integrativa, aprendeu essa lição da maneira mais difícil em sua primeira tentativa. "Eu me sentia mentalmente disperso", ele escreveu. "Eu estava no limite de minha dor. Acredito que não conseguiria dar mais do que um ou dois passos."[4] No entanto, em outra ocasião, ele estava mais presente no momento: "A sensação não era de

calor; era uma sensação de algo crocante... Eu poderia ter feito isso a noite toda, foi incrível."

- **Hora de agir!** Ouvir falar de caminhar sobre o fogo pode despertar sua curiosidade, mas só de ver alguém fazendo isso — ou melhor ainda, ao fazer isso — você mudará suas crenças mais arraigadas.

Então como exatamente empregamos essa mesma receptividade e curiosidade ao enfrentarmos os fogaréus da vida cotidiana? Nossos sentimentos negativos são como aquele tapete de brasas. O caminho é abordar os sentimentos como valiosos em vez de considerá-los um problema a ser solucionado, evitado ou eliminado. Apenas quando pararmos de evitar ou controlar nossos sentimentos é que teremos a chance de nos tornarmos mais do que a soma de nossos hábitos, de nos tornarmos algo novo. Para fazer isso, precisamos recorrer à experiência sensorial, que nos ajudará a subverter o predomínio da RMP, a guardiã do hábito. Vamos fazer um pequeno exercício para começar a expandir os sentidos.

Exercício: Uma Maneira Retrógrada de Comer

Quando somos bebês, o mundo gira em torno das sensações, mesmo quando estamos aprendendo a manipular um pequeno bastão de grafite e argila para escrever letras. No entanto, os momentos de exploração sensorial se tornam mais raros à medida que crescemos. Após algum tempo, a memória muscular assume o controle, nossa mão simplesmente assume a forma correta de segurar o lápis e as letras surgem na folha. Ainda assim, a vida tem uma maneira de nos levar de volta às sensações, principalmente quando as coisas não saem conforme o planejado.

A menos que tenha vivido uma vida encantada, você provavelmente já sofreu algum tipo de acidente: torceu o tornozelo, o pulso ou quebrou um osso. Tente se lembrar desse momento e de como foi ter que aprender a andar ou comer de acordo com um conjunto diferente de regras. As restrições impostas pela lesão fizeram com que você sentisse resistência, dor ou ambas as coisas ao tentar realizar movimentos habituais. Talvez você tenha precisado mudar a forma de deslocar o peso ao caminhar, virar-se na cama ou manipular utensílios com a mão não dominante. Ao fazer isso, você provavelmente teve que enfrentar a frustração e a incerteza de perder uma função que antes fazia sem nenhum esforço e com habilidade, e notou como o garfo parecia desajeitado na mão não dominante e como você estava demorando mais para comer. Talvez os alarmes de sua rede de modo padrão estivessem soando o tempo todo, porque ela estava tentando fazer com que você voltasse a se movimentar ou a comer como de costume, enquanto a dor ou a imobilidade o lembrava a todo momento de que, mesmo que isso fosse possível, definitivamente não era uma boa ideia.

Apesar do desafio e da frustração de ter que aprender a fazer o básico novamente, não havia algo intrigante em ter que desacelerar e refletir sobre seus movimentos? Você conseguiu passar mais tempo observando e saboreando a comida? Talvez pela primeira vez você tenha realmente apreciado a complexidade da mudança de peso e do equilíbrio ao caminhar ou, até mesmo, ao se levantar da cama. Com o tempo, você pode ter experimentado uma nova confiança ao ver as possibilidades renovadas de recuperar a função diante dos efeitos incômodos da lesão.

Para ter uma noção melhor do que estamos falando, faça este experimento. Na próxima vez em que for comer algo, tente segurar o talher com a mão não dominante. Pode ser a refeição mais estranha que você já fez. Mas nós o convidamos a explorar a sensação que você teve durante essa refeição, que pode ser mais satisfatória do que o normal — a sensação de explorar, ajustar e realizar a ação básica de autocuidado que a alimentação representa. Como é se opor ao autojulgamento de ser lento e desajeitado? Dizer sim ao constrangimento de deixar a comida cair de volta no prato, de demorar mais do que o normal? O que há de novo no sabor dos alimentos quando você come dessa maneira, comprometido com as sensações, a exploração e o gosto de cada garfada? No final da refeição, sabendo que pode voltar a comer da maneira habitual, você pode até sentir uma leve sensação de perda e sentir falta dessa confusão silenciosa na hora de comer, da fuga do hábito e da descoberta de um novo lar longe de casa.

Se quiser ir ainda mais longe, pense em como seria fazer uma refeição sem nenhum talher! A maioria das pessoas foi ensinada a comer com uma colher, uma faca e um garfo, bem como apreciar o fato de que o uso correto de talheres denota certo grau de refinamento. Quando éramos crianças, provavelmente nos disseram que comer com as mãos era errado, embora cerca de um quarto da população mundial faça isso todos os dias, em todas as refeições.

No entanto, se deixarmos de lado a suposição de que a cultura do talher é superior e prestarmos atenção às sensações que comer com as mãos proporciona, poderemos perceber algo surpreendente. Existe a sensação de "deixar o ego do lado de fora" quando você decide pegar um punhado de ervilhas e colocá-las na boca. Mas também pode estar acontecendo algo mais profundo. Talvez tenhamos que confrontar nossas concepções de "limpo" e "sujo", a crença de que o contato da comida com as mãos é inadequado para um adulto civilizado. Se esse for o caso, sinta-se à vontade para lavar as mãos antes. Ou você pode simplesmente achar que é tudo bobagem e que não compete a você fazer isso — mas é esse o ponto, o "você" que está infeliz nunca comeria com as mãos. Mesmo que seja apenas por um momento, você está disposto a tentar ser uma pessoa diferente?

Esse exercício de sensatez talvez não mude o sabor da comida, mas pode fazer com que você se sinta mais livre para experimentar coisas novas no futuro — um pequeno passo para lidar com os problemas maiores que você enfrenta. Ou seja, você não precisa atear fogo na Casa do Hábito para se libertar das garras da RMP. O simples fato de brincar com seus hábitos mais arraigados pode servir como uma experiência de abrir a janela para deixar um pouco de ar fresco entrar. Portanto, experimente. Acreditamos que você ficará surpreso com a pessoa que se tornará.

AGIR CONFORME NECESSÁRIO: NOVE REGRAS SIMPLES PARA A EXPANSÃO DOS SENTIDOS

Se este fosse um livro sobre levantamento de peso, esta seria a seção sobre técnica e forma. Um treinador de levantamento de peso olímpico sabe por experiência própria o que funciona e o que não funciona para ter mais força com segurança. Nossa experiência de trabalho em saúde e bem-estar nos ajudou a reconhecer alguns princípios gerais que abrangem diferentes formas de treinamento mental para o bem-estar. Os princípios a seguir o ajudarão a reconhecer uma boa prática de exploração de sentidos quando se deparar com ela. Durante todo o processo, faremos referência ao exercício anterior de comer lentamente, para mostrar como ele preenche os requisitos, que são:

1. **Você não pode forçá-la.** A expansão dos sentidos é a arte de otimizar as condições para a inferência perceptiva, mas, se você já soubesse exatamente o que fazer, não estaria estagnado. Tente deixar de lado a ideia de que você será o responsável pelo resultado dessa expansão.
2. **Você pode escolher.** Felizmente, definir a intenção da exploração pode ser suficiente para que a expansão aconteça. Basta aquele momento marcante que interrompe a rede de modo padrão e libera recursos para a sensação. Após isso, você só precisa sair do caminho e ver o que acontece.
3. **Ubiquidade.** A expansão dos sentidos pode ser praticada em qualquer lugar e a qualquer hora, porque, enquanto você estiver consciente, sempre haverá algo em seu mundo sensorial ao qual você pode prestar atenção. Não se trata tanto de encontrar determinado estímulo, mas, sim, de considerar que o mundo dos sentidos está sempre disponível.

Quarenta anos depois que Wilder Penfield demonstrou que a atividade mental poderia ser alterada por meio do implante de um minúsculo eletrodo no cérebro, a neurologista Helen Mayberg aplicou essa técnica para tratar a depressão resistente ao tratamento.[5] Para os pacientes que sofrem com essa doença, cujos hábitos mentais tendem ao bloqueio neurovegetativo, o implante desse eletrodo reverte os efeitos.

A parte mais surpreendente é que o eletrodo — e, portanto, o efeito — pode ser desligado e ligado por meio de um controle remoto. Quando o eletrodo é ligado, ele age como um marca-passo, regulando o fluxo de informações ao longo dos circuitos neurais na base da parte frontal do cérebro, um dos centros da RMP. As experiências que as pessoas relatam quando o eletrodo é ligado são surpreendentes. Embora ele não seja posicionado nas fábricas de sentidos do cérebro, seus efeitos têm um forte fator sensorial, o que se manifesta de maneira mais acentuada em pessoas que simplesmente não conseguem interromper a RMP e abraçar a sensação por conta própria.

Os pacientes relatam coisas como "de repente, consigo ver as cores novamente" ou que sentem uma "calma ou leveza súbita", ou que "o vazio desapareceu", bem como têm uma sensação de consciência elevada, maior interesse e "conexão". Um indivíduo relatou uma "iluminação repentina da sala de cirurgia", incluindo uma descrição da nitidez dos detalhes visuais e da intensificação das cores.

Esse tratamento cirúrgico mostra que, mesmo em pessoas com casos de depressão mais grave, a capacidade de sentir as coisas profundamente é apenas suprimida, não eliminada. Esta é uma boa notícia para todos nós: a sensação perdida pode ser recuperada, mesmo para aqueles que estão em sofrimento profundo. Por sorte, a maioria das pessoas não está em uma situação tão difícil, portanto não precisamos colocar nosso nome em uma lista de espera de neurocirurgia para liberar as sensações. Como esperamos ter deixado claro, não é nada difícil aprender a ativar isso por conta própria.

4. **Completude.** O que você sente é suficiente. Você não precisa criar novos significados ou avaliar se o que está sentindo é bom ou ruim. Esse é o caminho escorregadio de volta à expectativa. O que você está buscando é entender claramente seus sentimentos, sem acréscimos ou aditivos. Rabbit Angstrom, um homem co-

mum e desorientado que se deparou com uma série de quatro romances de John Updike, deu a tacada perfeita e gritou: "É isso!" Ele não estava se referindo ao jeito certo de acertar uma bola de golfe, mas à sensação. Um momento fugaz em que tudo na vida parece estar em perfeito alinhamento. Rabbit se diverte com a possibilidade de que cada momento de percepção seja completo por si só. Você pode ter objetivos e expectativas sobre o que a expansão dos sentidos fará por você, mas deve deixar tudo isso de lado para praticá-la no momento presente.

5. **Concretude.** Vez ou outra, você poderá aplicar aos sentimentos ou pensamentos as técnicas que usou para explorar o mundo físico, mas a natureza efêmera das experiências internas fazem delas alvos desafiadores para um iniciante. Por que dificultar? Um bom objeto de atenção deve ser específico e saliente, como a tacada de Rabbit. Deve ser óbvio para você, se ainda estiver prestando atenção a ele.
6. **Imersão.** A expansão dos sentidos não deve parecer um quebra-cabeça do Magic Eye, aquelas imagens abstratas em que você vê gradações de tonalidades e tenta desfocar os olhos para revelar uma imagem oculta. Deve, portanto, ser algo com o qual você se sinta à vontade e do qual sinta que se tornou parte, em vez de permanecer como um observador externo tentando de tudo para dar uma olhada.
7. **Segurança.** Sua viagem em busca da expansão dos sentidos deve ser a mais segura possível. Um elemento de perigo ou mistério pode ser empolgante e ajudar a alimentar seu entusiasmo, mas não é realmente necessário. Você já está assumindo um risco ao se permitir mudar com a experiência, então não há necessidade de se arriscar mais praticando base jump ou kitesurf. Caminhar sobre o fogo com um guia experiente? Pode ser. Pular bêbado por cima de uma fogueira no acampamento? Hummmm... nem tanto. Se suas práticas de expansão dos sentidos parecerem perigosas, faça uma pausa e reconsidere.

8. **Isso lhe pertence.** A expansão dos sentidos é a arte de aproveitar uma habilidade humana fundamental de explorar e aprender com o mundo. Ainda assim, você pode se deparar com pessoas que usam suas credenciais e seus conhecimentos para bloquear seu acesso. Elas podem dizer que você precisa fazer um curso caro ou obter uma certificação em alguma prática de expansão dos sentidos. É claro que essa experiência existe. Se sua prática de expansão dos sentidos for encontrar cogumelos na floresta ou explorar o Hindu Kush, vale a pena pagar para ter a orientação de um especialista. Mas, em última análise, você é quem deve estabelecer sua habilidade de expansão dos sentidos. Você é o maior especialista em sua prática. E lembre-se de que a mesa de sua cozinha pode ser um excelente lugar para começar.
9. **É incrível.** Quando a expansão dos sentidos acontece, ela gera uma noção de presença, a sensação de que a diferença entre seu modelo de experiência e a experiência sentida se dissolveu. Se você chegar a um momento em que não haja mais diferença perceptível entre a expectativa e a sensação, algo curioso acontece. A fronteira entre o observador e o que está sendo observado começa a se confundir. Essa experiência não é, de modo geral, emocionalmente neutra. Muitas vezes, há uma sensação de que o eu está se expandindo ou, até mesmo, se dissolvendo — é *impressionante* no sentido tradicional da palavra. Livres de um conjunto de hábitos perceptivos, podemos testemunhar a complexidade e a riqueza do mundo com medo ou admiração. Normalmente, evitaríamos esses sentimentos, mas, no contexto da expansão dos sentidos, criamos um espaço seguro para praticar, onde podemos aprender a valorizar esses sentimentos como sinais de que estamos no caminho certo para a descoberta. A sensação de surpresa ao se ver como apenas uma pequena parte de um sistema mais abrangente, principalmente em situações que você normalmente tomaria como garantidas, é um grande sinal verde de que seus esforços de expansão dos sentidos estão levando à inferência perceptual.

JÁ CHEGAMOS LÁ?

É fácil, mas não é simples; essa é provavelmente a melhor dica que podemos lhe dar ao embarcar em sua jornada de exploração dos sentidos. Cheirar isso, provar aquilo, tocar aqui e observar tudo são coisas bastante fáceis de fazer. Mas como exatamente tudo isso leva à atualização do modelo é menos simples. Quando você encontrar um ponto de acesso mais adequado para você, a mudança começará a ocorrer imediatamente, mas provavelmente de forma gradual. Você pode se sentir um pouco menos preso a uma maneira de pensar e começar a perceber que tem esse recurso para acessar — esse lugar na sensação que contrabalança o peso do conhecimento adquirido. O simples fato de saber que você tem essa opção pode significar tudo, um mundo não tão previsto, porém presente, disponível e surpreendentemente rico.

Da mesma forma, se nada acontecer de imediato ou se o que você encontrar não for satisfatório, pode ser útil se lembrar de que seus hábitos mentais estão em vigor há muito mais tempo do que seu recém-descoberto desejo de explorar o mundo das sensações. As nove regras básicas para a expansão dos sentidos têm a ver tanto com a atitude quanto com os detalhes da prática. A principal atitude aqui é a paciência. Não se surpreenda se precisar testar alguns pontos de acesso. Sua primeira escolha pode não ser a mais adequada para você, talvez preenchendo apenas alguns dos requisitos mencionados anteriormente. Com o tempo, você encontrará algo que se alinha com você e, por meio da prática repetida, será capaz de reconhecer quando estiver estagnado como seu próprio tipo de modelo — conectando a opção de se envolver na expansão dos sentidos com a sensação de estar estagnado, uma espécie de memória muscular. Mas é um modelo especial porque o direciona para a exploração e a atualização em vez de consolidar, defender ou explorar o que você já conhece.

Enquanto precisarmos compreender o mundo, nosso cérebro continuará gerando modelos carregados de expectativas. Algumas práticas de expansão dos sentidos não mudarão essa realidade. Mas, em vez de sermos condenados a viver transitando entre da sensação caótica ao julgamento rígido, a história pode se desenrolar de há outra maneira. Se você incorporar a expansão dos sentidos em seu modelo de compreensão de mundo, terá a chance de encontrar o equilíbrio — fazendo uso de percepções adquiridas com dificuldade e mantendo o maravilhamento da juventude.

Exercício: Expansão dos Sentidos na Hora Certa

Na maior parte do tempo, as práticas transformadoras estão impregnadas de rituais e preparações, mas como a expansão dos sentidos está sempre disponível, você pode se conectar no momento seguinte, mesmo que tenha apenas um minuto para exercitá-la.

Escolha algo que você possa sentir aqui e agora e mergulhe de cabeça.

Você tem dedos? Ótimo. Feche os olhos e responda: Como você sabe que tem dedos? Você consegue senti-los?

Você tem pés? Muito bem. Toque neles e sinta as vibrações.

Ainda está respirando? Tem certeza? Como você sabe?

Como é o aroma da região em que você mora? Inspire profundamente e descreva o aroma que você sente no ar.

O que você consegue ouvir? Pare por um momento e descubra — mesmo em um ambiente barulhento, há pequenos bolsões de silêncio?

Tente observar algo ao seu redor em que você normalmente nunca prestaria atenção.

O objetivo desse exercício é mostrar a rapidez com que você é capaz de mudar para um modo de percepção e exploração. Pode ser útil saber que não é necessário muito planejamento para iniciar a expansão dos sentidos. Embora haja benefícios em estabelecer uma rotina mais profunda, uma pausa rápida para exercitar essa expansão está sempre disponível quando você sentir que a parte intelectual do cérebro está tomando conta de você.

8

PONTOS DE ACESSO

> Não terei minha vida reduzida.
>
> —Bell Hooks

ENCONTRE SEU FOGO

A expansão dos sentidos é motivada por uma sensação de estar estagnado ou insatisfeito. Quando você aprende a enfrentar esse sentimento por meio da busca, a valorizar a flexibilidade em vez da consistência, a magia começa a acontecer. Apesar de sua rigidez inerente, a RMP se torna mais flexível, capaz de alternar de uma situação para outra. Você chega em casa após o trabalho, alterna para a sensação de que agora inicia sua rotina doméstica e os pensamentos sobre trabalho simplesmente vão embora. A RMP ainda está ativada, mas você está permitindo que o momento presente seja relevante e importante, fazendo com que a RMP se adapte em vez de puxá-lo de volta para questões passadas ou futuras.

A sensação de dissipação dos pensamentos irrelevantes é misteriosa, porém amplamente registrada em diferentes culturas e contextos. Tanto a meditação quanto as substâncias psicodélicas lidam com o conceito de morte ou transcendência do ego; a anestesia e as lembranças de sonhos geralmente incluem experiências fora do corpo e, na cultura popular e esportiva, a ideia do estado de fluxo foi popularizada por autores como o psicólogo positivista Mihaly Csikszentmihalyi. Esses estados são alcançados por meio de diferentes pontos de acesso, mas todos se baseiam em princípios da expansão dos sentidos. Uma RMP disponível para você de verdade deve fornecer automaticamente o contexto para o que quer que seja que você esteja observando, e não desviar sua atenção para outro lugar: quem pratica meditação não se distrai com pensamentos sobre verificar o celular; a alegação de que "isso está fora da realidade" não limita mais o sonhador; o atleta simplesmente interage com o jogo que está acontecendo ao redor dele, em vez de forçar um movimento.

Por outro lado, dependendo do grau de segurança que você percebe na situação em que se encontra e em sua ocupação, pode ser um pouco assustador abrir mão da consistência. Nossas RMPs tecem redes de segurança de significado em nossa mente para nos proteger da imprevisibilidade do mundo. Os sentidos, quando expandidos, puxam os fios soltos dessa rede. E, quando realizado com habilidade, esse processo de desemaranhamento dos fios nos liberta para que possamos nos movimentar mais confortavelmente, como se estivéssemos tirando uma roupa muito apertada. Outras vezes, podemos ficar desorientados ou sobrecarregados com os movimentos repentinos e irrestritos da mente. De qualquer forma, aprender a reconhecer e valorizar essa sensação de liberdade — de ter removido as barreiras entre você e o mundo — é um sinal de que a expansão dos sentidos está em andamento.

E como encontrar uma maneira segura e sustentável de relaxar sua RMP? O truque é normalizar o fracasso. O fato de não conseguir manter uma dieta ou parar de fumar pode levar a pessoa a concluir que o problema é muito grande para ser superado e, consequentemente, conformar-se com esse hábito indesejado. Mas as pesquisas mostram que, para mudar um hábito profundamente arraigado, são necessárias diversas tentativas.[1] Embora você possa ter sorte, uma pessoa comum pode não ter êxito em encontrar alguns pontos de acesso logo de início — até achar um que funcione para ela.

Não há como prever qual é a abordagem certa para você, especificamente. Além disso, você mesmo pode não ter a mesma motivação ou estrutura a cada tentativa. O melhor conselho que podemos dar é que você continue determinado a mudar, mas não seja rígido com relação ao método. Continue tentando fazer coisas que preencham os requisitos estabelecidos no Capítulo 7, tendo em mente que a maioria das pessoas não encontrará a técnica adequada de imediato. Talvez isso seja um pouco desanimador, mas não é tão desanimador quanto uma pessoa lhe vender a técnica "certa" e, depois, você se sentir um fracassado porque continua fumando, se empanturrando de Oreos, se apaixonando por todos os caras sarados da academia, mesmo que eles ainda morem com a mãe, ou passando horas a fio jogando *Angry Birds* no celular. Queremos lhe oferecer diferentes ferramentas para construir sua experiência de expansão dos sentidos, mas cabe a você decidir qual delas se encaixa melhor em seu caso.

PISE NA GRAMA COM OS PÉS DESCALÇOS (NATUREZA)

Atualmente, as crianças passam muito tempo nas telas, e algumas aprenderam a reconhecer os sinais de perda de contato com a realidade. Para indicar aos outros usuários da internet que eles podem estar mentalmente presos em um mundo virtual, elas recomendam "pisar na grama", o que significa sair de casa e se reconectar com o mundo real. Essa ideia é repetida pelo neurologista e autor best-seller Oliver Sacks, que disse a famosa frase: "Em quarenta anos de prática médica, descobri que apenas dois tipos de 'terapia' não farmacêutica são de vital importância para pacientes com doenças neurológicas crônicas: música e jardins."[2]

Já existe uma enorme quantidade de literatura científica sobre os benefícios de "pisar na grama" com regularidade. Desde a autodescoberta dos deslocamentos dos aborígenes australianos até o alívio que as caminhadas em meio à natureza e os acampamentos proporcionam aos moradores de cidades grandes, passar tempo em ambientes naturais é o mais próximo que podemos chegar de um bem universal e atemporal. Estudos experimentais demonstraram que o acesso a espaços verdes, em comparação com os urbanos, melhora o controle da atenção, a flexibilidade cognitiva, a capacidade de memória de trabalho e de memorização. Além disso, foi demonstrado que os espaços verdes próximos a escolas estimulam o desenvolvimento cognitivo e o autocontrole das crianças. Estudos populacionais de grande porte descobriram que os espaços verdes estão relacionados ao desenvolvimento de humor positivo e à redução dos hormônios do estresse, da pressão arterial e da tensão muscular.[3]

Uma teoria sugere que viver em ambientes artificiais exige o uso constante da concentração e de habilidades de resolução de problemas e, sendo assim, sair e ter contato com a natureza é restaurador porque nos permite deixar de lado o trabalho pesado e recarregar o cérebro.

Mas quanto tempo você precisa passar em contato com a natureza para começar a colher alguns desses benefícios? Uma resposta, baseada em dados de pesquisas com 20 mil pessoas, indica que cada hora que você passa em contato com natureza aumenta sua chance de ter uma boa saúde em cerca de 2,5%. Esses benefícios continuam a se acumular até cerca de três horas e meia por semana antes que as coisas se estabilizem — isso equivale a trinta minutos por dia ou algumas saídas mais longas por semana. Em comparação com as pessoas que não passavam nenhum tempo próximo da natureza, aquelas que passavam três horas e meia ou mais tinham uma chance 7% maior de se sentirem saudáveis.[4] Não parecia importar se os 200 minutos eram acumulados em um contato mais longo ou em períodos mais curtos. Essa é uma notícia boa, porque permite que as pessoas tenham um pouco de flexibilidade para encaixar a expansão dos sentidos em sua agenda.

Para compreender melhor por que passar tempo em contato com a natureza pode trazer benefícios à saúde, Craig Anderson e seus colegas compararam os efeitos de diferentes atividades ao ar livre. Eles analisaram se as experiências em meio à natureza precisavam ser extraordinárias, como escalar montanhas, para serem benéficas, ou se seria suficiente realizar atividades comuns, como caminhar em um parque. A resposta foi: depende de como você vivencia a atividade. Os pesquisadores descobriram que é possível colher os benefícios do poder restaurador da natureza quando a atividade induz a uma sensação de estar subitamente conectado a um universo maior, em vez de limitado ao próprio corpo — isso também é conhecido como deslumbramento.[5] A sensação pode ser induzida pela imersão em qualquer ambiente natural, seja ele estimulante (fazer rafting) ou simplesmente belo (assistir a um pôr do sol). O resultado de Anderson e seus colegas se manteve em diversos grupos de pessoas, incluindo jovens em situação de risco, veteranos e estudantes universitários — a natureza é importante quando nos inspira a ir além de nós mesmos.

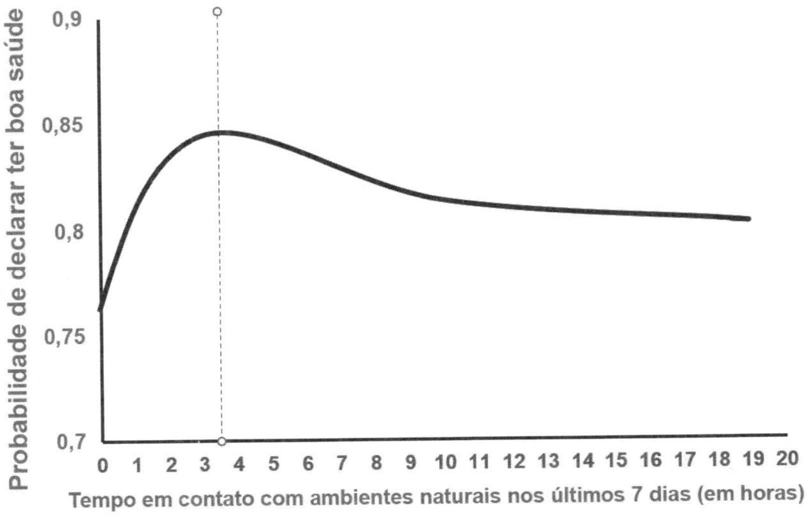

Embora uma escalada no Monte Katahdin possa lhe proporcionar o tipo de deslumbramento transcendente que quase levou Henry David Thoreau à loucura ("Esta era a Terra da qual ouvimos falar, feita do Caos e da Velha Noite... Era Matéria, vasta, fantástica... rochas, árvores, vento em nosso rosto! A terra *sólida*! O mundo *real*!"),[6] até mesmo pequenos momentos de contemplação do belo, de maravilhamento ou entusiasmo podem alterar nosso modelo rígido de adquirir conhecimento e ter um impacto transformador. Essa é a teoria de "ampliar e construir" das emoções positivas, popularizada pela psicóloga social Barbara Fredrickson. A expansão dos sentidos consiste em criar as condições para que possamos perceber esses momentos positivos tipicamente mundanos e fazer a coisa acontecer.

Em 1993, a primeira edição da revista *Wired* usou os termos "cansado" e "conectado" como um barômetro social de pessoas e tendências que eram consideradas ultrapassadas em comparação com as que estavam em ascensão. Adotamos esse modelo para descrever duas maneiras de abordar sua prática de expansão dos sentidos: cansado ou conectado.

Cansado: Você está enlouquecendo por ter que ficar dentro de casa com sua filha pequena, então arrasta a criança para o parque porque "é bom para ela". Ela parece feliz brincando na areia, então você dá um suspiro de alívio e se larga no banco do parque. Você passa o tempo todo no celular, colocando a caixa de entrada do e-mail em dia, mas percebe que não consegue se concentrar no trabalho. Sua filha fica implorando para que você brinque com ela, mas você também não está lhe dando tanta atenção. Então ela começa a gritar porque entrou areia nos olhos, e seu nível de estresse dispara. Você corre para ajudá-la, dizendo a si mesmo: "Sou um péssimo pai. Mas só olhei meu celular por um segundo." Você chega em casa se sentindo pior do que quando saiu.

Conectado: Você está enlouquecendo por estar preso dentro de casa com sua filha pequena e percebe que está acumulando ressentimentos e se sentindo estagnado. Então pega a criança e a leva até o parque. Ela quer brincar na areia, então você se agacha com ela e começa a fazer desenhos na areia. Você percebe o canto dos pássaros, o balanço das árvores e a alegria de sua filha ao enterrar os pés na areia e deixar a areia passar entre os dedos. O vento sopra e um pouco de areia entra nos olhos de ambos, mas você rapidamente a tranquiliza e lava a areia na fonte de água mais próxima. Você conhece outros pais e bate um papo agradável com eles, enquanto sua filha também faz uma nova amiguinha. Você chega em casa completamente revigorado.

Sugestões:

Para produzir uma mudança perceptível em seu bem-estar, é necessário ter pelo menos duas horas livres por semana para "pisar na grama". Se considerarmos que a semana tem 168 horas, não é um investimento tão alto assim. E não sinta vergonha em optar por abordagens simples, mundanas e um tanto óbvias:

- Faça seu horário de almoço ao ar livre, próximo a uma fonte ou um espaço verde.
- Caminhe no parque ou no bosque. Inspire profundamente. Observe a altura das árvores, seu balanço, a maneira como a luz do sol passa entre seus galhos.
- Tire os sapatos e ande descalço. Reconecte-se com a sensação de pisar com a sola dos pés no chão.
- Programe seu despertador para ver o sol nascer ou reserve um tempo para assistir ao pôr do sol.
- Compre uma planta para cultivar dentro de casa; dedique um tempo todos os dias para dar atenção a ela, verificar como está a terra e regá-la quando necessário.
- Instale um comedouro para pássaros e observe-os se aproximarem. Veja se você consegue notar visitantes frequentes dia após dia.
- Limpe o lixo em sua vizinhança; muitas vezes, há uma sensação inesperada de fortalecimento e prazer em fazer uma pequena diferença na comunidade.
- Talvez você não tenha acesso a uma clareira preservada no local de trabalho. Nem todo empregador oferece ambientes dinâmicos e vistas panorâmicas. Mas é importante sair ao ar livre. Saia do escritório para ir comprar um café ou invente algum outro motivo para sair um pouco todos os dias. Mesmo em uma metrópole em desenvolvimento, há oportunidades de sentir um pouco do ar fresco no rosto ou de caminhar em um ambiente diferente.
- Vá até um lago em que possa pescar; é uma oportunidade fantástica para refletir sobre como seu ambiente sensorial prevê o comportamento da vida selvagem ao seu redor.

Temos plena consciência de que essas não são sugestões difíceis de adotar. Mas um dos motivos pelos quais apresentamos a ciência por trás da busca de sentidos de maneira tão detalhada é demonstrar que as ações simples que você pode descartar com "Sim, sim. Dar uma volta. Cheirar as rosas. Parece algo que minha avó diria", na verdade têm efeitos drásticos quando são levadas a sério. Não é algo difícil de fazer, mas *é* neurociência. E já foi comprovado que realmente funciona.

SINTA TUDO QUEIMANDO (EXERCÍCIO)

Da mesma forma como sabemos que o estilo de vida sedentário é um fator de risco para diversas condições de saúde, a atividade física tem demonstrado reduzir esse risco de modo confiável. Um grande estudo populacional com mais de 360 mil pessoas no Reino Unido indicou que as pessoas que relataram ser sedentárias entre duas e seis horas por dia tinham um risco 27% maior de contrair doenças não transmissíveis, como doenças cardíacas, hepáticas, distúrbios da tireoide, depressão, enxaqueca e artrite.[7] Os pesquisadores examinaram o que aconteceria se esse tempo fosse, teoricamente, substituído por atividades físicas leve, moderada ou vigorosa. Eles descobriram que quanto mais vigoroso o exercício, maior a proteção contra as doenças não transmissíveis citadas.[8]

Em um nível neural, o exercício parece tornar o cérebro mais eficiente. Durante os testes cognitivos pós exercício, a atividade cerebral aumenta, tanto para atender aos estímulos quanto para inibir respostas inadequadas.[9] A eficiência por si só não é garantia de que você vá se sentir melhor — é possível que você alcance um nível de autoconsciência mais facilmente, por exemplo. No entanto, se acrescentarmos a capacidade de inibir reações impulsivas, teremos um elemento importante para interromper a predisposição à inferência ativa em vez da perceptiva.

Se o exercício ajuda as pessoas a sentirem que têm mais recursos para lidar com o estresse, ele também pode mudar a maneira como elas reagirão, tanto em termos de autojulgamentos quanto de ações evidentes. Com a prática, o aumento da capacidade de resposta ao ambiente e à fisiologia, com uma sensação de controle sem esforço, é um exemplo de expansão de sentido, muitas vezes chamado de "estado de fluxo". Nossa opinião é que fluir é dedicar tempo para desenvolver um modelo preciso e, em seguida, apreciar a maneira como ele cuida de você.

O jornalismo esportivo está sempre fazendo referência ao fluxo: um desdobramento de desempenho físico habilidoso que parece não exigir esforço ou orientação. É muito parecido com estar presente no momento, como quando Sully pousou o avião no rio, sem pensar em coisas aleatórias. Os jogadores de beisebol se referem a isso como "ver a bola, bater na bola". No basquete, é chamado de arremesso "lights out" ou estar "na zona". Em ambos os casos, podemos perceber a mecânica da expansão dos sentidos em jogo — os estados de fluxo empregam a percepção rápida e precisa (inferência perceptiva) para combinar, de maneira dinâmica, a situação com um modelo preexistente. No fluxo verdadeiro, não é necessário atualizar o modelo — as propensões da pessoa a responder são atendidas sem nenhuma resistência —, pois há confiança na riqueza do conhecimento específico sobre o esporte, a confiança de que, se a pessoa enxergar uma situação com clareza, poderá contar com respostas que foram inseridas na RMP por meio de inúmeras horas de prática e preparação. Fluxo é a sensação de realização decorrente de ter uma RMP programada para reagir de maneira ideal à sua situação. A percepção leva à ação sem problemas para atingir o objetivo almejado.

Parte do que torna o fluxo tão atraente durante uma atividade supostamente esforçada e cansativa é o fato de ele proporcionar uma sensação de tranquilidade e prazer que é atípica ao esforço extremo. Muitas pessoas tentaram explicar o que é o estado de fluxo e como ele funciona. Para algumas, o esforço intenso faz com que sejam liberadas endorfinas no corpo, analgésicos naturais que reduzem a dor e proporcionam uma sensação de calor e bem-estar. Mas essas explanações não são muito satisfatórias, porque a magia do estado de fluxo é que o desempenho é mantido em um nível ideal, ao passo que os analgésicos geralmente entorpecem os sentidos, prejudicando o desempenho.

Mas eis um insight negligenciado: os cientistas têm uma receita menos divulgada para o estado de fluxo que se parece muito com a inferência perceptiva.[10] Pesquisas mostram que a experiência pode ser explicada por dois fatores principais. O primeiro é um sentimento de engajamento positivo — uma disposição e curiosidade para se dedicar à atividade. Porém, contraintuitivamente, o segundo fator não é a perseverança, o esforço ou a intensidade que você consegue reunir. O principal componente é a tranquilidade, a sensação de que não é preciso fazer mais nada, de que é possível se envolver sem precisar se esforçar ou ir além dos repertórios comportamentais que já estão se desenvolvendo. A tranquilidade do estado de fluxo vem do fato de que suas expectativas estão tão bem ajustadas que você está envolvido e prestando muita atenção às suas interações com o mundo, mas nada do que acontece é uma grande surpresa.

Associamos o fluxo a atletas de elite e artistas porque a preparação intensa desses dois grupos de pessoas permite deixar de lado o pensamento conceitual e explorar a expansão dos sentidos. Isso possibilita que o esquiador olímpico de montanha assuma, automaticamente, um controle preciso da velocidade e do terreno e desça a montanha com segurança. Outras pessoas talvez precisem de mais tempo para descobrir como proceder! A mecânica da expansão dos sentidos, entretanto, sugere que, se a pessoa tiver preparação suficiente e a mentalidade certa para chegar lá, qualquer situação pode se converter em um estado de fluxo.

Você não precisa praticar esse tipo de atividade; pode simplesmente encarar o exercício como uma espécie de inferência ativa — "há algo errado com meu corpo e vou corrigir isso" — e, então, começar a fazer caminhadas, o que já o fará bem. Mas saiba que os exercícios que priorizam o fluxo podem ser um excelente caminho para a expansão dos sentidos, algo que leva à capacidade de ação e a seu fortalecimento. Por exemplo, você pode perceber, com a prática, que seu estado de espírito não tem a ver com sorte — se começar a se exercitar de mau humor e perceber como o desafio que está impondo ao seu corpo provoca mudanças em sua fisiologia, você pode formar um novo padrão (inferência perceptiva) para a regulação das emoções. Com o tempo, pode testar seus sentidos, perceber o mau humor e se sentir seguro de que é capaz de mudar esse estado. Se você atingir um estado de fluxo, poderá inclusive perceber seu humor melhorar à medida que o esforço físico se intensifica.

Cansado: Imagine que você iniciou uma rotina de corrida. Você inicia cansado todos os dias e só está fazendo isso porque está farto de se sentir mal com seu corpo e teme a exaustão, o tédio e a possibilidade de ter dores nos joelhos. Você se obriga a dar os primeiros passos, que confirmam suas expectativas negativas, mas você já se sentiu assim antes e sabe que vai conseguir. Então você encontra uma maneira de fazer a corrida praticamente no piloto automático e ocupa a mente tentando descobrir como lidar com um colega de trabalho problemático. Você sobrevive à corrida e percebe que ao menos se sente um pouco mais disposto; é um dia a menos. Você toma banho e se compromete a continuar a rotina.

Conectado: Você inicia a corrida ainda meio apreensivo. Mas então se lembra de se concentrar no que está acontecendo com seu corpo. No meio do caminho, você percebe que está mais focado, envolvido na troca entre seu nível de esforço e a resposta de seu corpo a isso, o que se torna uma espécie de diálogo, enquanto os pensamentos e as dúvidas sobre o que você pode ou não fazer se tornam irrelevantes. O que importa é a próxima passada, a próxima colina, se você deve alterar sua respiração para aliviar a pontada que está sentindo ao lado na barriga. Você decide se esforçar mais e começa a sentir a liberação de endorfina, gerando a "euforia da corrida". Com todo esse sangue oxigenado pulsando em suas veias, você percebe uma sensação mais ampla de liberdade e uma mudança na relação com a dor e sua capacidade de administrá-la. Essa realização física renova sua confiança na capacidade de gerenciar qualquer problema. No banho, você percebe que muitos outros problemas em sua vida não parecem tão importantes agora, porque você acabou de experimentar uma evidência de sua capacidade de se manter comprometido e trabalhar para superar um desafio.

Lembre-se, no entanto, de que você chegou a esse ponto não por meio de uma determinação terrível e de um impulso masoquista (características próprias da Casa do Hábito), mas por permanecer presente no momento, a fim de se envolver com a ampla variedade de informações sensoriais fluindo em seu corpo. Ao simplesmente sair do caminho e renunciar à sua necessidade de controlar a experiência, você passa a colaborar com seu organismo em vez de permanecer escravo da RMP. Ao fazer isso, você é capaz de transformar não só seu condicionamento físico, mas sua vida em geral.

Sugestões:

Se você já pratica algum tipo de exercício de que goste, pode ser um bom exemplo de atividade por onde iniciar a transição da atividade física para a expansão dos sentidos. Seguem alguns exemplos:

Atividade Física Leve

Caminhada leve, alongamento, dança lenta, jardinagem, pesca.

Eis uma ideia inusitada. Há muitas tarefas domésticas que precisam ser feitas. Quando você estiver fazendo uma delas, por que não tratá-la como uma oportunidade de expandir os sentidos e tentar perceber algo novo nessa experiência?

Atividade Física Moderada

Caminhadas mais rápidas, trilhas, caminhadas em subidas, ciclismo, aeróbica de baixo impacto, ioga, golfe, tarefas domésticas mais desafiadoras que envolvam movimento, como varrer, passar aspirador de pó, limpar, esfregar, tirar neve com a pá ou cortar a grama.

Atividade Física Vigorosa

Corrida, cadeira de rodas, acampamento nas montanhas, alpinismo, máquina elíptica, bicicleta ergométrica, caratê, judô, tae kwon do, pular corda, musculação, basquete, futebol, hóquei, natação, esqui nas montanhas ou esqui cross-country e atividades que exijam o levantamento de pesos.

VINCENT VAN FLOW (ARTE)

O filme *Homens Brancos Não Sabem Enterrar* retrata uma amizade improvável entre um homem negro (Sidney Dean, interpretado por Wesley Snipes) e um homem branco imprudente e alegre (Billy Hoyle, interpretado por Woody Harrelson). A trama gira em torno do amor compartilhado pelo basquete e da necessidade comum de ganhar dinheiro. Em uma cena icônica, Billy sintoniza o rádio para ouvir Jimi Hendrix, sem dúvida um dos melhores guitarristas de rock de todos os tempos. Sidney fica furioso e pergunta a Billy o que ele acha que está fazendo. Billy defende sua escolha, dizendo que gosta de "ouvir" Hendrix. Para Billy, a música proporciona um breve estímulo hedônico — é familiar para ele e ele gosta disso. Sidney responde que Billy pode até "ouvir", mas não é capaz de "escutar" Hendrix. Para Sidney, a música de Hendrix é mais do que apenas entretenimento leve; ele encontra significado e conexão cultural com o artista negro iconoclasta.

Em um filme não muito sofisticado, é feita essa importante afirmação filosófica. Uma obra de arte, por mais venerada que seja, não muda o espectador ou o ouvinte por si só. O que importa é como o envolvimento sensorial é potencializado ao ter contato com a arte — algumas pessoas podem preferir ficar em um nível superficial de prazer, enquanto para outras, a apreciação significa autorreflexão e um potencial de crescimento.

Existem obras de arte que vão além de uma experiência puramente estética e provocam pensamentos e sentimentos inesperados e desafiadores para cada pessoa. A arte pode ser um potente disruptor do status quo, resistindo à rápida correspondência de padrões da RMP, destacando outros aspectos de nossa experiência sensorial. Deixar que um padrão externo nos afete intimamente e despertar curiosidade sobre ele é uma receita maravilhosa para a expansão dos sentidos e a subsequente inferência perceptiva.

A arte que se comunica conosco pode servir como um portal para a expansão dos sentidos, permitindo que entremos em um mundo de novidades e surpresas. Até mesmo o tão criticado estilo de arte minimalista de um único quadrado preto em uma tela branca é capaz de proporcionar isso, não por causa do domínio técnico, mas porque nos leva a refletir sobre a origem do valor e, talvez ao fazer isso, a questionar a arbitrariedade do que nós mesmos valorizamos. E mesmo que não entremos em uma discussão filosófica sobre isso, qualquer obra de arte é basicamente um exercício de transmissão sensorial. A questão é: será que vamos apenas olhar ou ouvir ou vamos, de fato, tentar ver e escutar?

A arteterapia ganhou destaque como intervenção clínica. As pessoas mais jovens ou aquelas que têm dificuldade de comunicação costumam preferir essa terapia ao invés das mais tradicionais. Pesquisas sugerem que os estímulos classificados como bonitos despertam menos atividade cerebral frontal, o que pode indicar menos processamento cognitivo.[11] Essas descobertas são semelhantes às experiências de "admiração" presentes na prática de expansão dos sentidos com base na natureza. A beleza consegue suspender o julgamento e promover a imersão sensorial.

A subjetividade da experiência estética levanta a questão de quais são as condições mínimas para que a arte ative a expansão dos sentidos. Existe uma grande diferença entre uma obra-prima clássica e uma música popular, entre um filme de Pedro Almodóvar e a última produção da Marvel. Atualmente, grande parte da mídia apela para os desejos, e não para o senso estético, fazendo disso uma forma de "nos entreter até a morte". A mídia foi criada para formar hábitos, o que significa que a RMP nos empurra para a internet como uma ação reflexa. Algumas pessoas acessam a mídia social em seus telefones enquanto assistem a um filme na TV — para se distrair de uma distração!

Há duas perguntas essenciais ao se usar filmes, músicas, danças, pinturas ou esculturas como uma transição para a expansão dos sentidos. A obra provoca alguma reação dentro de você? Você está disposto a explorar até onde ela o conduz? A arte funciona quando oferece uma oportunidade de se envolver com a incerteza, em vez de simplesmente aguentar até o final previsível do tiroteio ou o final feliz da comédia romântica.

Cansado: Você vai a uma exposição do trabalho de um artista abstrato famoso e se vê cercado de pessoas maravilhadas. Você fica em silêncio porque não consegue entender o motivo de tanto alvoroço. Você reflete (silenciosamente) que seu filho de 5 anos poderia ter pintado essas telas e (silenciosamente) descarta o entusiasmo como outro exemplo de pensamento de grupo pretensioso. Você passa algumas horas perambulando pelos corredores e encontra algumas obras de que gosta. Você sai satisfeito porque pelo menos fez um esforço para assimilar um pouco de cultura.

Conectado: Você vai à mesma exposição de arte e começa a conversar com algumas das pessoas que estão entusiasmadas. Você lhes pergunta com curiosidade genuína o que elas acham tão incrível no trabalho e é honesto o suficiente para expressar sua falta de entusiasmo. Você se abre para o feedback e se questiona por que uma pessoa enxerga beleza e outra, um truque de marketing. Você concorda que a arte está sujeita a muitas interpretações e, embora essa obra não o agrade, você enxerga o valor de explorar suas crenças estéticas, abrindo espaço para uma série de gostos. Ao sair da galeria, você vê uma obra de arte representativa na entrada do museu e passa dez minutos absolutamente deslumbrado com ela. Você fica impressionado com a forma como uma simples pintura desperta sentimentos fortes em você e dedica um tempo para explorar essa onda de emoções.

Sugestões:

Não é necessário ir a um museu para explorar a arte. A maioria dos sites de museus, ou até o Google Images, dão acesso a imagens de alta resolução de obras famosas. Pesquise algo colorido que lhe agrade e desafie-se a realizar uma análise mais profunda da criação. Uma opção é começar pela obra *Nenúfares*, de Monet, ou por uma pulseira de miçangas Zulu. Coloque a imagem no modo tela cheia, para poder passar alguns minutos concentrado nela. A princípio, você pode perceber algumas categorias surgir em sua mente: "A cor azul está bastante presente na pintura de Monet" ou "O trabalho com miçangas é muito colorido". Agora observe com mais atenção enquanto começa a distinguir as cores. Você consegue identificar quatro tons diferentes de azul na obra *Nenúfares*? Que tal quatro tons diferentes de vermelho? Se estiver observando a pulseira, consegue identificar as contas pretas que separam e contornam cada cor? E distinguir três formas geométricas? A busca pelas cores nos ajuda a perceber que, embora essas características estivessem lá o tempo todo, talvez as estejamos vendo pela primeira vez.

Se a arte visual não for sua praia, não tem problema. Você provavelmente tem uma ideia de alguma mídia que tem mais a ver com você. Pode ser uma música, um filme, uma dança ou outras produções que lhe desperte um sentimento mais profundo. O truque, agora, é revisitá-la, tendo em mente a expansão dos sentidos — quase como se a estivesse vendo/escutando pela primeira vez. Você é capaz de se aprofundar em algo que já conhece, só que, desta vez, dando atenção exclusiva a isso? Consegue explorar não só suas características sensoriais externas, mas também os sentimentos que isso provoca dentro de você e como eles se desenvolvem ao longo do tempo? Não existe uma resposta certa. À medida que se aprofunda nessa expansão de seus sentidos, você cria as condições para a inferência perceptiva e se prepara para uma mudança. Eis algumas sugestões de atividades para começar:

- Coloque uma de suas músicas favoritas e perceba algo novo nela. Uma opção é se concentrar no som de um instrumento, como o baixo ou a bateria.
- Como alternativa, toque uma música de um gênero de que você não gosta. Ouça-a e explore todas as suas reações a esse som. O que exatamente o incomoda? Você tem algum motivo para justificar que não gosta da música? De modo inverso, existe alguma característica compensadora que é encoberta por um hábito reflexivo de rejeição?
- Assista novamente ao seu programa ou filme favorito e foque os momentos que tornam essa experiência especial para você.

- Observe a antecipação e o atendimento de suas expectativas para cada cena.
- Crie sua arte. Compre alguns lápis de cor e comece a desenhar círculos, triângulos ou quadrados em uma folha de papel branco, pinte os desenhos em um livro de colorir com os lápis ou, ainda, com aquarela ou tintas acrílicas, usando um papel mais grosso. Você consegue perceber sua escolha de cores? Que pensamentos, sentimentos ou sensações influenciam seu processo de colorir/criar?
- Pense em um momento em que você demonstrou resiliência ao lidar com uma situação difícil. Agora escreva uma música ou um poema sobre isso. Você pode dizer a si mesmo que ninguém jamais irá vê-lo ou escutá-lo e prometer que queimará o papel depois, mas arrisque-se ao expressar seus sentimentos. Pelo que você passou? Como se sentiu? Como tudo terminou? Às vezes, colocar as coisas de maneira lírica ou poética pode ser mais libertador do que escrever o conhecido monólogo interno.
- A mágica não é uma arte, mas uma boa mágica é uma atuação habilidosa e uma oportunidade de expansão sensorial. A experiência de surpresa, admiração e espanto representa os erros de previsão em ação. Experimente a incredulidade e a sensação de perplexidade ao ver um mágico fazer algo que você acredita não ser fisicamente possível.
- Assista a Reels de dancinhas no TikTok com uma de suas músicas favoritas como trilha sonora. Tente acompanhar os primeiros trinta segundos da coreografia.
- Se todas as tentativas falharem, experimente a velha e boa experiência de cantar no chuveiro, fingindo que a escova de cabelo ou o tubo de xampu é um microfone e aproveitando a acústica.

PEGUE A ESTRADA, JACK (VIAGEM)

Viajar por prazer é outro ponto de acesso familiar para despertar os sentidos. Estudos mostram que viajar para um lugar diferente de sua casa, mesmo que por três dias, proporciona um maior sentimento de significado para as pessoas, e ainda ajuda a diminuir o estresse, mesmo em um nível fisiológico.[12]

O motivo é óbvio. Afinal, estamos falando de consciência sensorial e, em um novo ambiente de livre escolha, cada paisagem, som e aroma é diferente do que estamos acostumados. Outro motivo é que estamos longe dos estímulos do ambiente que desencadeiam o comportamento habitual. Estamos muito distantes da mesa onde o desespero se instala às 15 horas todos os dias; do alarme do despertador em cima da mesa de cabeceira, que o tira do sono profundo e o faz entrar em um estado de mau humor e fadiga; e de todas as pessoas que dizem palavras desagradáveis para você.

Quando estamos em ambientes familiares, os detalhes sensoriais — mesmo os agradáveis — ficam em segundo plano, a fim de que nos concentremos nas informações que nos provocam emocionalmente (em geral, ameaças e prazos), enquanto a RMP nos dá previsões sobre como reagir. Em um lugar desconhecido, é muito mais provável que percebamos e apreciemos a luz do sol, a brisa, o canto dos pássaros, o sabor da comida ou uma boa noite de sono.

Mas para ser "transportado" pela viagem, você deve estar comprometido com a expansão dos sentidos, a inferência perceptiva e um novo estilo de vida, porque passear por uma rua tranquila em Paris ou fazer uma trilha nas Montanhas Rochosas não garante que você não invocará as mesmas MALDITAS narrativas sempre que se deparar com um imprevisto.

Por outro lado, os pesquisadores começaram a investigar se formas menos intensas de viagem, inclusive a ideia recente de "staycation", são capazes de gerar as mesmas sensações de relaxamento e renovação.[13] Eles identificaram diversos fatores que podiam prever uma transição da angústia para um tipo de esperança renovada, otimismo e resiliência após passeios de ônibus turísticos de uma tarde pela cidade. Embora os participantes geralmente se sentissem melhor após os passeios, os benefícios eram muito maiores para aqueles que tinham uma forte motivação para fugir da rotina, estavam abertos a novidades e tinham um interesse sincero em aprender mais sobre sua cidade natal. Porém, todos esses efeitos foram ampliados para as pessoas que conseguiram encarar essa viagem local como uma oportunidade de obter novas informações em vez de apenas descansar e dar uma escapada. Veja que não é preciso gastar muito dinheiro para se beneficiar de uma viagem se suas motivações estiverem no lugar certo. Basta querer se soltar e ficar aberto para despertar os sentidos. Não se trata apenas de olhar para o mundo — e sim de enxergá-lo de verdade!

Cansado: Você está tão estressado no trabalho que decide dar uma escapada. Então você gasta suas economias para ir a algum lugar exótico, mas acaba se irritando com o fato de tudo ser tão *diferente*. O lugar está lotado, a comida é estranha (sem mencionar que o cardápio está em um idioma estrangeiro) e o banheiro é um caos! Você fica tenso por sentir que precisa estar constantemente se protegendo dos perigos e incômodos desse novo ambiente. Você acaba no McDonald's e, depois, diz a seus amigos que encontrar um foi o ponto alto da viagem.

Conectado: Você está tão estressado no trabalho que decide dar uma escapada. Você ouve falar de passeios fantasmagóricos em sua cidade e se cadastra em um deles, e anda por ruas pouco conhecidas a caminho do local de encontro. Você descobre detalhes sobre a história do bairro que nunca tinha imaginado e conhece pessoas interessantes durante o passeio, algumas delas vindas de locais inusitados. Você fica sabendo tudo sobre o casarão assombrado da esquina e, a partir daquele dia, sente um arrepio toda vez que passa por ele.

Sugestões:

- Conhecer outros países é maravilhoso, mas, se você não for um viajante experiente, recomendamos que comece a expandir seus sentidos mais perto de casa.
- Vá a algum lugar de sua cidade onde nunca esteve, principalmente *porque* você não sabe o que esperar.
- Faça um passeio que envolva algo com o qual você não está familiarizado, como o passeio que conta a história de um casarão assombrado que mencionamos anteriormente, ou passeios envolvendo a culinária, a arte, a arquitetura ou a vida selvagem locais. A maioria dos locais do mundo tem um setor de turismo; e nós tendemos a ignorar o de nossa cidade.
- Visite uma área de preservação ou um local histórico nas proximidades de sua cidade, principalmente se o passeio incluir um guia para indicar todos os aspectos ocultos que, de outra forma, poderiam passar despercebidos.
- Considere a possibilidade de fazer um diário ou pelo menos anotar as coisas que o surpreenderam em sua viagem, seja um passeio local de três horas ou uma caminhada de um mês por um país estrangeiro.

ESTEJA PRESENTE NO MOMENTO (MEDITAÇÃO)

As práticas espirituais e contemplativas, como a meditação e a ioga, tiveram origem na Ásia, mas desabrocharam no Ocidente, impulsionadas pela curiosidade e pelo desejo das pessoas de acalmar a mente e o corpo em meio às demandas incessantes da vida moderna.

Essas práticas basicamente exploram o mesmo conceito — atenção direcionada. O ponto de partida da meditação e da ioga envolve a capacidade de perceber o foco de nossa atenção, reconhecer que podemos trazê-la de volta ao momento presente e, então, explorar o que percebemos sem julgamentos.

Ao nos afastarmos dos referenciais enraizados pela RMP — avaliando, comparando, evitando, tentando corrigir e alcançar —, conseguimos enxergar outros aspectos de nossa experiência que antes estavam obscurecidos. É por isso que a meditação é considerada a abordagem original da inferência perceptiva.

Embora o termo "meditação" se refira a uma variedade de práticas, incluindo tai chi, qigong e ioga, todas progridem por meio de um princípio semelhante de treinamento mental para expandir a consciência além de um estado mental conceitual e revelar a experiência de maneira mais direta. Todas essas práticas incentivam a expansão dos sentidos no momento, suspendendo a procura por objetivos para explorar o alvo da atenção, seja a sensação da respiração e do corpo na atenção plena, o movimento por meio de uma série de posturas iogues ou uma sensação de enraizamento e conexão com a terra no qigong. Essas práticas fornecem, ainda, alguns dos benefícios dos exercícios que discutimos anteriormente. Mas o melhor da meditação é que ela proporciona acesso à expansão dos sentidos mesmo quando não é possível realizar os movimentos com o corpo.

Vejamos uma prática simples de meditação em que a orientação geral é "prestar atenção à sua respiração". Como a respiração é algo que fazemos automaticamente, não costumamos prestar muita atenção nela, exceto, talvez, se tivermos dificuldades para respirar. É mais comum *pensar* na respiração do que senti-la a cada instante. Mas a meditação voltada para a respiração é um convite para explorar cada inspiração e expiração, prestando atenção às sensações causadas pelo ar que entra e sai do organismo. Por não estarmos mais presos à ideia de "respiração", tomamos consciência da elevação do tórax, do abdômen e da fricção nas narinas, cada qual sendo parte de um ser vivo e em movimento. Também nos conscientizamos de como pode ser difícil prestar tanta atenção por mais de alguns segundos.

Pesquisas comprovam que uma das maravilhas que a atenção plena e outras práticas contemplativas fazem por nós é desenvolver a paciência. Com isso, não estamos nos referindo à paciência com *P* maiúsculo, uma das sete virtudes que se opõem aos sete pecados capitais. Segundo estudos comportamentais, "paciência" é um termo comum para designar a capacidade de alguém inibir uma resposta considerada inadequada. O procedimento go/no-go, criado para avaliar essa função da paciência, solicita que os participantes pressionem um botão quando virem um estímulo (por exemplo, "O") em uma tela de computador e que não o pressionem quando virem outro (por exemplo, "X"). Errar menos significa uma melhor inibição de resposta.

Os meditadores são melhores do que as pessoas comuns em inibição de resposta? A neurocientista Catherine Andreu e seus colegas formaram um grupo de controle com atletas para testar essa suposição em um teste emocional go/no-go usando imagens positivas, neutras e negativas.[14] Supostamente, os atletas são muito bons nesse tipo de coisa, porque o aspecto mental do treinamento esportivo leva a muitas otimizações na função cognitiva, incluindo o controle de inibição. No entanto, os meditadores cometeram menos erros do que os atletas e foram mais capazes de inibir as respostas quando o sinal no-go aparecia na tela.

A definição de paciência, retirada do final do século XIV, como "quietude ou calma ao esperar que algo aconteça" se encaixa muito bem nessas descobertas.[15] A prática da meditação proporciona essa capacidade de fazer uma pausa, exercer algum controle sobre a reatividade pré-programada e escolher o que fazer em seguida. Esse tipo de paciência permite que nos coloquemos no momento seguinte, abrindo espaço para valores e intenções, em vez de seguirmos em frente com o comportamento padrão imposto pela RMP.

Cansado: Você ouviu falar muito sobre um aplicativo de meditação muito bem avaliado e o baixou em seu telefone. Você se força a praticar, mesmo que seja desconfortável e, muitas vezes, se pergunte o que está ganhando com isso. Mesmo assim, você se esforça, faz meditações guiadas por áudio durante trinta dias e espera que isso "o cure".

Conectado: Você explora uma variedade de práticas contemplativas, incluindo a meditação formal, bem como práticas baseadas em movimento, como ioga e tai chi. Você encontra o tipo de prática que combina com você, o que o leva a querer fazer mais. Você não tem certeza se isso está "consertando você", mas se sente menos preso. Você também sente que está começando uma jornada e fica cada vez mais curioso sobre aonde essa jornada o levará.

Sugestões:

Se você pretende adotar a prática da meditação ou outras práticas contemplativas, precisará de orientação. À primeira vista, elas podem parecer aparentemente simples — concentre-se em sua respiração, faça movimentos lentos e sinta cada passo, alongue o corpo; faça isso junto com outras pessoas e em silêncio. Todavia, a orientação certa desbloqueará seu potencial transformador mais profundo.

As origens de nossos estudos estão voltadas, principalmente, para a tradição da meditação da atenção plena, portanto daremos exemplos apenas sobre esse tipo de prática, pois seus preceitos básicos também podem ser aplicados a outras abordagens.

Exploração individual em uma única sessão: O YouTube é uma plataforma em que você pode encontrar professores que o orientarão em uma aula de ioga, tai chi ou qigong; outros o ajudarão a se alimentar melhor, fazer caminhadas, a desenvolver bondade amorosa ou sentar-se em silêncio, prestando atenção à respiração. Basta acessar a plataforma e apertar o play. Uma ressalva é que o que está disponível gratuitamente online pode variar em termos de qualidade e conhecimento. Mantenha um ceticismo saudável enquanto testa diferentes métodos.

Exploração individual ou em diversas sessões: Aplicativos ou livros de meditação podem lhe prover uma base e orientação especializada. Embora não costumamos recomendar aplicativos específicos, damos preferência àqueles que incluem professores de meditação experientes. Entre eles estão: Insight Timer, Ten Percent Happier, Calm, Headspace, Jon Kabat-Zinn Meditations e AmDTx. Existem, ainda, alguns livros incríveis que o ajudarão a entender tanto a teoria quanto a prática de meditação, como *Aonde Quer Que Eu Vá* e *There You Are*, de Jon Kabat-Zinn, *Lovingkindness: The Revolutionary Art of Happiness*, de Sharon Salzberg, *The Path of Insight Meditation*, de Joseph Goldstein e Jack Kornfield, e *Paz a Cada Passo*, de Thich Nhat Hanh. Também existem guias de meditação para questões mais específicas, como saúde mental ou criação de filhos, como a colaboração do próprio Segal, *The Mindful Way through Depression* (com Mark Williams, John Teasdale e Jon Kabat-Zinn). Recomendamos que você comece estudando sobre o tema geral e, depois, se aprofunde em temas específicos.

Aprender com um professor: Se você está aprendendo algo por meio de um aplicativo ou de um livro e quer se aprofundar, as aulas ao vivo permitem que você faça isso tendo mais ajuda e feedback pessoal. Programas bem estruturados, como a redução do estresse com base na atenção plena (MBSR) e a terapia cognitiva com base na atenção plena (MBCT), são programas em grupo de oito semanas nos quais você aprende a praticar a atenção plena e a desenvolver maior resiliência e bem-estar. O Mindful Directory (mindfuldirectory.org) é uma plataforma gratuita para encontrar cursos de MBSR, MBCT e outros cursos de atenção plena. Como alternativa, há programas online, como o eM Life (emindful.com), a Oxford Mindfulness Foundation (oxfordmindfulness.org), o Centre for Mindfulness Studies (mindfulnessstudies.com) ou o Mindfulness Center, da Brown University (brown.edu/public-health/mindful ness). Para ir ainda mais longe, a International Mindfulness Teachers Association (imta.org) lista professores cujo ensino não está vinculado a esses programas estruturados de oito semanas.

Talvez você prefira a consagrada tradição de praticar com um professor em um centro de meditação, ioga ou tai chi. Pode ser assustador pensar em ir a um templo, um centro de meditação ou um centro comunitário para explorar algo novo, mas a maioria deles oferece aulas ou programas introdutórios que são elaborados para dar uma introdução suave à prática e permitir que você tome sua decisão. Dê uma olhada em alguns deles e veja o que acha. Se preferir ter a experiência ao vivo online, atualmente também existem ótimos recursos virtuais; cada vez mais, os professores têm a possibilidade de oferecer aulas online, se necessário. Estamos tentando ajudá-lo a iniciar sua pesquisa.

MUITO LOUCO, CARA! (PSICODÉLICOS)

Quase trinta anos depois que o estado da Califórnia proibiu os psicodélicos, e o mundo seguiu o exemplo, as pesquisas sobre essas substâncias que alteram o estado mental ressurgiram em meados dos anos 2000, impulsionadas por descobertas científicas surpreendentes. Os cientistas que estudavam a droga cetamina, um tranquilizante para cavalos que age como um psicodélico dissociativo e que passou a ser usado em festas (Special K), fizeram a surpreendente descoberta de que a substância promovia a neurogênese — o aumento das células cerebrais — em ratos. E todo esse tempo pensávamos que "o cérebro sob o efeito de drogas" era como um ovo em uma frigideira. Para aumentar ainda mais nossa surpresa, os cientistas da época até mesmo duvidavam que o aumento de novas células fosse possível em cérebros adultos. A cetamina eliminou ambos os conceitos equivocados, mostrando evidências claras de que o cérebro pode desenvolver novos neurônios se receber o estímulo certo.

Mais recentemente, o MDMA, a forma pura da droga Ecstasy, ou Molly, consumida em raves, foi aprovado para o tratamento de TEPT em veteranos. Os resultados animadores resultaram em parcerias entre importantes faculdades de medicina, como a Johns Hopkins, e o National Institutes of Health, e foram estabelecidas parcerias semelhantes no Reino Unido, no Imperial College London. Os resultados foram surpreendentes. Os pacientes com TEPT, ansiedade e depressão resistentes ao tratamento começaram a "acordar" para a vida. Eram pessoas autorizadas a experimentar cetamina, MDMA, cogumelos mágicos ou LSD porque não tinham mais opções e pareciam condenadas a viver com uma deficiência crônica. E, de repente, o noticiário médico explodiu com afirmações de que era possível ter uma "das cinco melhores experiências significativas da vida", com garantia, por meio de uma única experiência supervisionada.

Embora as pesquisas nessa área ainda estejam no início, há grandes empresas promovendo a aceitação dessas drogas por meio de enormes investimentos. Acreditamos que, em breve, os psicodélicos serão prescritos legalmente, para ajudar as pessoas a controlar o humor ou a concentração. Então será que você deve mergulhar de cabeça nisso? Os psicodélicos podem ser seu ponto de acesso para a expansão dos sentidos?

No contexto certo, sim. Os psicodélicos têm o potencial de melhorar a comunicação entre diferentes partes do cérebro,[16] o que se traduz em experiências sensoriais mais intensas, de variadas formas e tamanhos. A cetamina, o antigo tranquilizante para cavalos, já estava associada a uma melhora do humor e à redução da tendência suicida; agora sabemos que parte desses benefícios vem do fato de ajudar as pessoas a atualizar suas crenças, aumentando sua capacidade de incorporar interpretações positivas em um modelo de mundo que antes não tinha solução.[17] A prescrição de cetamina já está sendo legalizada em diversas partes do mundo; se uma pessoa com padrões depressivos muito rígidos pode se recuperar usando a cetamina, ela também poderia contribuir para a expansão dos sentidos de maneira mais geral?

Embora essas drogas ajudem muito a diminuir o controle da RMP sobre nosso foco de atenção, os princípios básicos da expansão dos sentidos ainda são aplicáveis. Para tirar o máximo proveito de uma experiência psicodélica, você deve se comprometer a usá-la como uma oportunidade de crescimento, com o objetivo claro de mergulhar em suas sensações. Você pode fazer o que as pessoas que se beneficiam do tratamento com cetamina fazem e considerar a hipótese de integrar diferentes aspectos de sua experiência à sua narrativa interna, identificando momentos de positividade em meio ao conhecimento bem estabelecido de fatores de estresse e desafios.

Ao usar psicodélicos, é importante ter a intenção de expansão, pois o aumento da comunicação cerebral pode ter dois lados: a mesma falta de controle que permite que você se envolva em sensações intensas e não adulteradas também lhe tira o controle se o que você experimenta começa a entrar em uma espécie de associação mais obscura. Por isso, é bastante recomendável que sua experiência seja realizada sob a observação de um guia experiente. Ele pode atuar como uma caixa de ressonância, a fim de normalizar o que está acontecendo e evitar que você fique completamente desconectado. Além disso, o guia pode ajudar a controlar a tendência da RMP de influenciar sua realidade perceptiva. Se você acabar apenas reproduzindo suas preocupações, medos ou traumas, sem nenhum apoio para acolher a sensação em vez da interpretação, é quase certo que sua experiência será ruim. O mínimo que você pode fazer é buscar informações úteis sobre os psicodélicos, para reduzir os possíveis danos.

Outro grande problema com os psicodélicos é que eles ainda são, em grande parte, ilegais. Em algumas partes do mundo, a cetamina é uma droga off-label, o que significa que é legal para alguns fins e que um médico pode prescrevê-la para outros usos. Há um número cada vez maior de clínicas e testes de pesquisa sobre psicodélicos, e esse é o caminho que recomendamos. Caso contrário, seu uso implicaria em infringir a lei, o que significa que há pouca fiscalização e controle de qualidade. O fato de você encomendar cápsulas de cogumelo mágico pelo correio não significa que está recebendo pelo produto que pagou. Em nossa pesquisa, a ilegalidade e a falta de controle de qualidade acabam sendo dois dos principais fatores de estresse para as pessoas que experimentam psicodélicos.[18]

Ainda assim, no ambiente certo, com um guia habilidoso e alguma garantia de segurança da droga e de sua própria segurança durante a experiência, os psicodélicos podem ajudá-lo muito na expansão dos sentidos: é como se você fosse jogado, do conforto do seu sofá, nas entranhas de uma mata fechada. Para as pessoas que estão tendo dificuldades para encontrar motivação e focar o desenvolvimento de hábitos de exploração dos sentidos e, principalmente, para aquelas que se sentem totalmente presas a uma única maneira de enxergar a realidade, uma experiência como essa pode ser como um balde de água fria em um corpo adormecido. O simples fato de ver como é possível se sentir radicalmente diferente, e relacionar-

-se com o mundo de maneira diferente, pode ajudá-lo a se libertar de uma maneira completamente automatizada e rigorosa de conhecimento.

Cansado: A maneira errada de começar sua experiência com psicodélicos é experimentar diversas drogas, muitas vezes acompanhadas de álcool e maconha, o que resulta em experiências confusas e desorientadas, na perda da noção de seus valores, na possibilidade de se envolver em confusões ao vagar por aí enquanto alucina e na ausência de benefícios claros.

Conectado: Começar a fazer uso de psicodélicos com uma intenção em mente pode ser uma chance de explorar as diferentes maneiras por meio das quais é possível expandir os sentidos no momento em que eles estão menos limitados pelo aprendizado. Para fazer isso, você precisa encontrar um espaço seguro e tempo adequado. Se você não tiver experiência com essas drogas, precisará encontrar alguém experiente para guiá-lo e com quem possa predeterminar o tipo de ajuda que deseja. Você também precisa de uma intenção clara e firme de voltar a expandir os sentidos em vez de se desligar completamente do mundo e cair na alucinação e na ilusão.

Sugestões:

Não recomendamos que você infrinja a lei. No entanto, existem algumas opções legalizadas:

- Informe-se sobre quais drogas são legalizadas em seu país. Em Toronto e na cidade de Nova York, por exemplo, você pode receber prescrição de cetamina off-label.
- Se encontrar uma droga legalizada em seu país que exija receita médica, procure clínicas que ofereçam avaliação, encaminhamento e orientação para essa experiência em um único lugar.
- Há, ainda, retiros psicodélicos legalizados em diversas partes do mundo onde as drogas não são criminalizadas. Se estiver

disposto a pesquisar e, depois, viajar, existem clínicas ou centros de retiro bastante qualificados no Caribe, no México e na Holanda.

- Não podemos, em sã consciência, sugerir que você realize qualquer atividade ilegal. Essas atitudes não são banais e, em um grande estudo com usuários psicodélicos, os sentimentos de ansiedade ou culpa por violar a lei (e as consequências de ser pego) estão entre as desvantagens mais frequentes do uso dessas drogas. Se você estiver usando psicodélicos para lidar com ansiedade ou preocupação, fazê-lo ilegalmente pode reduzir muito dos seus benefícios reais.[19]
- Para psiconautas experientes, sinta-se à vontade para estabelecer as próprias regras, mas esteja ciente da importância da ambientação.[20] Evite estar em situações nas quais você será influenciado por outras pessoas que podem não estar alinhadas com suas intenções de expansão.

QUAL É SEU ESTILO DE ACESSO?

Fornecemos uma pesquisa de possíveis pontos de acesso. O importante não é encontrar o ponto de acesso "certo", mas aquele que melhor se adapta a você. Parte dessa adequação é escolher a atividade certa; porém parte dela também é se envolver nessa atividade de uma forma que favoreça seu estilo de aprendizagem.

Todos conhecemos a diferença entre personalidades extrovertidas e introvertidas, por exemplo, e existe uma infinidade de dados que comprovam isso. Algumas pessoas simplesmente gostam de estar perto de outras e de aprender com elas, enquanto outras consideram as situações sociais desgastantes e valorizam seu tempo sozinhas. Algumas gostam de sentir que alguém está lhe dando apoio e oferecendo feedback sobre cada atividade que elas fazem; outras detestam esse tipo de interação e adoram solucionar as coisas por conta própria. Ao considerar seus pontos de acesso, talvez valha a pena perguntar até que ponto seu processo deve envolver um professor ou um guia.

Embora a expansão dos sentidos seja uma prática profundamente pessoal, muitos dos pontos de acesso mencionados aqui foram reconhecidos pela primeira vez por seu valor em contextos de alto nível de acompanhamento. Muitas práticas contemplativas foram desenvolvidas em ambientes monásticos, com orientação e ajuda mútua, e depois aperfeiçoadas em formatos que poderiam ser ampliados para atrair a população em geral. Da mesma forma, a maioria das substâncias psicodélicas foi originalmente usada como medicamentos consagrados, parte de ricas tradições culturais e religiosas para promover a integridade da comunidade e um sentimento de conexão com a natureza. E, de fato, os críticos da comercialização desses pontos de acesso se preocupam com a busca solitária e secular por eles como se não tivessem entendido o objetivo. A realidade é que existem prós e contras em ter outra pessoa guiando sua expansão dos sentidos. Para os iniciantes, talvez seja útil ter a ajuda de alguém que você considera um especialista. Para outras, essa ajuda pode ser menos relevante, se houver um contexto e uma preparação mental adequados.

Outra consideração importante é a facilidade de acesso. Atualmente, as pessoas tendem a presumir que valor e preço são sinônimos — se é barato, não pode ser bom, e se é caro, deve valer a pena. Não ache que você precisa fazer algo drástico e caro para começar a expandir seus sentidos. Os princípios de *ubiquidade* e *imersão* têm tudo a ver com a ideia de que a expansão está quase sempre disponível para você. A tabela a seguir ilustra a variedade de pontos de acesso organizados por níveis de suporte e acessibilidade.

	SOZINHO		COM AJUDA	
	Fácil Acesso	**Difícil Acesso**	**Fácil Acesso**	**Difícil Acesso**
Natureza	Desfrutar de uma caminhada no parque	Escalar uma montanha	Passear em um jardim botânico	Colher cogumelos com um guia
Exercícios físicos	Fazer uma caminhada rápida no parque	Surfar	Participar de um grupo de corrida no bairro	Treinar em circuito com um treinador
Arte	Colorir livros de colorir para adultos	Visitar um museu de arte	Inscrever-se em uma aula de cerâmica ou de degustação de vinhos	Participar de uma masterclass presencial
Viagem	Visitar um ponto turístico em sua cidade	Visitar um ponto turístico em um país estrangeiro	Fazer um passeio histórico pelo seu bairro	Fazer uma caminhada com um guia em uma região remota do globo
Meditação	Envolver-se em uma prática de concentração (contar a respiração, por exemplo)	Fazer um retiro individual (um período mais longo de meditação intensiva e autoguiada)	Usar um aplicativo ou uma gravação de meditação guiada para meditação, ioga, tai chi e similares	Fazer um curso de meditação (MBSR, MBCT) ou um retiro silencioso
Psicodélicos	Ter uma experiência sem orientação em casa	Ter uma experiência sem orientação em um retiro ou uma clínica em outro país	Ter uma experiência guiada, off-label (em uma clínica de cetamina, por exemplo)	Ter uma experiência com orientação em um retiro ou em uma clínica em outro país
Você escolhe! ________	*Algo que você pode fazer agora mesmo*	*Algo que você mesmo possa fazer com algum planejamento*	*Uma aula, um guia ou um grupo que você pode encontrar agora mesmo*	*Uma aula, um guia ou um grupo que você precisa encontrar e agendar*

E aí, qual é seu estilo? Você gosta de trabalhar em grupo ou sozinho? Acha que já tem uma prática de expansão dos sentidos na qual pode mergulhar de cabeça ou não tem certeza de como começar? Qual é seu ponto de acesso? A natureza está próxima de você ou é preciso organizar uma viagem para ter contato com ela? Sugerimos que você priorize atividades de fácil acesso para começar, independentemente de suas preferências de suporte. Viajar é ótimo, mas se você precisar esperar alguns anos para fazer uma viagem, o que fará nesse meio tempo?

Exercício: Compromisso com a Busca

O exercício para concluir este capítulo é uma atividade aberta. Escolha pelo menos um ponto de acesso dentre os citados anteriormente com o qual você possa se comprometer a explorar esta semana. Ou se tiver uma atividade que o ajude a entrar em um modo de expansão de sentidos que não esteja listada aqui, mas que ainda esteja de acordo com os princípios que discutimos, trabalhe nela. Escolha um ponto de acesso específico e deixe *claro* que está usando essa atividade para acessar o mundo sensorial. O segredo é transformar uma experiência comum em um momento de presença — ao andar de bicicleta, sinto a fadiga muscular aumentar gradualmente, uma sensação de incerteza quanto a terminar o percurso, uma mudança na frequência respiratória; até o feedback do monitor de frequência cardíaca é dinâmico e está ligado ao meu esforço físico em cada instante.

Portanto, aqui está a sua chance: *escreva a prática de expansão dos sentidos que você tentará na próxima semana.* Certifique-se de que seja algo seguro e de fácil acesso para você e que ofereça uma oportunidade de mergulhar no *desconhecimento* da expansão dos sentidos. Nós o incentivamos a fazer algo *novo*, se possível, em vez de repetir uma prática repleta de expectativas já conhecidas.

Esta semana, escolhi ____________________ como meu exercício de expansão dos sentidos. Passarei pelo menos ____________________ minutos desta semana praticando minhas habilidades de expansão. A única coisa que poderia me impedir de fazer isso é ____________________, mas acho que conseguirei fazê-lo porque ____________________.

9

NOVATOS SENTEM, ESPECIALISTAS ALTERNAM

> É preciso apoiar algo ou você se deixará enganar por qualquer coisa.
>
> —ADAPTADO DE GORDON A. EADIE

A EXPANSÃO DOS SENTIDOS PODE AJUDÁ-LO A ESCAPAR DA CASA DO Hábito ao oferecer alívio e afrouxar o controle de insights e opiniões inflexíveis sobre o que é possível realizar. Embora seja tentador pensar nisso como um sistema binário de autoajuda — a Casa do Hábito é o problema e a expansão dos sentidos é a solução — esse tipo de pensamento dicotômico não explica toda a situação. A Casa do Hábito, goste você ou não, é onde se encontra o significado; é preciso renová-la, e talvez até defumá-la, mas, no fim das contas, é necessário fazer as pazes com o lugar que habitamos — para os seres humanos, isso significa viver de acordo com modelos conceituais do universo. *Alternar* entre o hábito e a sensação significa aprender a encontrar o equilíbrio entre esses dois modos essenciais. Não importa se você está imerso na expansão dos sentidos para enfraquecer crenças rígidas ou se está voltando dela com novos insights, é fundamental ficar de olho no caminho que está seguindo.

A alternância nos lembra que permanecer em um modo ou outro não significa que conseguiremos prever mais precisamente as coisas do universo. Se expandir os sentidos é o mesmo que dizer sim à experiência sensorial e enfraquecer os hábitos, alternar significa certificar-se de que você está atraindo novos significados e formando o tipo de hábito que lhe permite gritar "sim!" para a vida à medida que ela acontece. Pode parecer complicado, mas aprendemos a encontrar esse equilíbrio desde cedo.

COMO FUNCIONA A ALTERNÂNCIA?

É incrível o que as crianças pequenas não conseguem fazer. Apesar de serem capazes de buscar todo tipo de informação sensorial quando a pessoa que cuida delas está com pressa ("Olha, uma joaninha!"), elas são péssimas em encontrar objetos perdidos. Quando um chapéu não está em seu lugar habitual, os pais só sabem balançar a cabeça diante da incapacidade absoluta de seu precioso filho de reconhecer o mesmo chapéu que está em uma prateleira a alguns metros de distância. Da mesma forma, as crianças com menos de 4 anos de idade conseguem explorar seu mundo sensorial maravilhosamente bem e são mestres em aprender novas regras, construindo modelos básicos do mundo ao seu redor. Mas, quando o conhecimento adquirido com muito esforço não é muito preciso, elas são péssimas em reativar a sensibilidade para atualizar os modelos existentes. Por exemplo, uma criança que decide desde cedo que não gosta de determinado alimento pode se recusar a sequer considerar a possibilidade de comer outras preparações que o incluam, mesmo que seja preparado de outra forma; às vezes, esses modelos persistem até a idade adulta, embora outros gostos e preferências mudem completamente.

Na década de 1990, os psicólogos especialistas em desenvolvimento exploraram essa curiosa desconexão entre as excelentes habilidades de construção de modelos das crianças e sua surpreendente dificuldade em atualizá-los. Quando uma criança tem 3 anos de idade, ela é excelente em aprender (e dar lições a você) regras simples, por exemplo, onde o chapéu deve ser colocado. Mas só depois de um ou dois anos é que elas conseguem *atualizar* seu conhecimento arduamente adquirido e aprender a alternar entre conjuntos de regras. Portanto, quando o modelo diz que o chapéu deve estar no local A, é muito difícil para uma criança de

3 anos atualizá-lo para considerar a possibilidade de procurar o chapéu no local B.

Essa incapacidade de atualizar modelos foi perfeitamente ilustrada pelo professor Phil Zelazo e seus colegas, usando a tarefa de classificação do cartão de mudança dimensional. Eles pediram às crianças que classificassem os cartões em duas pilhas diferentes, de acordo com a forma (triângulos vs. círculos) ou a cor (vermelho vs. azul). As crianças aprenderam a classificar os cartões em triângulos vs. círculos *ou* em vermelho vs. azul facilmente. No entanto, depois que aprenderam a classificar os cartões usando somente uma dimensão (a cor, por exemplo), as crianças de 3 anos de idade tiveram dificuldade para alternar para outra (a forma, por exemplo). Uma criança que está acostumada a classificar por cor é capaz de falar em voz alta a nova regra sobre a dimensão a ser classificada, porém, muitas vezes, não consegue mudar seu comportamento de acordo com isso. Por outro lado, a maioria das crianças de 5 anos de idade conseguiu alternar entre as regras de classificação em tempo real, entrando em um modo de atualização de modelo e, em seguida, explorando um novo conjunto de regras para obter êxito na tarefa.[1]

Resumidamente, a capacidade de formar e explorar modelos de mundo precede e impede nossa capacidade de atualizá-los. No entanto, a capacidade de alternar entre a exploração do conhecimento existente e a atualização de modelos é universal, embora seu desenvolvimento seja tardio. De fato, a vida de uma criança é caracterizada por solicitações contínuas de atualização de modelos, à medida que seu mundo se expande. Os pais, os educadores e as consequências naturais exigem essa adaptação constante. Em algum momento, a fada dos dentes e o Papai Noel dão lugar a relatos mais realistas sobre a origem dos presentes, e aprendemos que não adianta tentar se esconder debaixo da mesa da cozinha para que os pais não nos vejam devorando todos os doces que ganhamos na noite de Halloween.

A habilidade de atualização continua a se desenvolver durante toda a infância. Os adolescentes são melhores do que as crianças em tolerar situações cujos resultados são incertos — eles se sentem objetivamente mais confortáveis em buscar novas soluções para tarefas de aprendizado imprevisíveis.[2] Os adolescentes também são melhores em aprender com seus erros quando as regras para obter êxito nas tarefas mudam e o que antes era recompensador deixa de ser.[3] De maneira surpreendente, é mais provável que os adultos fiquem presos a um modelo do que os adolescentes — o equivalente experimental de continuar indo a um restaurante conhecido, embora a comida não seja mais tão boa.

Ao mesmo tempo, os adolescentes são mais reativos ao estresse — ter uma inclinação para a expansão dos sentidos pode ser uma faca de dois gumes.[4] Talvez uma forma de se proteger dessa reatividade seja parte do motivo pelo qual buscamos a certeza quando adultos, alternando nossa capacidade de admiração e surpresa para uma forma mais eficaz de lidar com as responsabilidades cada vez maiores da vida adulta. E, assim, priorizamos a sensação de segurança proporcionada pela Casa do Hábito da RMP. Esse conforto, entretanto, tem um custo: embora provavelmente sejamos melhores do que uma criança de 3 anos na atualização de modelos mentais, é discutível se somos melhores do que uma criança de 5 anos na alternância entre explorar e tirar proveito.

Imagine dirigir até um local conhecido. O caminho que você está acostumado a fazer não passa pelas ruas mais movimentadas e o ajuda a chegar ao escritório em menos tempo. Mas, um dia, a obra em uma rua o obriga a mudar o trajeto, transformando sua economia de tempo em um pesadelo. Você *precisa* pensar em um novo caminho para evitar passar pela obra e, com um pouco de dificuldade, finalmente consegue. Porém, se estiver distraído, você voltará a cair no antigo trajeto e se perguntará por que fez isso, pois sabia que pegaria trânsito. Os modelos arraigados têm vida própria, o que pode tornar difícil eliminá-los.

Quando adultos, embora tenhamos a capacidade de atualizar nossos modelos de mundo, muitas vezes não encontramos motivação para isso. Na verdade, costumamos não gostar que nos peçam para mudar de ideia sobre qualquer coisa; quando somos confrontados com os próprios erros ou contradições, ficamos irados. Nossa parceira nos diz que vamos nos atrasar, e nós gritamos "Eu sei! Eu sei!", em vez de reconhecer que precisamos repensar como administramos nosso tempo. Reclamamos de outro motorista que acelera para passar em um sinal amarelo, bloqueando nossa oportunidade de fazer uma curva, mas raramente consideramos que já fizemos a mesma coisa diversas vezes. É difícil atualizar nossos modelos para reconhecer a própria culpa. É muito mais fácil presumir que a culpa é de outra pessoa. Podemos ter a capacidade de atualizar nossos modelos, mas a maioria das pessoas não está acostumada a alternar para um estado de busca exploratória e retornar com um novo conjunto de regras.

Certas pessoas têm uma incapacidade tão grande de atualizar seus modelos mentais que isso pode indicar que ela apresenta algum dano cerebral. Existe um análogo para adultos da tarefa de classificação de cores/formas orientada para crianças conhecido como Wisconsin Card Sorting Task (WCST). Se tiver interesse em experimentar, ela está disponível no site em inglês: brainturk.com/cardsorting.

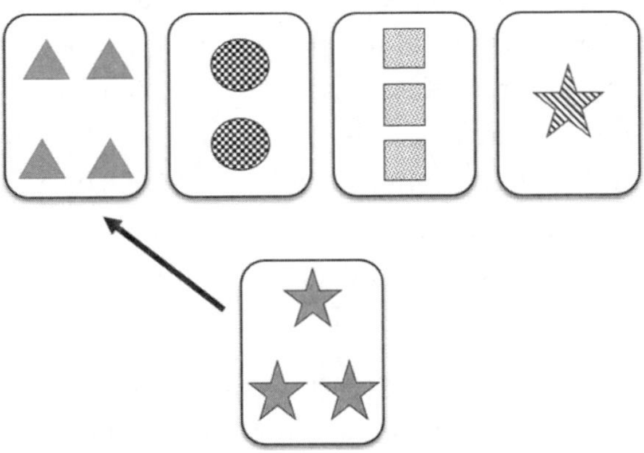

Um exemplo da tarefa WCST, classificando por "preenchimento" em vez de "forma" ou "número"

Nessa tarefa, você deve aprender a classificar os cartões com base em uma das diversas propriedades (cor, forma ou número de objetos no cartão). Quando descobrir a regra — por exemplo, a classificação é determinada pela cor —, ela funcionará por um tempo, mas depois mudará. Então, é preciso alternar; nesse caso, deixando de lado a classificação por cor e explorando até identificar a nova regra (forma ou número); em seguida, *alterna novamente* para começar a explorar esse conhecimento outra vez. Quanto tempo você permanece com uma regra em mente mesmo que ela não esteja mais valendo?

As pessoas que apresentam danos na parte frontal do cérebro podem conseguir discutir as regras de maneira racional, mas perdem a capacidade de atualizá-las. Para sermos funcionais, precisamos ser capazes de entender o mundo ao nosso redor e, para isso, precisamos ter modelos mentais e atualizá-los quando necessário.

A ALTERNÂNCIA NO CENTRO DE TUDO

Parte de nossa confiança em discutir a alternância como a combinação ideal das inferências perceptiva e ativa é que, ao longo do tempo, os filósofos descreveram essas duas habilidades como intrínsecas à vida humana. No livro *O Nascimento da Tragédia*, o filósofo alemão Friedrich Nietzsche descreve duas forças opostas da natureza como o Apolíneo (lógico, ordenado e estruturado) e o Dionisíaco (emocional, sensorial e frenético). Talvez você reconheça essa distinção como um problema entre a parte da frente e a parte de trás do cérebro — a tensão entre a força tranquilizadora e estabilizadora de Apolo e o doce caos da dissolução dos limites dionisíacos. É como se a neurociência moderna tivesse, de alguma forma, fazendo um mapeamento dentro das mesmas distinções apresentadas nas reflexões de Nietzsche sobre a Antiguidade.

Nietzsche considerava a integração dessas forças como um ideal, mas que raramente era alcançado. Em vez disso, ele lamentava o fato de as exigências da vida demandarem mais reflexão e lógica baseada em regras, o que, por sua vez, excluía o pensamento paralelo e a imaginação. Nietzsche usa a tragédia grega como um exemplo de alternância bem-sucedida entre esses sistemas. Os personagens desses antigos teatros geralmente seguem arcos dionisíacos, regidos por suas paixões e seus desejos — exemplos de expansão dos sentidos. Mas o coro grego, que explica imparcialmente as intrigas entre os personagens, ajuda o público a explorar modelos conceituais para o comportamento humano, em vez de ser completamente arrebatado pelo drama. A magia dessa tradição teatral está em fornecer ao público uma estrutura para alternar entre o dionisíaco e o apolíneo. Essas apresentações, que se originaram como ritos religiosos, proporcionam um espaço para acompanhar a experiência específica e apaixonada de um personagem e, ao mesmo tempo, para recuar e explorar um princípio moral mais abrangente.

Como acontece com a maioria dos filósofos, Nietzsche expôs seus pensamentos e deixou que outros preenchessem as implicações do mundo real. O problema das tragédias gregas é que a lição moral sempre vem depois de uma grande perda — é por isso que elas são chamadas de tragédia. De maneira ideal, deveríamos ser capazes de dar sentido à nossa vida antes que ela se transforme em uma catástrofe. Precisamos descobrir quais são nossos valores individuais, as coisas pelas quais estamos dispostos a trabalhar e nos esforçar — as coisas que fazem a vida valer a pena. Para isso, precisamos descartar as regras que os outros tentam nos impor para obter sucesso e encontrar as nossas; isso envolve mais do que expandir os sentidos para contornar a RMP. Precisamos aproveitar essa expansão para descobrir nossas regras de vida.

O ENSOPADO QUE É VOCÊ

O cheiro irresistível de carne bovina e especiarias vem de uma fileira de lojas lotadas no centro de Bangkok. A origem desse aroma é de um enorme panelão de ensopado fervendo dentro do restaurante Wattana Panich. Mas não é qualquer ensopado. Sua intensidade e complexidade incomparáveis vêm do fato de que a panela está fervendo há mais de quarenta anos! Muitas culturas pelo mundo apreciam os ensopados perpétuos, passando dias, meses ou até anos adicionando ingredientes e substituindo apenas o que foi consumido. Além de dar aos alimentos um sabor rico e intenso, esse processo ajuda a manter um sentimento de integridade na comunidade.

Os ensopados perpétuos remetem a uma época em que fazer a fogueira seguinte não era fácil, havia muitos períodos de escassez e nenhuma garantia de encontrar alimentos frescos todos os dias. O ensopado ajudava a fazer com que as caçadas bem-sucedidas e as aventuras em busca por alimento rendessem mais e a preparar uma refeição nutritiva que não só era obtida de uma comunidade inteira, mas também a alimentava.

Acontece que essa curiosidade culinária é uma boa metáfora de como a RMP nos proporciona o sentimento de significado. Os cientistas começaram a perceber que até mesmo as verdades mais consagradas e duradouras sobre nós mesmos e sobre o mundo são elaboradas no instante em que as vivenciamos. Essas "verdades" são o produto de quaisquer ingredientes que estejam à mão — como aquele ensopado de Bangkok. Diferentemente de um computador, com peças fixas (processador, discos rígidos), mas com conteúdo mutável (dados), tanto as entradas (ingredientes) quanto as saídas (sabores) do "ensopado do eu" perpétuo podem mudar. Parece que não existe uma única receita para criar a sensação de ser você, e você também não vai encontrá-la em nenhum livro de receitas. A noção de quem você é não é nada além do que os ingredientes jogados no panelão à medida que eles se misturam. A sensação de ser "você" é o ensopado servido pela RMP em determinado momento.

A ideia de que nossa realidade emerge a cada momento surgiu, ela própria, em um intervalo de décadas. William James, considerado o pai da psicologia moderna, criou o conceito de fluxo de consciência em 1890. Se a consciência é um fluxo que, por vezes, abrange um sentimento de "você", então quem somos não é algo fixo. Em vez disso, o eu está sempre mudando, com diferentes elementos (sabores) sendo adicionados em momentos diferentes. Como James escreveu: "O Eu... não pode ser... uma entidade metafísica imutável como a Alma, ou um princípio como o Ego puro, visto como 'fora do tempo'. É um Pensamento, a cada momento diferente daquele do momento anterior, mas que se apropria deste último, juntamente com tudo o que este último chamou de seu."[5]

Mais de um século depois, podemos chegar à conclusão de que James estava certo. O cérebro precisa estar ativo para que possamos ter qualquer tipo de experiência relatável, e a atividade cerebral em cada momento é uma adaptação aos momentos anteriores. Pegamos cada experiência, reconhecimento de sucesso ou fracasso, elogio ou julgamento, e adicionamos ao pote de conhecimento relevante para nós mesmos. É somente nesse momento, ao refletirmos sobre a soma de tudo o que veio antes, que adquirimos uma noção do "eu"; um sentimento de identidade nesse processo de reflexão. Mas, para criar essa noção do "eu", a reflexão deve ser feita constantemente.

A neurociência moderna sustenta essa afirmação. A RMP proporciona uma sensação de consistência aos tipos de coisas que pensamos sobre nós mesmos e o mundo, a ponto de sentirmos que existe um "eu" real dentro de nossa mente e que passamos a conhecer o mundo real além dos limites de nosso corpo. Mas a sensação de constância é uma ilusão — o cérebro nunca forma um "eu" fixo. Em vez disso, o que sabemos sobre nós mesmos é basicamente nosso modelo atual para prever os próprios sentimentos e comportamentos, que nos é entregue sem esforço e de maneira automática pela Casa do Hábito. No entanto, o cérebro não tem uma enorme lista de propriedades que nos definem. Cada momento em que pensamos "eu gosto disso" ou "isso não é para mim" é um ato de comparação de memórias com o ambiente sentido e a construção de um julgamento de ajuste em tempo real. Essa construção não é *arbitrária*, porque se baseia em nossa experiência, mas também não é *imutável* — existe uma margem de manobra nas memórias em que nos concentramos e em quanto priorizamos a consistência em vez da mudança.

O fato de estarmos sempre experimentando o "ensopado do eu" para ter um sentimento de identidade é o caminho para a transformação pessoal. Podemos, aos poucos, alterar o sabor do ensopado apenas escolhendo novos ingredientes. Mas o que não podemos fazer é simplesmente jogá-lo fora para começar tudo de novo. O ensopado é o que tem no cardápio — e mais nada. Assim como os meditadores em nossos estudos de fMRI nunca se livraram completamente do processamento autorreferencial da RMP e, em vez disso, aumentaram seu repertório, ninguém consegue simplesmente alterar o sistema de conhecimento do cérebro. Precisamos trabalhar a partir de onde estamos.

APRENDENDO A TRABALHAR COM O HÁBITO

O cromo de duas motocicletas brilha com a luz do sol quando os dois pilotos sobem nelas. Um movimento do pulso para baixo produz o ronco grave de seus motores, e um empurrão com o calcanhar para trás levanta seus apoios do chão. Os dois anti-heróis tipicamente norte-americanos estão prontos para pegar a estrada. Em um gesto final, um deles retira discretamente o relógio do pulso e o joga fora. Não estando mais preso ao tempo, ele está livre para viver sem as exigências de pontualidade e responsabilidade. Uma nova vida o aguarda.

Duas décadas depois, Thelma e Louise saem para uma pescaria de fim de semana, deixando para trás o marido autoritário e infiel de Thelma, Darryl, e o trabalho agitado de Louise como garçonete de uma lanchonete. Antes de entrarem no Ford Thunderbird conversível de Louise, elas tiram uma foto de suas novas identidades de aventureiras, preparando-se para deixar a vida rotineira para trás.

E mais duas décadas depois, o público teve a última visão de Don Draper, o mago da publicidade de *Mad Men*, sentado de pernas cruzadas em uma colina na Califórnia, entonando "Om", após doar tudo o que tinha.

Essas cenas icônicas dos filmes *Sem Destino* e *Thelma e Louise* e da série de televisão *Mad Men* formam um clichê bastante claro que resistiu ao teste do tempo. Cada uma delas fala da compreensão em comum de uma geração de que, para um personagem crescer e mudar, a fim de completar seu arco heroico, ele deve fugir das restrições do hábito para um deserto de novas sensações.

Mas, perdidos na empolgação da expansão dos sentidos, encontramos um porém. Essas três experiências cinematográficas mostram a fuga, mas não o retorno. A maioria das pessoas preferiria uma passagem de ida e volta, e as histórias mais tradicionais de redescoberta envolvem o herói saindo para explorar, mas depois se restabelecendo.

Há um elemento sedutor nesses dramas; mas aquelas do tipo "felizes para sempre" são mais reconfortantes, pois trazem uma conclusão do arco narrativo, quando o herói muda para melhor e volta para casa. Dorothy acorda em sua fazenda no Kansas após sua jornada por Oz, e se torna uma versão mais empática de si mesma. Em *O Senhor dos Anéis*, Frodo volta para o Condado e se sente pronto para enfrentar os habitantes corruptos que assumiram o poder. Os heróis adequados crescem por meio de sua busca de sentidos e, em seguida, encontram uma maneira de usar essas experiências para melhorar suas vidas normais.

Para completar o arco da jornada de nosso herói, é necessário aprender a alternar entre a expansão dos sentidos para, depois, voltar ao mundo dos hábitos (ligeiramente modificado). Alternar significa aproveitar essa expansão para atualizar os modelos conceituais, mas usá-la para o crescimento pessoal, e não apenas como uma fuga. Pesquisas recentes da neurociência ajudam a esclarecer que as sensações e o hábito não precisam ter uma relação de antagonismo. O cérebro é programado para atualizar os hábitos de maneira gradual, contribuindo com novas informações para nossa rotina já estabelecida.

Considere um jovem casal que está embarcando na assustadora jornada da casa própria. Eles calculam as taxas do financiamento, as comissões do corretor de imóveis e o pagamento da entrada para chegar a um orçamento e, em seguida, começam a selecionar as casas disponíveis com base nas características que eles desejam: tijolos aparentes, pisos de madeira, um terraço para festas e um bairro com muitos restaurantes da moda. No entanto, quando descobrem que estão esperando um filho, eles revisam seus critérios para uma metragem quadrada maior, mais banheiros, proximidade a parques e a uma boa escola.

Michael Mack e seus colegas analisaram a alternância no cérebro usando uma versão ultrajante da tarefa de classificação de cartões de Wisconsin.[6] Eles pediram as participantes que classificassem imagens de insetos de acordo com o tamanho das pernas, o formato da boca e o comprimento das antenas. Em seguida, as regras mudaram e os participantes tiveram que aprender um conjunto novo de critérios de classificação. Quando eles tiveram que atualizar seus modelos mentais, a rede de atenção dorsal do cérebro se conectou ao hipocampo, uma parte da

RMP que nos ajuda a ter uma noção de contexto ambiental. Quando eles aprenderam corretamente a nova regra de classificação, a RMP começou a operar novamente sem a influência da rede de atenção dorsal e, agora, o hipocampo mudava sua resposta aos insetos de acordo com as novas regras. Os participantes se viram livres para confiar nas respostas automáticas proporcionadas pela RMP, sem a necessidade de esforço ou atualização adicional do córtex pré-frontal.

Essa pesquisa nos permite confiar na ideia de que basta um pouco de esforço para atualizar os hábitos. Embora a RMP forneça um modelo do que esperar do mundo, ele funciona menos como um conjunto de mandamentos esculpidos em pedra e mais como um ensopado perpétuo, algo que pode ser atualizado para acomodar nossa compreensão de mundo em constante mudança. A facilidade com que podemos aproveitar as sensações para atualizar os modelos mentais nos lembra que a expansão dos sentidos não é o fim da linha. A vida continua; Redzepi volta para a cozinha; Arquimedes e Newton voltam para suas invenções. Expandir os sentidos nos proporciona muito conteúdo novo, mas ainda é preciso reuni-los para obter qualquer tipo de valor sustentável no futuro. Jack Kornfield, um dos principais professores de meditação especializado em envolver outras pessoas na expansão dos sentidos, colocou essa questão da seguinte forma: "Depois do êxtase, lave a roupa suja".

VOLTANDO DO TOPO DA MONTANHA

Em termos cerebrais, o "êxtase" de Kornfield provavelmente se refere ao fato de o cérebro se acalmar o suficiente para proporcionar algum alívio com relação às exigências de estar sempre no controle. Isso se encaixa muito bem na ideia de escapar da Casa do Hábito hiperativa da RMP — a sensação de alívio semelhante à de largar uma carga pesada. É a parte da "roupa suja" que é mais difícil de entender — por que uma pessoa voltaria a suas tarefas domésticas mundanas após experimentar um tipo de liberdade radical? A resposta está em nossa discussão anterior. A maioria das pessoas não está tentando fugir de vez do emprego, dos relacionamentos e das identidades — estão apenas tentando viver a vida de uma maneira em que possam ser menos prejudicadas por essas coisas. Enquanto um novato na expansão dos sentidos foge do hábito e pensa "É isso, a vida nunca mais será a mesma", o especialista percebe que a vida continua mesmo após alguns momentos poderosos de insight e atualização de modelos.

No entanto, a perspectiva da neurociência ainda não compreendia o que isso significava. Juntamente com a pesquisadora Cynthia Price, elaboramos um experimento de imagem cerebral para comparar como novatos e especialistas escapam da Casa do Hábito.[7] Nossa hipótese era de que as pessoas mais experientes na expansão dos sentidos acessariam níveis mais profundos e intensos de representação sensorial, fazendo com que essas fábricas de sentido funcionassem por mais tempo. Processar estímulos visuais é algo que fazemos todos os dias. O que acontece quando saímos da rotina e voltamos a atenção para dentro, para a respiração?

Entregamos aos participantes um teclado e solicitamos que fizessem uma de duas coisas enquanto passavam por uma fMRI: acompanhar a respiração ou um círculo pulsante em uma tela de visualização.

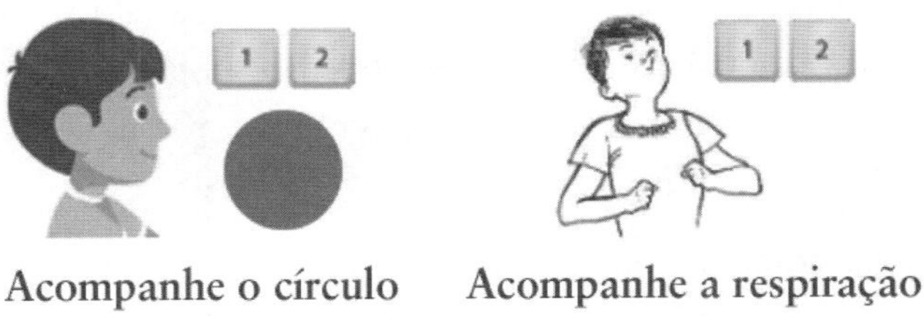

Exemplo da tela de instruções para a tarefa experimental

Como se tornou um padrão em si, os resultados quebraram nossas expectativas com base na RMP. Quando os participantes se concentraram na respiração, grande parte do cérebro deles ficou menos ativa. Eles prestaram muita atenção tanto ao acompanhar a respiração quanto o círculo, mas parecia que estavam fazendo isso com muito menos atividade mental. Conseguimos captar as evidências do motivo pelo qual a concentração na respiração ajudava a pessoa a escapar da Casa do Hábito — o simples fato de mergulhar na sensação onipresente da respiração era suficiente para afastar a energia da ruminação, do julgamento e da expectativa.

Obtivemos o equivalente cerebral das cenas de fuga que serviram de âncora para os filmes *Sem Destino*, *Thelma e Louise* e a série *Mad Men* — a expansão dos sentidos por meio da respiração proporcionou uma fuga, uma oportunidade de deixar para trás o mundo estressante das ideias. No entanto, as perguntas permanecem: o que os especialistas fazem para tornar essas experiências mais do que apenas uma fuga para o deserto sensorial? Como eles utilizam seu tempo em meio à natureza para lidar com a percepção de que, após o alívio, eles ainda precisam lavar a roupa suja?

Para avaliar essa experiência, solicitamos aos participantes que preenchessem um questionário conhecido como Avaliação Multidimensional da Consciência Interoceptiva (MAIA). As respostas para essa pesquisa indicam quanto as sensações do próprio corpo de uma pessoa parecem estar disponíveis para ela e ser confiáveis. Por exemplo, uma pessoa com uma pontuação alta na MAIA concordará com frases como "Quando estou chateado, tiro um momento para explorar como meu corpo está reagindo" e "Consigo redirecionar minha atenção do pensamento para a sensação que meu corpo está processando". Pontuações mais altas estão relacionadas a uma boa saúde mental, e as pontuações tendem a ser mais altas após as pessoas passarem pelo treinamento de consciência corporal, como meditação de atenção plena, ioga e fisioterapia.[8]

Analisamos como a variação nas pontuações da MAIA previa o efeito de desativação do cérebro que havíamos observado durante o acompanhamento da respiração. E descobrimos algo surpreendente: enquanto a maior parte do córtex cerebral ainda ficava desativada em pessoas com alta pontuação na MAIA, a rede de saliência do cérebro ficava ativa. Todos pareciam ser capazes de se desconectar dos padrões de pensamento habituais, mas aqueles participantes que se sentiam mais confortáveis com a busca de sentidos mantinham a atividade da rede de saliência que lhes permitia apreciar novas sensações nesse espaço mental mais calmo.

O cérebro está quase sempre processando informações sensoriais, mas geralmente sem que tenhamos consciência disso. A RMP garante que muitos outros processos estejam em andamento — pensamentos, sentidos externos, planejamentos, memórias e preocupações com o futuro, sendo que todos eles contribuem para o ruído cortical que, muitas vezes, é mais alto do que a representação sutil, porém onipresente, da sensação em estado bruto. É fundamental ter a habilidade de aprender a sentir a expansão dos sentidos, mas podemos nos tornar vítimas de nosso sucesso, obstruindo nossa capacidade de criar novos significados em nossa tentativa de eliminar o ruído. O tipo de atualização de modelo que capacita a ação requer ir além da novidade proporcionada pela expansão, para evitar que nos percamos no êxtase e no alívio de ingressar em um universo desconhecido.

No Capítulo 7, apresentamos três etapas que levam à expansão dos sentidos: reconhecer quando você está estagnado, definir a intenção de fazer a expansão e, em seguida, fazê-la. Para *voltar* da expansão dos sentidos, sugerimos mais três.

PASSO 4: IDENTIFIQUE O QUE VOCÊ ENCONTRAR

Em todas as esferas da vida, existem pessoas que estão em perfeita sintonia com as sensações. Com um simples toque, um massoterapeuta habilidoso pode ter uma noção melhor do que você mesmo da tensão de seu corpo e exatamente a parte do corpo a que você está direcionando essa tensão. Um chefe de cozinha habilidoso consegue, a partir de ingredientes comuns, combiná-los de maneiras que o restante das pessoas jamais imaginaria. Um estatístico pode ver um conjunto de pontos em um gráfico e detectar padrões de correlação que outras pessoas não percebem. E um psicoterapeuta pode perceber mudanças sutis no tom de voz de um paciente ou detectar temas que estão sendo evitados em meio a uma narrativa desconexa.

No entanto, o que torna cada um desses especialistas extraordinários não é apenas sua capacidade de explorar o mundo sensorial, mas também de retornar e aplicar ao problema em questão o que eles encontraram. Por meio da expansão dos sentidos, eles desenvolvem práticas recomendadas de aceitação geral. Ao formalizar esse processo, cada área de estudo desenvolve um vocabulário que permite que os profissionais articulem distinções sensoriais minuciosas. O sommelier consegue identificar as sutis tendências de aroma que lhe permitem combinar determinado vinho com determinada refeição. Um dançarino sabe como traduzir um rico vocabulário de movimentos sentidos para expressar uma narrativa ou emoção para o público.

No entanto, para ser útil, esse tipo de vocabulário aprimorado de sensações precisa conectar a expansão dos sentidos ao conhecimento prático. A primeira etapa para criar esse vínculo é *identificar* nossas experiências. Ao nomeá-las, reduzimos a ambiguidade à medida que mergulhamos no mundo caótico da expansão dos sentidos. Isso exige que façamos distinções específicas em meio ao borrão das sensações.

A interpretação de expressões faciais é um exemplo óbvio em que o processo de identificação entra em ação. Pesquisas anteriores sugerem que, sem isso, os significados são frequentemente determinados para nós pela RMP. Por exemplo, o rosto de pessoas que expressam muita emoção, como aquelas que fazem careta quando estão com raiva ou arregalam os olhos quando estão com medo, tendem a ativar a amígdala, um elemento da rede de saliência que serve como um sinal de alarme do cérebro. Essas expressões requerem nossa atenção, ligando o alarme sem uma resolução clara para a situação, o que coloca o cérebro em uma encruzilhada. Sem uma intervenção posterior, a ativação da rede de saliência provavelmente desencadeará uma resposta habitual acionada pela RMP. Quando percebemos que um amigo está agitado, podemos imediatamente entrar em um modo tranquilizador e de solução de problemas, a fim de descobrir o que lhe causou o transtorno e como lidar com ele. Ainda assim, o sinal de alarme pode nos impelir à exploração e à tomada de decisões consciente, com a ajuda da rede de atenção dorsal. Uma dica frequente para estreitar as relações quando nossos amigos estão chateados é ouvir e tentar entender, em vez de tentar resolver o problema. A expansão dos sentidos pode revelar emoções e, quando isso acontece, a pergunta é: Você está preparado para aprender algo novo e responder de maneira diferente?

Para combater a tendência da RMP de nos dar significados automáticos, Matthew Lieberman e seus colegas analisaram se a identificação de diferentes características de um rosto determina como esse mesmo rosto é processado pelo cérebro.[9] A equipe de pesquisa de Lieberman descobriu uma fórmula para transformar a maneira como reagimos às informações emocionais, deixando de lado as tentativas de fixação enquanto exploramos. O segredo era nomear explicitamente a emoção. Quando os participantes eram solicitados a ignorar as informações emocionais no rosto das pessoas e, em vez disso, identificar o gênero, a rede de saliência continuava a disparar o sinal de alarme no cérebro. Por outro lado, quando eram instruídos a identificar a emoção que o rosto das pessoas estava transmitindo, parecia que o botão de soneca era acionado, permitindo que a rede de saliência fosse desativada mais uma vez.[10]

Outros estudos demonstraram que as pessoas que valorizavam a expansão dos sentidos (em uma pesquisa relacionada à atenção plena) apresentaram um efeito de soneca da rede de saliência muito maior quando identificaram expressões emocionais. Além disso, as regiões frontais do cérebro delas foram ativadas para o raciocínio com base em conceitos. Ao analisar as informações sensoriais relevantes em linguagem, reduzimos a urgência de responder e, ao mesmo tempo, mantemos a essência do que está acontecendo. Dessa forma, o sistema com base em conceitos não precisa se opor ao sentimento no exato momento — em vez disso, a *identificação* nos ajuda a entender melhor a emoção, da mesma forma que um bom amigo procura entender e validar nossa experiência em vez de imediatamente tentar encontrar uma solução para o problema ou mudar de assunto.

Passar da sensação para a linguagem é um ato concreto para integrar os resultados da busca de sentidos em um modelo atualizado do mundo ao seu redor. Uma identificação sensorial ajuda muito a evitar a tendência da RMP de construir a percepção com base na expectativa, e não na experiência direta. As sensações inesperadas *sempre* induzem o cérebro a reagir e a dar sentido à situação. Assim como um cão que late para defender seu território, a rede de saliência não está nos incomodando propositalmente. Ela está esperando por um reforço, para que nossa mente consciente dê o sinal de que estamos alertas e atentos. O fato de respondermos de modo criativo ou por meio do hábito não é sua real preocupação; o que importa é apenas respondermos. Identificar significa fazer a escolha de considerar o “latido” da rede de saliência importante e digno de investigação, em vez de um pequeno sinal sonoro no radar da vida que deve ser atenuado.

Uma vez que você tenha aprendido os benefícios de expandir os sentidos, a identificação representa um compromisso de ser testemunha integral de sua experiência sem se antecipar a narrar uma história sobre ela. É tentador pensar que esse registro significa que você compreende completamente uma experiência e sabe como controlá-la (inferência ativa), mas isso seria precipitado. Em suma, trata-se de expandir os sentidos conforme descrito no exercício do Capítulo 4 — buscando alterar as sensações. Nosso objetivo é ver as partes mutáveis que compõem uma sensação inesperada e nos acostumarmos a elas. Todo sentimento tem seu conjunto de dinâmicas sensoriais, intensidades e pontos no corpo, o que nos permite explorar o nível da sensação, mesmo que nosso hábito seja contar uma história sobre o que significa sentir-se assim. *A identificação que estamos descrevendo aqui é sobre o uso da linguagem para detectar essas qualidades sensoriais, não seus significados*. A seguir, um exemplo para entender melhor.

Assim que chegou em casa após o trabalho, Kristina sentiu que havia algo errado. Ela teve uma sensação incômoda no estômago, que só percebeu de fato quando entrou em seu apartamento, no silêncio. Em vez de se servir de uma taça de vinho rosé, Kristina decidiu dedicar um momento para expandir seus sentidos. Ela ficou sentada por um tempo e deixou a experiência se manifestar, explorando mais a fundo isso que ela estava sentindo, mergulhando nessa sensação estranha no estômago. No início, a sensação era de mal-estar, mas, após alguns minutos, ela percebeu outros detalhes, quase como um fluxo e refluxo de energia, tornando a sensação mais intensa em um momento e mais sutil no outro. Ela conseguiu localizar as sensações na parte inferior do abdômen, um aperto na barriga, uma dor surda em vez de aguda, um calor indefinido em vez de frio. Lentamente, Kristina começou a reconhecer essa sensação. Sem saber por que estava sentindo isso, ou o que significava, ela conseguiu ao menos reconhecer quando a sensação estava presente ou ausente; então decidiu nomear esse sentimento como "cinza" e decidiu ficar atenta a ele no futuro.

Identificar é o ato de reconhecer a experiência ao *nomeá-la*. Ele nos aproxima de uma experiência e nos ajuda a permanecer no mesmo nível da sensação, em vez de evitá-la ou ignorá-la. A identificação de Kristina era arbitrária, mas criou uma identidade para aquela sensação no estômago. Ela poderia usar essa identificação para permanecer com as sensações e ganhar tempo para explorar, em vez de ceder à pressão para explicar e controlar a sensação (uma inferência ativa) quando ela não tinha ideia do que estava acontecendo. A identificação é um tipo de inferência ativa, mas um tipo que afirma que, por enquanto, reconhecer é suficiente, sem ter que explicar ou corrigir.

PASSO 5: DÊ OPÇÕES A SI MESMO

O que geralmente fazemos com os sentimentos é incorporá-los à nossa narrativa interna, motivados pela necessidade de dar sentido imediato ao imprevisto e determinar o que precisa ser feito. No entanto, embora seja satisfatório explicar um sentimento inesperado, isso também nos tira a oportunidade de considerar outros pontos de vista. A identificação de uma sensação interfere em nosso hábito de passar imediatamente da sensação ao julgamento ou à solução de problemas. Em termos neurais, isso impede que a RMP apenas suavize a complexidade de uma sensação inesperada com uma interpretação habitual. Identificar um sentimento significa reconhecer que nossos modelos *não conseguem* explicar a situação atual e não tentar forçá-la. Embora isso possa ser um pouco desesperador, de nosso ponto de vista, é uma coisa boa. Identificar em vez de interpretar nos mantém abertos a futuros insights. Se nunca mais voltarmos a sentir isso, não há problema, mas se o sentimento voltar, uma maior familiaridade com ele pode ser útil. A identificação nos ajuda a rapidamente reconhecer um novo sentimento e a explorar como ele pode estar relacionado às coisas que estão acontecendo ao nosso redor. Podemos descobrir interpretações surpreendentes e inéditas sobre o que o sentimento de fato significa.

Após dedicar algum tempo para explorar e nomear sua experiência, Kristina continuou com sua noite. Nos dias seguintes, a vida seguiu normalmente, embora ela tenha ficado atenta à sensação de "cinza". Ela não surgiu quando Kristina se arrastou para fora da cama pela manhã; não apareceu em seu trajeto até o trabalho; nem mesmo quando seu chefe deu crédito a uma colega de trabalho por uma de suas ideias. E, então, ao passar pelo parque a caminho de casa, ela notou crianças brincando, cachorros latindo — aí, sim, lá estava a sensação novamente. Enquanto ela observava os cachorros correndo, animados por estarem no parque, a sensação apareceu: "cinza". "Ai", ela pensou, "isso é estranho". Ela parou um pouco para expandir a sensação e confirmou que era praticamente a mesma sensação que tivera alguns dias antes. E foi para casa.

Nas semanas seguintes, Kristina tentou observar onde estava e o que estava fazendo quando o "cinza" aparecia. Não estava relacionado a comida apimentada que ela comeu no almoço ou aos drinques que bebeu na noite anterior. Kristina percebeu que a sensação de "cinza" tendia a aparecer com mais frequência quando ela via cães brincando com seus donos. De certa forma, isso fazia sentido. O companheiro mais querido de Kristina, um fox terrier de pelo duro chamado Alfie, havia falecido alguns meses antes. Na época, ela ficou de luto, mas achava que já havia superado. A sensação de "cinza" em seu estômago lhe revelou que ela não estava tão bem quanto pensava — talvez ainda sentisse falta de Alfie.

PASSO 6: ESCOLHA SABIAMENTE

No final, você provavelmente terá que fazer uma inferência ativa em relação à sensação, independentemente de ter ou não passado um tempo tentando expandir os sentidos. Somos programados para solucionar problemas, e uma sensação ou um evento inesperado apresenta um problema a ser resolvido. A questão que temos diante de nós é se estamos resolvendo o problema *certo*. Imagine se Kristina, na ausência da busca de sentidos, entrasse na internet e pesquisasse por "dor no estômago". Imediatamente, ela veria textos sobre possíveis problemas de saúde, como úlceras, síndrome do intestino irritável, gastrite, diverticulite e até câncer de estômago. Todos problemas aos quais se deve dar atenção, porém nenhum deles continha a verdadeira causa. Pense na preocupação, no tempo, na angústia e, por fim, na frustração após tentar resolver esse problema específico considerando apenas essas opções. Mesmo que ela consiga fazer uma análise rápida e descartar muitas das possibilidades, isso ainda leva tempo, esforço e preocupação e, no final, não revelará uma causa inesperada, como o luto.

A alternância vem da compreensão de que estamos programados para solucionar problemas, mas que precisamos de espaço para considerar quais problemas solucionar antes de agir. A expansão dos sentidos nos proporciona esse espaço, e a atualização perceptiva nos permite descobrir causas inesperadas. Podemos sentir que precisamos tomar uma atitude ativa diante de um sentimento inesperado, mas a primeira inferência ativa pode ser expandir os sentidos em vez de explicar e corrigir. Associar sentimentos a marcadores sensoriais em vez de conceituais nos permite detectar padrões em nossa experiência e não tentar impor uma narrativa habitual.

O nome "cinza" para a sensação de Kristina lhe proporcionou um modo de permanecer no nível da sensação quando o sentimento apareceu novamente. Isso permitiu que ela explorasse outras características sensoriais de sua experiência quando o "cinza" estava presente, em vez de repetir uma narrativa direta tirada de sites sobre saúde. Ao voltar toda sua atenção ao nível da sensação, ela conseguiu perceber um contexto inesperado relacionado ao seu sentimento (o parque para cães). Quando Kristina voltou a pensar em "cinza", ela já tinha várias opções de interpretação. Além disso, essas opções não eram todas iguais. Algumas estavam relacionadas ao que se esperaria que fosse de fora para dentro, ou seja, opiniões médicas, mas a possibilidade de ela estar sofrendo por um animal de estimação só foi descoberta quando ela olhou para dentro de si. Identificar um sentimento familiar e, ao mesmo tempo, manter-se envolvida com a sensação lhe permitiu descobrir o contexto por trás da sensação.

No fim das contas, Kristina ainda podia interpretar o "cinza" como quisesse. Mas sugerimos que existe uma escolha importante a ser feita ao conduzir nossa vida: você quer prestar mais atenção a um mapa ou à estrada em que está dirigindo? Um mapa é algo criado por especialistas para descrever o que geralmente acontece entre os pontos A e B, mas nenhum mapa vai informá-lo sobre buracos na estrada, desvios ou riscos inesperados. Manter os olhos na estrada é tão importante quanto ter um destino em mente. Não há mágica ou cálculo secreto para escolher sabiamente entre as opções. A sabedoria está em criar as condições para que você não siga o mapa de expectativas às cegas, sem ficar de olho na estrada à sua frente.

Há muitos anos, estivemos em Amsterdã em uma conferência, onde apresentamos os resultados de nossa pesquisa sobre a expansão dos sentidos e a vulnerabilidade à depressão. Tivemos a chance de conversar com Ajahn Amaro, o abade do Mosteiro Budista Amaravati, sobre a relação entre a prática da meditação e seus benefícios. Ele fez uma analogia com base em sua ampla experiência como professor de meditação: "A meditação é como a manutenção de seu carro", ele disse. "Mas de que adianta fazer a manutenção completa do carro se você estiver dirigindo na contramão?"

O que Ajahn Amaro estava nos dizendo era que ter o conhecimento certo sobre quando usar uma prática de meditação é mais importante do que a adesão rigorosa a uma prática em particular. Uma meditação que promove a tranquilidade pode ser maravilhosa em momentos em que é preciso suportar um fator de estresse inevitável, mas rouba da pessoa a energia para agir quando é necessário fazer uma rápida intervenção. Quando você vê uma criança correndo em direção a uma rua movimentada, não é o momento adequado para praticar a serenidade, embora esta possa ser a prática mais assertiva na maioria das vezes. O importante é ter tempo para investigar qual é o verdadeiro problema antes de tentar solucioná-lo. De maneira um tanto irônica, precisamos primeiro passar da inferência ativa para a inferência perceptiva antes de agirmos com eficácia.

Exercício: Não Chore sobre o Cabernet Derramado

A RMP pode facilmente mapear uma solução para o evento inesperado em vez de nos permitir explorar a situação antes de escolher que estratégia adotar. Isso é válido principalmente quando as situações afetam nossa reputação ou autoestima. O mapa padrão geralmente concentra a atenção na proteção do ego, com reflexões e preocupações sobre como somos vistos pelos outros, o que leva a tentativas de controlar a percepção em vez de lidar com o transtorno em si. Para perceber o efeito, pare um momento e tente se colocar na seguinte situação:

Você está ansioso por esta noite há algumas semanas — vocês irão comemorar a promoção de Jennifer, a gerente regional, em seu bar favorito. Muitos amigos e colegas de trabalho estarão presentes e terá jogos de dardos para completar a festa. Na mesa, todos parecem estar conversando, os garçons estão trazendo pratos de aperitivos e as pessoas continuam parando para parabenizar a convidada de honra. Você está sentado na frente dela e, em meio a toda essa agitação, estica a mão para pegar um copo de água e, sem querer, encosta em uma taça de vinho ao lado do copo. Você observa, em câmera lenta, o líquido vermelho se derramar sobre a mesa. Você tenta alertar Jennifer sobre o mar vermelho de Cabernet indo na direção dela, mas ela não reage rápido o suficiente para evitar que algumas gotas caiam em seu vestido.

Ao perceber o que você causou:

- Pense nas consequências que isso tem para você e em como você se vê.
- Pense em como você se sente culpado.
- Pense se você é mais desastrado do que imaginava.
- Pense se você alguma vez arruinou a noite de todos.

A que lugar esses *pensamentos* o levam? Talvez você passe a maior parte da noite relembrando as pessoas sobre o ocorrido e fazendo comentários autocríticos, na esperança de que alguém tenha empatia. Ao se deitar na cama naquela noite, você ainda está repassando o cenário em sua mente com certo pesar. Além disso, você fica apreensivo na próxima vez que é convidado para um jantar, porque nunca se perdoou pelo que aconteceu.

Na resposta anterior, você seguiu o caminho conhecido, no qual o julgamento e a autocrítica o mantêm focado na solução de uma crise de idoneidade, mas será que esse é realmente o problema certo a ser resolvido? Você tem outra opção. Pare por um momento e se coloque na mesma situação novamente. Você está no mesmo restaurante com Jennifer, os colegas de trabalho e outros amigos. Sua mão esbarra na taça de vinho e ela vira, derramando o líquido e manchando o vestido de Jennifer. Dessa vez, porém, em vez de se concentrar em si mesmo, sua atenção se volta para o evento, permitindo que você envolva todos os sentidos, o que lhe permite nomear a experiência de maneira totalmente diferente.

Após derramar o vinho na mesa, você *altera para* a sensação e nomeia sua experiência:

- Você derramou algo.
- Você sente as bochechas coradas e o sangue subindo para o rosto.
- Você percebe que todos estão olhando para você.
- Você se autointitula como "envergonhado".
- Você explora as opções em vez de tentar reduzir seu constrangimento.
- Você olha ao redor e observa o que está acontecendo.
- Você percebe que o vinho ainda está se espalhando pela mesa.
- Você percebe que as pessoas ao seu redor não estão bravas, só foram surpreendidas e estão até se divertindo um pouco.

- Você *alterna* entre pedir desculpas e limpar o vinho que ainda está se espalhando.
- Você *decide* ajudar a limpar o vinho da mesa e fazer uma piada sobre a situação.
- Você faz contato visual com Jennifer, sorri pedindo desculpas e pede a ela que lhe envie a conta da lavagem a seco do vestido.
- Depois que a mesa está limpa, você percebe que não é necessário pedir mais desculpas.

Ao alternar para a expansão dos sentidos diante do inesperado, você consegue fazer duas coisas. A primeira é a inferência perceptiva, que o liberta do hábito de considerar tudo um reflexo de você, seguindo o roteiro para proteger o ego: pedir desculpas várias vezes e fazer da situação o foco da noite. Hoje, os jovens têm um nome para essa tendência — "síndrome do personagem principal" — e esse hábito não é nada agradável. Ao se livrar da obsessão consigo mesmo, você observa que as outras pessoas não estão se importando muito com o fato de você ter derrubado algo e que o principal problema é impedir que o líquido continue se espalhando. Essa percepção o permite voltar para a inferência ativa. Você pode ajudar os outros em vez de se voltar para dentro de si mesmo e, em vez de se preocupar com o fato de que esse evento pode fazer com que você fique mal visto, agora você pode se concentrar em fazer com que a noite volte aos trilhos. Ao alternar entre a sua consciência sensorial do que realmente está acontecendo — também conhecida como "ler o ambiente" — você encontra uma maneira emocionalmente sintonizada de lidar com a situação de derrubar a taça e, também, uma maneira emocionalmente inteligente de se soltar e aproveitar a noite.

REPITA CONFORME NECESSÁRIO

Pode ser fácil olhar para a busca de sentidos e escolher um elemento de que você goste, adotando-o sem enxergar o processo como um todo. Porém, conforme ilustrado anteriormente, essa busca faz parte de um ciclo maior de equilíbrio entre a exploração e a confiança no conhecimento já existente. *Alternar* é buscar esse equilíbrio em vez de escapar para a expansão dos sentidos. Nem todo conhecimento existente é problemático e precisa ser atualizado. Às vezes, nossos mapeamentos padrão podem ser perfeitamente adequados, enquanto, em outras, eles nos desviam do caminho. Estar sempre alternando entre a percepção e a construção de significado permite que você tenha mais controle sobre novas maneiras de enxergar o mundo, mesmo que isso leve algum tempo.

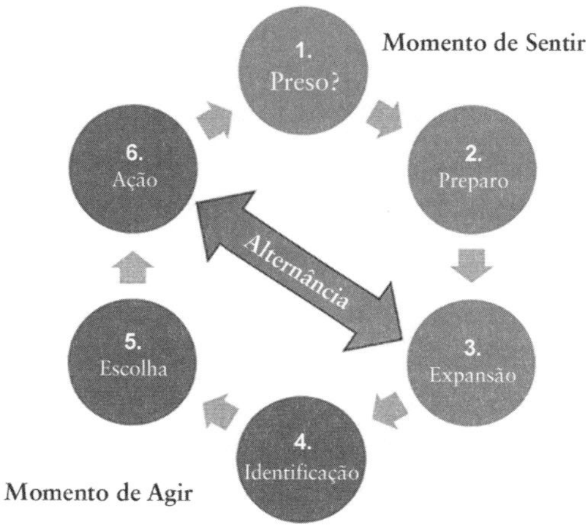

Desde a época de Freud, a psicoterapia promove a concepção bastante familiar de discernimento, um momento de grande clareza e compreensão emocional. E concordamos que o discernimento é um produto importante da expansão dos sentidos, conforme discutido no Capítulo 4. Mas qualquer pessoa que tenha trabalhado na área da saúde mental lhe dirá que o momento mágico do discernimento não dura muito. O que dura é o processo muito mais tedioso e definitivamente nada glamouroso de trabalhar com a experiência pessoal. Ou seja, continuar a refletir sobre o significado da experiência muito depois que o brilho do discernimento momentâneo tiver se dissipado. Se a expansão dos sentidos, a alternância e a atualização de modelos mentais são etapas que fazem parte de um ciclo de retroalimentação, é importante considerar em que ponto desse ciclo você está. É momento de sentir ou de agir?

A escolha binária que está no centro de cada momento de choque ou desconforto é algo familiar para milhões de pessoas. Talvez ela seja expressa de maneira mais clara por meio da Oração da Serenidade, escrita pelo teólogo norte-americano Reinhold Niebuhr, que é um elemento básico dos programas de reabilitação em 12 passos:

> *Deus, conceda-nos a serenidade para aceitar as coisas que não podemos mudar, a coragem para mudar as coisas que podemos e a sabedoria para saber a diferença.*

A serenidade vem do fato de encontrarmos uma maneira de maximizar tanto o poder de ação quanto a presença em determinado momento. Poder de ação: mudar as coisas que podemos mudar. Presença: aceitar o estado das coisas do mundo quando não podemos mudá-las. E sabedoria: o insight, a intuição ou a experiência de vida para perceber que essas são sempre as duas opções que temos diante de uma situação desagradável e que é melhor escolhermos com sabedoria ou continuaremos a sofrer com a incompatibilidade. Essa é a essência do que queremos dizer com a alternância.

É claro que, para adquirir a parcela da sabedoria, é mais fácil falar do que fazer. E é interessante considerar se fomos mesmo educados para levar as duas opções a sério. Algumas pessoas foram ensinadas a considerar que o nome do jogo é poder de ação e que, se você quer ter uma vida bem-sucedida, precisa enfrentar os problemas e acabar com eles. A partir dessa perspectiva, qualquer passividade é sinal de fraqueza — as pessoas que seguem a escola de pensamento "poder ou fracasso" são exemplificados por Eric Cartman, de *South Park*, que tem a famosa opinião: "Tanto faz, eu faço o que eu quero!" Ou talvez tenhamos sido doutrinados a pensar que devemos ser passivos ao longo da vida, como algumas sociedades mais tradicionais insistem — especialmente para as mulheres — e que a aceitação é uma virtude mesmo quando estamos sendo reprimidos ou feridos. O extremo oposto de Cartman, Linus, o amigo de Charlie Brown que carrega um cobertor, tolera passivamente o escárnio de sua irmã mais velha dominadora, Lucy, afirmando que "aprender a ignorar as coisas é um dos grandes meios para encontrar a paz interior".

A Oração da Serenidade é um lembrete de que, em vez de se deixar levar por qualquer um desses extremos, sempre temos uma escolha quando nossas expectativas não estão alinhadas com nossa experiência. A motivação vem do modo como o cérebro funciona, mas precisamos de sabedoria para entender o que fazer com ela. O extraordinário dessa oração é a maneira como ela reconhece que é a desconexão entre a expectativa e a sensação que causa desconforto e, como tal, pode ser resolvido ao lidar com qualquer um dos lados desse dilema. Preciso mudar uma das duas coisas: minhas expectativas ou minha realidade. Mas qual delas devo escolher?

É importante ressaltar que cada modo de inferência tem seu lado sombrio, que pode facilmente alimentar seu próprio tipo de ressentimento. A inferência ativa leva a uma noção de poder quando atinge seu objetivo; entretanto, o fracasso em uma empreitada pode nos fazer sentir ainda mais impotentes. Às vezes, entramos no que os psicólogos chamam de *impotência aprendida*, uma porta de entrada para a depressão. A inferência perceptiva é a coragem de aceitar *o que existe*, e não *o que desejamos*, mas abrir mão de nossos desejos mais arraigados pode estreitar nosso senso de identidade, levando a mais desconexão e isolamento. Podemos acabar nos ressentindo por não nos encaixarmos mais em um mundo no qual antes tínhamos um cantinho.

Portanto, dentro desse paradigma, o que é sabedoria para cada um? Essa pergunta está no cerne do autoconhecimento, do propósito e do significado da vida. É bem possível que o sentimento de ser "você" seja pouco mais do que sua história de reconciliação entre a inferência ativa e a perceptiva à medida que você aprende a se orientar no mundo, mudando o que é possível mudar e se adaptando ao que não é.

EXPANSÃO DOS SENTIDOS NO TRABALHO

Citando novamente o caso de nossa amiga Shanice, percebemos que, após decidir sair da PetSmart, ela seguiu o manual do jovem empreendedor e tudo pareceu se encaixar perfeitamente. Mas talvez tenha faltado um capítulo nesse manual sobre como a intensa loucura necessária para abrir um novo negócio pode não ser a mais adequada para o gerenciamento em um longo período de tempo. Se Shanice tivesse sido capaz de se relacionar de maneira diferente com as autocríticas sobre não conseguir manter o ritmo, talvez não tivesse se permitido chegar a um estado de exaustão.

Felizmente, sua crise de choro na escada a tornou mais receptiva ao feedback de alguns colegas de trabalho, e ela decidiu parar para analisar melhor a situação. Ela percebeu que os sentimentos de desesperança e esgotamento eram uma novidade em sua vida. Nos primeiros dias em que abriu sua startup, mesmo quando ela estava cansada por trabalhar horas a fio, havia uma sensação de satisfação após um dia inteiro de trabalho duro de dedicação. Mas esse sentimento bom havia dado lugar a uma sensação de pavor e fatalismo diante de um compromisso que parecia impossível. Sua esperança se transformou em angústia e ansiedade.

Shanice reconheceu que estava presa a um comportamento de aproveitar o conhecimento que já tinha, sem explorar outras possibilidades de como atingir seus objetivos. Acionada por uma sensação de ameaça, sua RMP alimentava novas tentativas de solucionar os problemas da velha maneira. Ao mesmo tempo, o estresse estava bloqueando sua criatividade para encontrar outras alternativas.

A mãe de Shanice e sua melhor amiga haviam dado dicas sobre a importância de dedicar um tempo para realizar atividades reparadoras e relaxantes, mas ela considerava isso uma futilidade. Quem poderia se dar ao luxo de passar metade de um dia em um spa, sentar-se à beira de um lago ou fazer uma caminhada nas montanhas? O tempo era curto e havia muito a ser feito.

Embora estivesse um pouco irritada, Shanice sabia que o conselho delas tinha fundamento. Ela precisava admitir que grande parte do que estavam falando era verdade — a perda de peso, a exaustão, a maneira como ela estava sempre se questionando. Na verdade, esses problemas se tornaram tão frequentes para Shanice que ela já tinha até um nome para eles: cansaço. Ela reconhecia que o cansaço estava lhe fazendo mal toda vez que sentia dificuldade em manter os olhos abertos à tarde ou quando não conseguia se levantar da cadeira na cafeteria e ficava apenas olhando pela janela, pensando no que tinha que fazer em seguida. “Ando muito cansada e isso não vai acabar tão cedo”, pensava consigo mesma.

Deixando-se influenciar pelos conselhos da mãe, Shanice decidiu apimentar um pouco as coisas e entrou em contato com Marsha, uma velha amiga dos tempos da faculdade de administração, para convidá-la para assistir a um filme no cinema. Marsha ficou muito feliz com o convite, e elas fizeram planos para a noite da sexta-feira seguinte. Shanice chegou ao cinema e ficou esperando por Marsha, que não apareceu. Após tentar ligar para ela algumas vezes, Shanice decidiu entrar no cinema mesmo assim, pois o filme já ia começar. Marsha poderia lhe enviar uma mensagem de texto quando chegasse. No início, sentar-se no escuro e assistir ao filme ajudou Shanice a esquecer suas preocupações por um tempo; mas logo ela se pegou pensando: “Eu não deveria fazer isso sozinha; deveria estar em companhia de alguém”. E lá estava ela outra vez — sentido o cansaço, o corpo relaxado na poltrona e as mãos inquietas. Mas ela sentia algo diferente. Shanice havia feito uma conexão entre o cansaço e o fato de estar sozinha e sem amparo. Pela primeira vez, fazia sentido tomar uma atitude sobre encontrar alguém em quem pudesse confiar e com quem pudesse compartilhar suas dificuldades, a fim de aliviar esse sentimento desagradável e indesejado.

Naquela noite, após voltar do cinema, Shanice tomou a decisão de contratar um gerente de operações. Seu pensamento autoritário de que ela mesma tinha de suportar o fardo simplesmente desapareceu e, de repente, ela estava disposta a deixar que outra pessoa tomasse as decisões diárias sobre embalagem, remessa, controle de estoque e contabilidade. Ela se concentraria nas vendas e no crescimento da empresa — o que ela fazia de melhor.

Embora tenha sido estressante fazer a contratação e o treinamento de um gerente, o esforço acabou sendo um grande sucesso. Sentindo-se muito menos cansada e mais parecida com seu antigo eu otimista, Shanice ainda podia explorar sua incrível capacidade de trabalhar duro quando necessário, mas, fora isso, ela havia ganhado tempo e espaço para explorar a beleza do mundo ao seu redor. Alternar entre sua personalidade empresarial e sua prática de expansão dos sentidos cada vez mais forte lhe permitiu manter-se conectada a uma noção mais ampla de si mesma, não como um hamster correndo em uma roda, mas como uma cidadã bastante envolvida no mundo sensorial.

PARENTALIDADE: ALGUMAS COISAS SÃO IMPORTANTES DEMAIS PARA NÃO SEREM ALTERADAS

Falamos sobre aceitar uma situação em vez de se esforçar para tentar mudá-la, mas a alternância não serve apenas para alcançar a aceitação. Às vezes, mesmo tendo alternado para a expansão dos sentidos, fica claro que nossa tendência a agir com base no conhecimento já existente ainda parece certa; foi nossa incerteza que nos impediu de nos entregarmos à solução por inteiro. Em outras, podemos ficar presos ao pensamento de que temos que aceitar algo quando a mudança é necessária — a outra parte da Oração da Serenidade. É mais provável que essas situações apareçam quando algo importante para nós está em jogo e temos mais a perder se não agirmos; por isso, precisamos nos arriscar e tentar mudar o mundo. Considere o seguinte exemplo.

"Sou um hipócrita?" Como coach executivo de negócios, Javier pregava os benefícios da autorreflexão para ter uma vida boa. Na semana anterior, ele havia enfatizado para um cliente como a consciência estabelece uma barreira entre o estímulo e a resposta. Tudo o que precisamos é prestar atenção e aceitar o que está diante de nossos olhos.

No entanto, lá estava ele outra vez: com as veias do pescoço saltando, a irritação em sua voz ao gritar com as crianças. Elas não estavam calçando os sapatos e iam se atrasar para a escola. Não importava se eles começavam a se arrumar cedo; ainda assim a demora era tanta que Javier acabava perdendo a paciência. Isso fazia com que as manhãs fossem estressantes para todos.

"Excelente trabalho, especialista em resolução de problemas. A inferência perceptiva não deveria resolver o problema? Afinal, você fala dela para todos os seus clientes." Javier disse a si mesmo que deveria simplesmente *aceitar* o atraso. A capacidade de seus filhos de se organizarem era algo difícil de explicar, porque certamente fugia de seu controle.

Javier resolveu experimentar uma nova abordagem. Durante semanas, ele definiu suas obrigações matinais no banheiro, usando os azulejos frios contra seus pés como lembrete. Ele prometeu observar a maneira como ele agia para fazer com que os filhos saíssem de casa todas as manhãs. Ele permitiria que a inferência perceptiva acontecesse.

No entanto, na maioria das manhãs, ele ficava desesperado e frustrado, preso entre a possibilidade de ser um pai inútil e ser autoritário.

Então, um dia, Javier *entendeu*: ele atualizou seu modelo, mas não da maneira que esperava. Talvez seja esse o ponto. Javier percebeu que não *queria* aceitar que os filhos se atrasassem para a escola. Ao mesmo tempo, ele entendeu que ficar frustrado e com raiva era sua maneira de lidar com o atraso e que isso não estava funcionando para ele. Ele se preparou para a mudança — não aceitando o atraso, mas aceitando que o modo como ele lidava com o problema não estava funcionando. Ele estava preso a um padrão.

Então Javier alternou. Para ele estava claro que havia um problema; era hora de agir.

Ele começou a ter ideias diferentes todas as manhãs para fazer com que os filhos saíssem de casa — o único critério era que fossem *divertidas*. Por exemplo, uma manhã, ele entrou na cozinha, avisando as crianças que havia diversos castores famintos (estamos no Canadá, hein?) em frente à casa deles e que eles teriam que sair correndo pela porta dos fundos para se salvar. Em outra ocasião, ele se transformou em uma fera temível, vasculhando os corredores em busca de crianças sem sapatos e fazendo cócegas nelas.

Deu trabalho, mas funcionou. Aos poucos, sair de casa passou a ser mais uma oportunidade de improvisar e brincar ao invés de um motivo para briga.

Exercício: Compromisso com a Mudança

Se você praticar a expansão dos sentidos, acabará percebendo duas coisas. Primeiro, você se conscientizará do fato de estar preso a padrões que atrapalham sua vida. Depois, decidirá que quer mudar pelo menos um deles. Por exemplo, você pode estar insatisfeito com seu peso, mas, por bem ou por mal, sempre acaba comendo uma sobremesa após o jantar. Você pode querer ser menos crítico, mas não resiste a uma fofoca sobre os colegas de trabalho. Você pode lamentar ter um estilo de vida sedentário, mas continua assistindo à televisão todas as noites. Em cada caso, você pode perceber um exemplo de autocuidado que precisa ser atualizado, mesmo que não tenha certeza de como fazer isso.

Chega um momento em que a sensação e a identificação do que é familiar podem ser respondidas com um sim ou um não. Esse é o momento de alternar entre a sensação e a apreciação. Você concorda em continuar com esse padrão?

Se a resposta for sim, você pode abandonar o padrão e voltar a buscar novas sensações e possíveis padrões. Mas se a resposta for não, sua busca precisa tomar um rumo diferente — agora você está buscando um modelo melhor, não só uma compreensão dos modelos existentes.

O exercício a seguir é para quando você identificar um padrão e perceber que é necessário mudá-lo. Escreva as respostas às seguintes solicitações nas linhas em branco (ou, se preferir, em um caderno):

Meu padrão habitual e indesejado é:

____

____

O que eu tentei e *não* funcionou:

____

____

O que eu ainda não tentei que *pode* funcionar:

____

____

Escolha uma das estratégias não testadas e comprometa-se a explorá--la até que ela ajude a resolver seu problema ou não; se não ajudar, você pode adicioná-la à lista de "não funcionou". Se a mudança for importante para você, volte para a lista de estratégias e tente a próxima. Em algum momento, você encontrará a que funciona melhor para seu caso. Canalize seu Javier interior! Quando tiver clareza sobre o que está procurando, você só precisa ter coragem para continuar tentando até encontrar.

10

UM FUTURO SENSATO

> No futuro, os médicos não só administrarão medicamentos a seus pacientes, mas provocarão o interesse deles pelos cuidados com a estrutura de seu corpo, pela alimentação e pela causa e prevenção de doenças.
>
> —Thomas A. Edison

DE PACIENTES A PARCEIROS

A pandemia da Covid foi como um galho de árvore atingindo o telhado da Casa do Hábito. À medida que a ausência de critério sobre as práticas do ambiente de trabalho foi revelada, bilhões de RMPs desencadearam um tsunami global de erros de previsão, e o trabalho da maneira como o conhecíamos simplesmente deixou de fazer sentido. Com o relaxamento das restrições da pandemia, os empregadores enfrentaram uma mudança sem precedentes nas expectativas dos funcionários. Depois de experimentar uma mudança no status quo, muitos resistiram ao apelo para voltar aos modelos tradicionais de trabalho após enfrentar os desafios de aprender a trabalhar de casa.

A inferência perceptiva de que a vida *poderia* ser diferente fortaleceu a inferência ativa de que *deveria* ser diferente por meio da Grande Demissão. Pela primeira vez em muito tempo, havia muito mais vagas de emprego disponíveis do que candidatos para preenchê-las, o que levou a um cenário de contratação extremamente competitivo. As empresas com mais tempo de mercado perceberam que o modelo de trabalho havia mudado e reagiram, introduzindo iniciativas pouco tradicionais. Enquanto os planos de saúde corporativos costumavam reembolsar as despesas médicas dos funcionários, como óculos novos e cirurgia nos joelhos, empresas como Zappos, Google e Intuit passaram a custear aulas de música, mensalidades em uma academia ou cursos de culinária para os funcionários.[1] Oferecer esses benefícios pode dizer muito sobre a cultura de uma empresa, mas também levanta a seguinte questão: Por que os planos de saúde, que geralmente têm uma equipe bastante cautelosa e conservadora com relação a suas finanças, custeariam atividades eletivas e recreativas?

Parte da resposta está no palpite de Thomas Edison no início deste capítulo. A pandemia parece ter desencadeado um aumento nas expectativas de autocuidado e gerenciamento de riscos. Os especialistas em avaliação de riscos perceberam que é mais barato promover a saúde dos funcionários, oferecendo às pessoas *pontos de acesso* para que consigam resolver seus problemas definitivamente, o que leva a uma redução dos custos médicos no futuro e a um resultado final mais saudável tanto para os funcionários quanto para a empresa. Essa mudança não se deve somente à pandemia da Covid-19; ela vem sendo construída há décadas. A responsabilidade individual pela manutenção da saúde se disseminou na linguagem médica, e os profissionais de saúde deixaram de se referir a seus assistidos como "pacientes", literalmente esperando que um médico os cure de seu sofrimento, para se referir a eles como "clientes", parceiros no empreendimento do autocuidado.

Orientar as pessoas no cuidado com o próprio corpo é uma oportunidade de promover a saúde em vez de apenas tratar doenças. Uma nova onda tecnológica de biohacking, como smartwatches e anéis inteligentes que monitoram a frequência cardíaca e os padrões de atividades físicas, permite identificar marcadores de risco para a saúde antes que se transformem em problemas clínicos. Mas nem sempre foi assim. Historicamente, o setor de saúde tem atuado como um sistema intervencionista, no qual o médico trata problemas graves de saúde, mas evita promovê-la entre as pessoas saudáveis. Há um século, uma piada bastante comum que se fazia com o intuito de menosprezar os médicos que praticavam a medicina preventiva era: "Como alguém poderia ganhar dinheiro cuidando de pessoas saudáveis?"

Supor que as pessoas, de modo geral, são saudáveis demais para se beneficiarem da medicina acabou não tendo fundamento. Após a Segunda Guerra Mundial, foram realizadas diversas pesquisas indicando que as pessoas — pelo menos os norte-americanos — não eram tão saudáveis assim. Com o surgimento de testes padronizados de condicionamento físico no ensino médio (tocar os dedos dos pés, fazer abdominais e levantar as pernas), uma disparidade chocante se revelou entre a média dos jovens norte-americanos e seus pares europeus. Um número impressionante de 56% dos alunos norte-americanos que estavam no ensino médio foram reprovados no teste, enquanto apenas 8% dos jovens europeus foram reprovados.[2]

O movimento relacionado ao condicionamento físico nas décadas de 1970 e 1980 mudou esse cenário. Liderado por inovadores como Ken Cooper, o mundo ocidental passou por uma mudança radical de poder de ação individual e prevenção de doenças, que depois foi expandida para o mundo todo. Ken foi o primeiro a incentivar as pessoas a se exercitar. Ele elaborou um conjunto de exercícios que ficaram conhecidos como "aeróbicos" — o que hoje chamamos de exercícios cardiovasculares. Segundo ele, as avaliações e os programas de exercícios realizados sob uma esteira ajudavam a prevenir ataques cardíacos. Embora atualmente essa abordagem faça parte da rotina na área de cardiologia, em meados dos anos 1960, ela era vista como perigosa e equivocada, aumentando o estresse do corpo de pessoas que já estavam perto de seu limite. Na verdade, Cooper chegou a ser convocado a se apresentar ao comitê médico disciplinar de seu estado devido a queixas sobre ele estar colocando a vida de pacientes com doenças cardíacas em risco ao fazê-los correr em esteiras.

Ao longo do tempo, porém, pesquisas clínicas corroboraram as afirmações de Cooper — de que é melhor impedir que algo ruim aconteça do que lidar com o problema depois que ele aparecer —, deixando claro que não se deve esperar ter dores no peito antes de considerar mudar seus hábitos alimentares e ter uma rotina de exercícios.[3] A mensagem que Cooper queria passar era que o *condicionamento físico poderia e deveria ser melhorado por meio de um treinamento*. O desafio que poderia ser explicado por nosso percurso neuroanatômico era o seguinte: uma comunidade inteira de RMPs tinha um modelo um pouco "mecânico" de saúde.

Com exceção das revisões programadas, você espera o carro estragar para levá-lo à oficina, porque verificar o motor é uma tarefa para profissionais ou entusiastas. Cooper queria atualizar esses modelos para ajudar as pessoas a enxergar sua saúde por meio de uma metáfora de jardinagem: plantas saudáveis exigem comprometimento e trabalho ao longo da vida, sendo que cada jardineiro é responsável por seu gramado e canteiro de flores. Mas, para atualizar milhões de modelos, para que as pessoas entendessem que é possível ter uma boa saúde ou até ser mais saudável, eram necessários *pontos de acesso* para expandir os sentidos no ambiente de condicionamento físico em desenvolvimento.

A atividade física preferida de Cooper era a corrida, que se tornou uma grande tendência nos anos 1970. Também houve um grande aumento na procura por aulas de tênis, ioga, musculação e aeróbica, juntamente com um mercado independente de livros de autoajuda e aulas televisionadas. O boom das atividades físicas passou a responsabilidade para o indivíduo e disponibilizou os meios para melhorar a saúde. Ao oferecer diversos pontos de acesso e um mercado disposto a vendê-los — os vídeos com os planos de ginástica de Jane Fonda ou os programas de televisão de Richard Simmons —, o treinamento físico foi ampliado para alcançar as massas. À medida que as pessoas buscavam e se sentiam capazes de se exercitar, houve uma revolução paralela em outros comportamentos de saúde, desde parar de fumar até substituir os martinis por smoothies de grãos de trigo. A combinação de pontos de acesso e modelos de comportamento fomentou a ideia de que ter um estilo de vida saudável era possível, além de ser bom para o corpo. Décadas depois, muitas pessoas internalizaram a noção de que somos responsáveis por nossa saúde física. Por meio de uma combinação de programas de nutrição, educação física e educação sexual, somos instruídos a aprender a agir como jardineiros, em vez de motoristas infelizes.

Atualmente, a saúde mental está à beira de uma transformação semelhante. Cada vez mais pessoas parecem estar perdendo a fé de que a medicina convencional é capaz de curar a depressão ou a ansiedade e buscam por opções melhores. À medida que inúmeras RMPs geram erros de previsão entre a expectativa de felicidade e a realidade do sofrimento, parece que estamos no precipício de uma nova *tecnologia do eu* — um termo popularizado pelo filósofo francês Michel Foucault.[4]

Foucault defendeu o uso de "tecnologias" simples, como o diário, que permite ao indivíduo investigar seus hábitos mentais. A premissa é simples: julgar o eu do passado não é tão ameaçador quanto julgar o eu do presente. Quem nunca disse algumas palavras para seu eu do passado sobre o consumo excessivo e a procrastinação? Ao ler o que escreveu há uma semana no diário, você tem um vislumbre do seu "eu passado", e o "eu presente" pode facilmente vasculhar as reflexões dessa figura antiga sem se ofender muito. Ou seja, revisitar seu diário promove a *descentralização*, um dos principais mecanismos da expansão dos sentidos. Essa prática, por sua vez, pode gerar percepções que motivam a reflexão e a mudança, proporcionando maior autonomia e presença para construir a vida que você deseja.

Isso parece ser uma coisa boa, certo? Entretanto, já se passaram décadas desde a sugestão de Foucault. Se os diários, por si só, fossem capazes de transformar a saúde mental das pessoas, já deveríamos ter visto os frutos de seu trabalho. O desejo de mudança existe; o que ainda estamos esquecendo?

FALHAS IMPORTANTES

Foucault não é o único a opinar sobre as rotinas de bem-estar que não deram certo. Por exemplo, há paralelos impressionantes entre o boom das atividades físicas e a recente popularidade da meditação de atenção plena. Ambos os movimentos atraíram a imaginação do público, foram amplamente promovidos, exigiram que as pessoas abandonassem a rotina diária e prometeram benefícios reais de saúde sem envolver medicamentos. De fato, as evidências que sustentavam os benefícios da meditação de atenção plena eram tão convincentes e sua necessidade era tão forte que o governo britânico financiou um grande experimento para implementá-la nas escolas. Ela foi apresentada como um programa de ensino universal de habilidades sociais e emocionais para jovens no intuito de proteger sua saúde mental.[5] Os pesquisadores trabalharam com as redes de ensino municipais e conseguiram incorporar dez aulas de quarenta minutos em seu currículo. O projeto My Resilience in Adolescence (MYRIAD) levou oito anos para ser concluído e envolveu cem pesquisadores que trabalharam com 28 mil adolescentes e 650 professores em 85 escolas do Reino Unido.

Após todo esse esforço e inovação, os alunos que receberam o treinamento de atenção plena na escola não se saíram melhor do que aqueles que não o receberam. Alguns deles, inclusive, apresentaram uma piora nos resultados de saúde mental. Perplexos, os pesquisadores se aprofundaram um pouco mais no estudo e descobriram que pouquíssimos alunos praticavam as habilidades que lhes eram ensinadas. Aqueles que praticaram obtiveram os benefícios esperados, mas eram uma pequena minoria.

Outros estudos em larga escala realizados em escolas mostraram resultados igualmente decepcionantes da TCC online, bem como da prática de "cutucar" com lembretes rápidos.[6] O problema é que cada uma dessas tentativas de promover a saúde mental buscou uma *única* coisa certa a se fazer, em vez de oferecer outros pontos de acesso. Os alunos do MYRIAD deixaram isso bem claro nas pesquisas. Eles apreciaram o fato de que alguém estava tão interessado na saúde mental deles a ponto de incluir o MYRIAD no currículo escolar, mas acharam a meditação forçada entediante e prefeririam ter tido mais tempo livre para fazer atividades das quais eles gostavam.[7]

Podemos comparar a falta de opções no programa MYRIAD para promover a saúde mental com o nível de condicionamento físico dos norte-americanos na década de 1950; é como se o governo exigisse que todos incluíssem "fazer flexões" em sua lista de afazeres diária. Nenhum outro programa, nenhuma campanha de relações públicas. Apenas flexões. Por sorte, os defensores do programa formaram o President's Citizens Advisory Committee on the Fitness of American Youth, que financiou uma enorme campanha de relações públicas.[8] E eles nunca foram inflexíveis quanto às práticas de exercícios físicos. Ao longo do tempo, houve uma conscientização de que o estilo de vida sedentário era um problema e que a prática de atividades físicas era a solução. Na década de 1980, havia academias, clubes, corridas de rua e equipes de ciclismo por toda parte. A defesa da cultura da prática de atividades físicas, e não de um único ponto de acesso, fez do movimento um sucesso.

Atualmente, se você acredita que estar preso a padrões inúteis é um problema e que alternar para a expansão dos sentidos pode ser uma solução, acreditamos na existência de um ponto de acesso que funcionará para você. Talvez você tenha que procurar um pouco, mas saberá quando encontrá-lo.

COMO É O SUCESSO?

> Você se torna aquilo a que dá atenção... Se você mesmo não escolher os pensamentos e as imagens a que se expõe, outra pessoa o fará... e os motivos dela podem não ser os melhores...
>
> — Epiteto

Após encontrar um ponto de acesso que funcione para você, que tipos de mudança você pode esperar? Isso depende, em grande parte, do tipo de mudança que você deseja.

Um estudo recente sobre o treinamento da atenção plena causou um grande impacto quando a grande imprensa o interpretou como se tivesse revelado que a *meditação torna as pessoas mais egoístas*. No entanto, por trás da manchete sensacionalista, havia uma história mais sutil. Após a meditação, os participantes tiveram a chance de fazer doações para uma campanha beneficente que estava arrecadando dinheiro para dar um lar à população em situação de rua. Mas, em vez de fazer com que todos ficassem mais dispostos a doar seu tempo, os efeitos da meditação dependeram das atitudes preexistentes das pessoas.[9] Os meditadores que se descreveram mais por meio de seu relacionamento com outras pessoas (sou filha, sou cuidador) doaram 17% mais do que um grupo de controle. Entretanto, os meditadores que se descreveram mais por meio de características pessoais (sou determinado, sou engenhoso) fizeram o oposto — doaram 15% *menos*.

Esse estudo abalou algumas RMPs, porque violou o clichê de que a meditação gera compaixão altruísta e prosocialidade de modo universal. No entanto, em sua defesa zelosa do movimento da atenção plena, os críticos do estudo cometeram um erro ao presumir que todos *queriam* obter o mesmo resultado do treinamento da atenção plena. Os dados eram claros: o "sucesso" da meditação significava expressar valores individuais, independentemente do que os professores e os teóricos esperavam.

Nós interpretamos isso como uma coisa boa. Capacitar a expansão individual dos sentidos não é a mesma coisa que aceitar o sistema de valores de outra pessoa. De acordo com a frase de Epiteto, a expansão *deveria* levar a uma série de resultados diferentes. Cada indivíduo tem as próprias prioridades e os próprios valores, e o sucesso é aprender a direcionar a atenção para essas coisas.

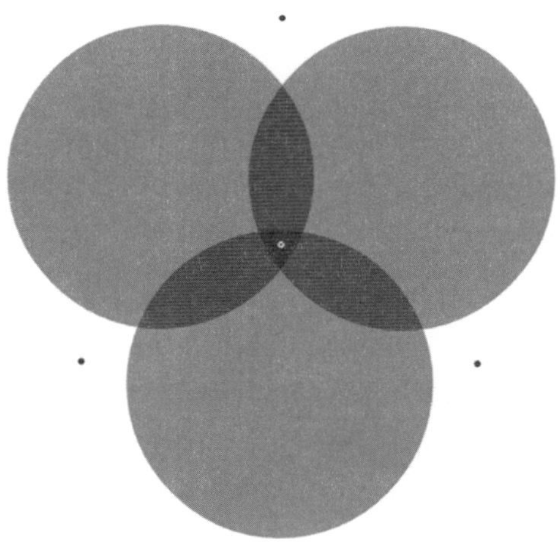

Somos programados para perceber as coisas que mais valorizamos. A rede de saliência do cérebro é excelente em separar o relevante do irrelevante, conforme ilustrado pela ilusão de ótica de Tse (nomeada em homenagem ao neurocientista cognitivo Peter Ulric Tse) a seguir.[10] Concentre-se no ponto branco bem no meio da imagem. Depois, sem tirar os olhos dele, tente focar sua atenção em um dos três grandes círculos cinza. Se acabar movendo os olhos, não se preocupe, basta focar novamente no ponto branco e, em seguida, tentar prestar atenção em um dos três grandes círculos cinza sem tirar os olhos do ponto branco.

O que acontece com o círculo que você está focando em comparação com os outros dois círculos? A maioria das pessoas percebe que o círculo ao qual estão prestando atenção escurece, enquanto os outros dois meio que desaparecem no plano de fundo. Não é preciso mover os olhos ou mudar a iluminação — basta escolher algo em que prestar atenção e colocá-lo em primeiro plano, enquanto a mente automaticamente coloca em segundo plano outras informações que podem atrapalhar. A ilusão de ótica de Tse demonstra como nossas expectativas podem se fortalecer. A RMP proporciona expectativas para a percepção à rede de saliência do cérebro, o que aumenta a percepção do que é familiar, o que, por sua vez, valida as expectativas e reforça a programação da RMP.

A implicação é que, sem um objetivo específico em mente, nosso modo padrão de atenção nos conduz mais profundamente às nossas maneiras mais familiares de percepção e resposta. René Redzepi é um cara que gosta de comida: quando ele saiu em sua busca na floresta, provavelmente não prestou tanta atenção ao canto dos pássaros ou às fezes dos animais quanto ao que poderia lhe servir de alimento. Da mesma forma, sua atenção dará destaque às coisas que você considera importantes, deixando outros recursos em segundo plano.

Ser bem-sucedido na expansão dos sentidos significa obter certo controle sobre esse processo, atualizando seu modelo sobre o que é importante ou não em determinado momento. Não é preciso realizar nenhuma grande ação: basta *escolher* o que quer expandir no campo de sua experiência. Cada vez que fizer isso, a rede de saliência colocará todas as sensações que corresponderem à sua escolha em primeiro plano; com o tempo, elas se tornarão familiares, e a RMP passará a priorizar sua escolha no processamento futuro, marcando o restante como irrelevante.

Mas espere. Isso não é parecido com ficar estagnado novamente? Depende. Se o que se tornou automático está alinhado com seus valores, a resposta é não. A sensação de estar preso a um modelo ocorre quando percebemos que nossos hábitos nos levam a consequências indesejadas ou a pontos cegos. Por outro lado, não nos arrependemos de conseguir nos equilibrar em cima de uma bicicleta ou de aprender a ignorar a demora no atendimento dos operadores de telemarketing. Somos totalmente dependentes do hábito para superar as complexidades da vida; isso sempre fará parte de nós — a parte que deseja um pouco de ordem e previsibilidade em um mundo caótico. O objetivo não é se livrar da RMP, mas perceber que a expansão dos sentidos lhe dá a opção de enfraquecê-la e reconfigurá-la quando houver algum problema, justamente pela sensação de estar estagnado. Quando tudo está funcionando bem, você não sente isso — você sente o *fluxo*.

Então, como alcançar o fluxo? A jornada começa pela descoberta do que você quer buscar. Sentir que está se desafiando e progredindo é um importante sinal de que está no caminho certo. Mas o princípio da alternância nos lembra de continuar nos perguntando: "Estou indo na direção certa? Desprendido de hábitos, estou traçando um curso em direção a uma vida que eu aprecio? Ou estou buscando algo para atender às prioridades de outra pessoa, talvez sem uma noção clara de propósito?"

SITUAÇÕES DIFERENTES EXIGEM METAS DIFERENTES

Ao escolher o que expandir, o ambiente importa. É difícil emitir um elogio sincero para uma criança que acabou de derrubar mingau de aveia no carpete, ou despertar a criatividade logo após uma dura avaliação de desempenho. Encontrar uma maneira de lidar com essas situações de forma realista e construtiva parece ser mais apropriado do que tentar reverter o quadro a qualquer custo. A expansão também não faz sentido quando o padrão de hábitos e tendências está funcionando bem — não queremos um mundo de ambiguidade quando vemos um veículo freando à nossa frente na rodovia; precisamos reduzir a velocidade do carro, e não filosofar sobre a experiência das surpreendentes luzes vermelhas à frente.

Por outro lado, *podemos* nos familiarizar com as situações que exigem a expansão dos sentidos em vez de explorar o conhecimento existente. Podemos nos sentir estagnados se temos o hábito de explodir de raiva quando a criança derruba o mingau de aveia; nos sentir perdidos após um feedback negativo; começar a evitar dirigir por medo de sofrer um acidente. Quando percebemos que nossa programação nos leva a resultados indesejáveis, surge a necessidade de expandir os sentidos. No entanto, explorar nossos sentidos sem definir intenções parece extremamente caótico; a expansão dos sentidos funciona melhor quando podemos tomar pelo menos algumas decisões simples ao iniciar o processo.

A mais fundamental dessas escolhas de expansão dos sentidos fica entre o alívio e o insight. A expansão dos sentidos é capaz de proporcionar *alívio* do estresse ao afastá-lo do hábito e proporcionar uma relativa liberdade das sensações — portanto, decidir usá-la dessa maneira é uma forma de *inferência ativa*, pois a usamos para alterar o estado de estresse e a excitação fisiológica em nosso corpo. A busca por alívio pode ajudar a regular nossa fisiologia sem atualizar nossos modelos conceituais, simplesmente ao interferir nos hábitos defensivos em curso da RMP. Isso pode não parecer ideal; se estivermos apenas escapando da Casa do Hábito e correndo em direção ao deserto, não estaremos nos preparando para lidar com os problemas do mundo real de maneira construtiva. O ideal seria buscar novos significados para escapar de nossos preconceitos sobre o mundo; nesse ponto, a expansão dos sentidos fortalece a inferência perceptiva — atualizando nossos modelos conceituais, o que pode causar desconforto ao abraçarmos o desconhecido.

As pesquisas mostram, no entanto, que as pessoas têm ideias muito diferentes sobre qual é a melhor opção. Por exemplo, analisamos como o termo "atenção plena" é usado pelo público em geral, por acadêmicos, médicos e estudantes.[11] Para acadêmicos e médicos, a atenção plena é, em princípio, uma forma de praticar a *inferência perceptiva*. A pessoa explora o mundo por meio da consciência, enquanto aceita o que é descoberto para provocar percepções que expandem o eu e sua visão de mundo. Mas a maioria das pessoas não está pensando em crescimento e desenvolvimento; elas só estão tentando viver um dia de cada vez. É por isso que, tanto para os estudantes quanto para o público em geral, a atenção plena é uma maneira de praticar a *inferência ativa* a fim de encontrar alívio, interrompendo hábitos mentais que provocam estresse, sem muita intenção de aprender algo novo.

Essa distinção se aplica a diversos ambientes, desde cassinos a salas de meditação. Em um estudo, os participantes que apostaram US$50 em um jogo de máquina caça-níqueis virtual podiam optar por escapar para a monotonia reconfortante do amortecimento em sua máquina atual ou buscar uma nova máquina que parecesse "no ponto" para obter um ganho. O que os pesquisadores observaram, porém, foi que o que determinava a preferência pelo amortecimento relaxante em comparação com a exploração expansiva tinha mais a ver com a circunstância do que com a máquina.[12] Deixados por conta própria, a maioria deles gostava de explorar máquinas diferentes, mas, quando eram sobrecarregados por uma tarefa de memória complexa, eles preferiam ficar onde estavam.

Você pode ser uma pessoa naturalmente curiosa, mas se, por exemplo, também for o responsável pelos cuidados de um pai idoso, vale a pena fazer um esforço para avaliar a carga cognitiva sob a qual você está trabalhando e, a partir daí, escolher com sabedoria. O que escolhemos para alternar é fortemente influenciado pela quantidade de espaço mental ocupado para responder às demandas cotidianas.

Então, é melhor buscar por alívio ou por um insight? A resposta simples é que ambas as abordagens são perfeitamente aceitáveis. O importante é ser claro sobre o que está buscando, sem se estressar por ter que "fazer tudo certo".

Exercício: Colocando-se no Mapa

Para ajudá-lo a ter uma noção melhor de seu escopo de expansão dos sentidos, a seguir temos um breve exercício para fazer um autodiagnóstico. Elaboramos um questionário no estilo *Cosmo* com base em uma avaliação de saúde mental consolidada.[13] Se quiser, faça o teste:

EM GERAL, VOCÊ:	SIM	NÃO
1. Acha que as exigências da vida cotidiana o deixam para baixo?		
2. Sente-se perdido?		
3. Sente-se desapontado com relação às suas conquistas?		
4. Acha difícil manter relacionamentos?		
5. Leva a vida um dia de cada vez sem se preocupar com o futuro?		
6. Considera-se uma pessoa generosa?		
7. Enxerga a vida como uma oportunidade de mudança e crescimento contínuos?		
8. Sente-se confiante para expressar seus pontos de vista e suas opiniões?		
9. Acredita que tem um bom senso de direção e propósito na vida?		
10. Gosta da maioria das características de sua personalidade?		
11. Considera-se um eterno aprendiz?		
12. Sente que pode fazer a diferença e contribuir para a comunidade?		

Marque 1 ponto para cada item que você assinalou "não" para as afirmações de 1 a 5 e 1 ponto para cada item que você assinalou "sim" para as afirmações de 6 a 12. Ao final, some seus pontos e tente se situar no padrão de satisfação com a própria vida. Se sua pontuação estiver na faixa de 0 a 4, você pode estar tendo dificuldade ou se isolando ao ter que lidar com muitos desafios em sua vida; se sua pontuação estiver na faixa de 5 a 8, você acredita que as coisas estão indo bem; e se sua pontuação estiver na faixa de 9 a 12, você está se aproximando do desempenho máximo.

Descobrir em quais dessas posições você está pode ser útil para descobrir o tamanho da carga mental que está carregando. Em uma situação de fardo grande, a pressão para explorar o conhecimento existente será intensa, e você provavelmente sentirá que confiar no hábito é tudo o que pode fazer para se equilibrar. Por exemplo, mesmo após um pequeno acidente de carro, há uma série de providências a serem tomadas, como encostar o carro, conversar com o outro motorista, tirar fotos das avarias, avaliar sua saúde física e mental e lidar com os planos que terão que ser alterados. Você pode sentir raiva, culpa e decepção e, provavelmente, até uma tendência a transformar a situação em uma catástrofe em virtude dos custos com o conserto do carro. Talvez não seja o melhor momento para se candidatar a um cargo político em sua cidade, com o objetivo de tornar as estradas mais seguras. A pressão para tomar uma atitude imediata e atender a todas as demandas é grande. Sob estresse, o papel da expansão dos sentidos é alterado — você ainda precisa buscar algo, mas o mais sensato é buscar um abrigo sensorial para a mente acelerada. Tire alguns minutos para prestar atenção ao seu corpo; perceba que você ainda não está em perigo iminente, tente se acalmar e recuperar os requisitos necessários para tomar alguma atitude.

Em algum momento, a expansão dos sentidos diante do estresse proporcionará alívio, porque, quando confrontadas com a energia bruta da sensação, as representações habituais de conflito ficam em segundo plano. Isso libera um pouco mais de espaço — o processo de descentralização de que falamos anteriormente —, o que o ajuda a passar do modo de resistência, na extrema esquerda do continuum, para o modo de curiosidade sobre a experiência, em algum lugar no meio. O insight pode surgir somente quando você sentir que tem a capacidade de ser curioso e investigar. À medida que a expansão dos sentidos proporciona uma abertura para novas experiências e reduz o estresse, os objetivos para essa busca podem mudar para algo maior — gratidão pelo que tem, alegria nas interações diárias, doação de tempo para melhorar a vida de outras pessoas etc. Na ausência de pressão para se proteger, você pode aspirar a se tornar uma pessoa melhor.

Ter ou não um insight é algo que está fora de seu controle; às vezes, nem mesmo o alívio está garantido — alguns dias são assim mesmo. Mas coloque-se no mapa; seja realista sobre como está se saindo e, no mínimo, escolha o alívio. Não se deixe derrotar esperando por inspiração quando o que você realmente precisa é de uma pausa.

Nossa pesquisa sobre a vulnerabilidade à depressão mostra que até mesmo a quebra do hábito de bloquear as sensações quando se está estressado leva tempo. Leva ainda mais tempo para abandonar outros hábitos. É como ter um músculo tensionado e dolorido devido ao uso excessivo. O primeiro passo é parar de trabalhar o músculo até a exaustão todos os dias. Depois, você pode experimentar fazer alongamentos e fisioterapia para relaxá-lo. Também é possível buscar alívio e dar um descanso ao "músculo da mente" e, em seguida, buscar insights para descobrir como relaxá-lo. Quando estiver em um caminho de expansão, você poderá considerar a finalidade dela. Vamos ver como isso funciona na prática.

"Já era de se esperar", Brendan pensou, zombando, "esse cara, um famoso hipnotizador, acha que tem direito de analisar o comportamento de outras pessoas... Que palhaço". Brendan estava mostrando ao artista desta noite, um famoso hipnotizador, o local que ele administra. Ele estava mexendo nas chaves da porta quando o hipnotizador fez um comentário casual: "Parece que você tem um problema com chaves e portas; você costumava ficar trancado no quarto quando era criança?" O fato de Brendan também ter se atrapalhado ao destrancar a porta do carro quando foi buscar o hipnotizador no hotel naquela manhã não ajudou. Mas supor que é um trauma de infância... é sério isso?

Brendan se sentiu motivado após o comentário espontâneo do hipnotizador; então ele decidiu fazer uma caminhada e conhecer o parque local próximo ao teatro. Após alguns minutos permitindo que a paisagem e os sons da natureza ocupassem sua mente, o incidente pareceu ter menos importância e ele continuou com seu dia.

Algumas semanas depois, em uma manhã chuvosa de outono, Brendan estava pagando o estacionamento quando se lembrou do comentário do hipnotizador. Assim como aconteceu com as chaves, ele não conseguia fazer com que a estação de pagamento automático do estacionamento funcionasse. Parado na chuva em frente à máquina, ele digitou as informações da placa do carro em uma tela sensível ao toque diversas vezes, mas parecia que as informações não estavam sendo aceitas. Ele percebeu que estava ficando frustrado, assim como quando não conseguiu abrir as portas do teatro e do carro na primeira tentativa. "A máquina deve estar quebrada. Prefiro me arriscar a ganhar uma multa do que lidar com essa droga."

Brendan se afastou por um momento, respirou fundo e considerou se era realmente era uma boa ideia ir embora. Quando se aproximou da máquina novamente, notou que as informações sobre a placa do carro estavam sendo exibidas na tela, só que em um lugar que ele não tinha olhado: na parte *superior* da tela coberta por água da chuva. "Eita, ela estava lá o tempo todo, mas eu meio que esqueci e parei de olhar." Então ele se lembrou da mesma sensação de "apagamento" no passado, quando teve um branco enquanto fazia palavras cruzadas ou quando seu sobrinho lhe pediu para solucionar um cubo mágico. Geralmente, essa sensação vinha logo antes de ele se sentir frustrado e desistir.

Permitindo que essa percepção fosse absorvida, Brendan buscou reconhecer em seu corpo essa sensação de "apagamento". Ele sentiu a testa apertada, os olhos semicerrados e o coração um pouco mais acelerado, como se estivesse pulsando nas têmporas. "O que aconteceria se, da próxima vez que me sentir bloqueado ou não conseguir enxergar uma solução, eu verificasse essa sensação de 'apagamento'. Isso pode me ajudar a me afastar para ter uma visão melhor das coisas que não estou enxergando, mas que estavam lá o tempo todo."

Nesse exemplo, teria sido ótimo se Brendan pudesse simplesmente respirar fundo e abrir as portas com elegância, sentir o vento em seu rosto e considerar a máquina de estacionamento um quebra-cabeça divertido a ser resolvido, um Wordle ou um Sudoku que apareceu em sua frente de maneira inesperada. Mas não foi isso o que aconteceu. Quando Brendan se deu conta do que estava acontecendo, seu sistema nervoso já havia sido acionado, o estresse havia se instalado e a rede de modo padrão estava lançando soluções defensivas cheias de raiva e ressentimento. Não teria sido autêntico apenas dizer: "Estou expandindo os sentidos, portanto estou feliz."

Por outro lado, a expansão dos sentidos o ajudou *de verdade*, fazendo com que Brendan direcionasse seus pensamentos em vez de apenas bater a cabeça contra a parede e dizer que "as coisas não deveriam ser assim". Ele conseguiu deixar de lado a inferência ativa e valorizar a inferência perceptiva por alguns instantes; e conseguiu se conectar com uma experiência sensorial viva e pulsante que lhe deu outra coisa em que se concentrar; deixar de lado a frustração por um momento e entrar em um modo exploratório nos dá uma sensação de alívio. E, quando ele voltou, conseguiu ver mais do que apenas seu modelo padrão de fracasso: fazer as coisas com pressa. Ao voltar toda sua atenção para a situação, ele pôde desacelerar, inserir a chave no lugar certo e, depois, perceber a dica que apareceu na tela da máquina em um local inesperado. Para Brendan, a expansão dos sentidos proporcionou uma ruptura produtiva do status quo.

Além disso, o envolvimento nesses tipos de problemas contribuiu para que ele começasse a ter alguns insights. Ao interagir com o parquímetro, Brendan começou a se familiarizar com o sentimento de frustração, a sensação de "apagamento". Ele foi capaz de fazer a descoberta por si só e ficar atento a essa sensação no futuro. Essa dica o ajudará a reconhecer mais cedo a necessidade de desacelerar; ele ainda não escapou do hábito de se apressar, mas não está mais fadado a continuar se apressando em direção à frustração e à raiva.

DETERMINE UM OBJETIVO

Ter um objetivo é fundamental. Brendan estava querendo eliminar a pressa e a frustração de sua vida. Shanice queria ser capaz de administrar seu negócio com sucesso sem ficar esgotada. Nenhum dos dois sabia como fazer isso; tudo o que eles queriam no momento era escapar da sensação de estar preso a uma situação ruim. No entanto, eles tinham um objetivo, assim como Newton, quando ele tentou descobrir como o mundo funciona, e Arquimedes, quando diferenciou o ouro sólido das impurezas. Eles apenas não sabiam como chegar lá. Por outro lado, entendiam que estava faltando algo e estavam determinados a descobrir o quê.

Embora seja importante ter clareza sobre o que está faltando em sua vida, isso não significa uma destas coisas: "Ah, se eu encontrasse um bilhete de loteria premiado" ou "Se eu pudesse ficar com aquele novo gerente de marketing gostoso". O que queremos dizer é que, quando você não está feliz, no fundo do coração, existe um *sentimento* de que está faltando algo (o "É isso!" de Updike), e pode ser assustador admitir essa ausência. Talvez você não se sinta calmo, respeitado o suficiente, inteligente, bem-sucedido ou amado o suficiente. Talvez você deseje sentir alegria ou entusiasmo ou, até mesmo, algum tipo de desejo romântico sobre o qual os poetas escrevem. Se você parar para pensar um pouco, poderá sentir que a sensação de faltar algo é que origina sua tristeza, irritação, raiva ou distração. E seria assustador admitir que você está sendo dominado por esse desejo — porque o que aconteceria se você nunca conseguisse alcançar essa sensação de plenitude e satisfação?

Mas preocupar-se com o fato de não encontrar o que deseja é como fazer uma viagem só de ida para a Casa do Hábito, sem deixar rastro caso o fracasso bata à porta. O pescador não evita entrar no barco por medo de não conseguir pegar o peixe; o contador não evita abrir as planilhas por medo de cometer um erro. Quando você começa a sentir a expansão, precisa ser corajoso o suficiente para se posicionar e ser objetivo, mesmo que isso o exponha à possibilidade de fracasso.

Conforme dito anteriormente: correr em direção ao medo de fracassar é melhor do que fugir dele. Essa verdade também está na linha de frente dos tratamentos para pessoas com transtornos relacionados ao uso de substâncias. O "segredo" não é descobrir por que alguém se tornou um viciado ou quebrar o circuito do vício aumentando algum músculo inibitório. Esperar que sua força de vontade seja o suficiente para permitir que você resista à droga de sua preferência não funciona. A longo prazo, a atração por algo sempre supera a resistência contra ele.

Embora, a curto prazo, não basta só falar, isso não altera os circuitos cerebrais subjacentes; portanto, quando o estresse chegar — e ele sempre chega —, ele fará o que sempre faz, desativando as sensações e prendendo-o de volta ao hábito, exatamente de onde você estava tentando escapar.

Você precisa reconstruir os circuitos de recompensa que foram destruídos pelo uso de drogas e, para isso, a expansão dos sentidos é fundamental.

As varreduras dos circuitos de recompensa do cérebro em usuários de cocaína mostraram respostas reduzidas à promessa de recompensas não relacionadas às drogas, como dinheiro.[14] Embora o dinheiro possa comprar drogas, o cérebro dos viciados foi tão direcionado, a Casa do Hábito deles foi tão cuidadosamente organizada para servir ao vício, que somente as drogas e sua parafernália provocam a mínima ativação.

Felizmente, até mesmo os viciados podem formar novos hábitos, que apoiam o bem-estar em vez de prejudicá-lo — mas isso leva tempo.[15] Após um mês de abstinência, as regiões do cérebro de um viciado em metanfetamina relacionadas à recompensa permanecem quase silenciosas durante os testes de coordenação e memória em comparação com alguém que nunca usou essa droga. Entretanto, após um ano de abstinência, a ativação dessas regiões começa a se recuperar. Por meio do PETscan, é possível observar a formação de novas respostas de recompensa, como grama nova brotando na terra após um longo inverno. Essas mudanças são o sinal neural de uma pessoa que está aprendendo a encontrar significado nos confortos cotidianos novamente. Mas isso acontece só depois de um ano! É muito tempo para redecorar a Casa de Hábito, apenas ao dizer não à sua única fonte de prazer. E o que você faz enquanto espera o cérebro se recuperar?

É aqui que começa o trabalho de verdade. Uma vez que você já tem todo o conhecimento a respeito da busca de sentido, escolher algo para buscar — seus principais valores — é a etapa final que permitirá que você comece a seguir suas motivações na vida para mudar o que precisa. Para explorar esse processo, vamos fazer o seguinte exercício:

Exercício: Escreva o Próprio Obituário (com um Toque de Alfred Nobel)

Imagine que você está olhando seu corpo de cima, logo após sua morte, curioso para saber como está sendo lembrado. Isso pode acontecer daqui a muitos anos — você teve tempo de realizar muitas coisas, de se desenvolver como pessoa, de melhorar seus relacionamentos. Vamos supor que você tenha feito o que queria da sua vida, graças a seu trabalho duro e dos tipos de insights que fornecemos neste livro. Então o que seu obituário diz sobre você?

Muito antes de o GPS existir, mesmo antes de existir o sextante ou a bússola, os antigos marinheiros praticavam a navegação celestial (ou navegação astronômica), confiando nos "corpos celestes" para guiá-los quando navegavam além-mar. Muitas vezes, eles navegavam em direção a uma estrela específica, chamada de estrela-guia.

O obituário que você imagina para si mesmo — e o que você quer que ele conte — pode ser seu guia para ajudá-lo a viver. Nele, está uma descrição de você como alguém que se dedicou à família ou que ganhou muito dinheiro? Ele diz que você era espiritualmente centrado? Ou que levava alegria aonde fosse? Você foi generoso, ganancioso, motivado a alcançar o sucesso, comprometido com a justiça social? Você dedicou seu tempo na Terra à criação de grandes obras de arte ou passou muito tempo em frente à TV, assistindo à Netflix?

Adentrar terrenos desconhecidos sem ter certeza de que está na direção certa é muito estressante. No entanto, quando você se concentra na lista de valores e compromissos que deseja para sua vida, grande parte do estresse desaparece. Se você se mantiver no caminho certo, tendo como referência o destino escolhido, a jornada fará sentido e as dificuldades se tornarão um fardo menor.

Portanto, reserve dez minutos e escreva seu obituário. Você não precisa mostrá-lo a ninguém nem editar para que fique perfeito. Basta escrevê-lo e, em seguida, reler e analisar quais valores você considerou ao descrever como deseja viver sua vida. Você é capaz de fazer com que esses valores se tornem uma referência, para guiá-lo em terrenos desconhecidos e, talvez, ambientes tumultuados? Lembre-se de que um valor pode ter muitas manifestações diferentes. Você não precisa doar tudo o que tem para incorporar o valor da generosidade; assim como não é preciso ir trabalhar em um campo de refugiados para entender o valor do trabalho.

UM NOVO TIPO DE CONTROLE

Assim como Alfred Nobel, você acaba de ter a oportunidade de ver um resumo de sua vida enquanto ainda a está vivendo. E, assim como ele, você pode usar essa experiência para aprimorar e consolidar seus valores e seu compromisso com eles. A expansão dos sentidos pode ser o primeiro passo, e não existe uma maneira certa ou errada quando você se propõe a explorar. Não se trata de controle, mas de descoberta.

Ironicamente, o primeiro passo na expansão dos sentidos provavelmente fará com que tudo fique pior. Se você for como Shanice, seus hábitos lhe serviram bem até o ponto em que você deixou de prosperar e começou a definhar. Você ficou estagnado, mas, ao longo do caminho, conseguiu um diploma universitário, um emprego razoável ou iniciou o que parecia ser um relacionamento satisfatório. Ou seja, você atingiu o que os matemáticos chamariam de "limite máximo", um patamar em que as coisas parecem não ter mais jeito, porque sua abordagem para melhorar ainda mais é limitada.

Esse tema é recorrente em livros e filmes de grande sucesso. Em *Dirty Dancing*, a "Baby", que não é apenas mais uma menina rica e fútil, arrisca perder o estilo de vida confortável de classe média que seus pais imaginam para ela para ir em busca do amor com um operário que acredita nela. O personagem de Jack Nicholson, em *Melhor É Impossível*, e o velhinho de *Up: Altas Aventuras* são adultos mais velhos e muito determinados com relação ao caminho que querem seguir. Eles se defenderam propositalmente de qualquer opinião alheia, mas perceberam que estavam deixando de viver a própria vida. Em cada um desses exemplos, os personagens começam a história estagnados na vida, presos a um limite máximo, em um patamar seguro, controlável, mas que, no fim das contas, é insatisfatório.

Em um mundo que se mostra imprevisível e envolve riscos iminentes, por menos ameaçadores que eles sejam, parece razoável se proteger de ataques ou críticas. No entanto, esse impulso conservador significa aceitar determinado nível de felicidade, sentindo mais ansiedade em relação às mudanças do que entusiasmo por encontrar oportunidades de crescimento. Ficamos presos a um limite máximo porque qualquer mudança, mesmo que, em retrospectiva, pareça totalmente necessária, exige uma perda real de estabilidade antes de ser realizada. Desestabilizar um sistema que funciona bem para buscar algo melhor significa descer alguns degraus na pirâmide de Maslow e ser forçado a subir novamente em uma nova curva de aprendizado.

Talvez você esteja alcançando resultados aceitáveis em suas aulas de golfe, tênis ou guitarra, mas seu professor lhe diz que você nunca vai avançar, a não ser que mude e comece a segurar o taco de golfe, a raquete ou o braço da guitarra da maneira certa. Se fizer esse sacrifício e mudar, é muito provável que seu desempenho piore no curto prazo, enquanto tenta dominar a nova maneira de segurar o instrumento, uma modificação que é estranha para você. Porém, em alguns dias ou semanas, você perceberá que agora está no caminho certo para subir de nível. Sempre que estiver no "pico de aperfeiçoamento" de um limite máximo (não importa quão insignificante ele seja), não será possível chegar ao topo sem antes passar pelo vale que fica ao redor dele.

Se você entender essa ideia de limite máximo, prepare-se para se sentir um pouco confuso e incerto quando começar a buscar aquilo que ainda está faltando em sua vida. Você já usou todas as velhas regras de ouro, portanto será *menos eficiente* em determinadas rotinas familiares quando começar a considerar novas possibilidades. Mas ser ineficiente é outra maneira de dizer que você está de olho e experimentando coisas novas. E, a menos que você realmente ache que o que tem hoje é "o melhor que consegue", experimentar e explorar são as únicas maneiras de descobrir o que mais o mundo tem a oferecer.

FAÇA ALGO QUE VOCÊ NUNCA FEZ

Quando você está estagnado, chegou ao seu limite e quer se soltar, existe uma grande diferença entre pular da montanha e dar dois passos para trás, a fim de encontrar uma nova maneira de alcançar o topo. É a diferença entre agir por impulso e adotar uma abordagem *sensata* para mudar o rumo de sua vida.

Considere o exemplo de Arunima.

Arunima adorava caminhar no final da tarde. Além de ajudá-la a dormir melhor, ela morava a apenas alguns minutos de uma trilha em um parque bastante arborizado. Certa noite, ela sentiu uma brisa fresca em seu rosto enquanto voltava para casa após mais um passeio. Na subida da rua de sua casa, ela viu uma lata de cerveja e um copo de plástico jogados na calçada. "Tem pessoas que não se importam com ninguém além delas mesmas", ela pensou.

Arunima sempre achou que, se todos ajudássemos a cuidar de nossa comunidade, as coisas poderiam ser melhores. Então ela pensou: "Por que não juntar esse lixo, levá-lo para casa e jogá-lo no lixo?" A resposta a essa pergunta surgiu em sua mente no mesmo instante: "Porque as pessoas pensarão que sou uma sem-teto ou uma louca." Sua RMP resistia a violar as normas sociais, e o hábito normativo talvez fosse fazer um "tsc-tsc" e seguir reto. Mas, então, ocorreu-lhe o seguinte: "Se esse tipo de comportamento egoísta me incomoda — vai contra meus valores —, é uma chance de fazer algo. Posso citar diversos motivos para não fazer isso, mas também não parece certo apenas ignorar."

Consciente de sua convicção e de sua apreensão, Arunima ficou surpresa com sua atitude de se abaixar para juntar a lata e o copo, levá-los para casa e colocá-los na lixeira de recicláveis. "Pode não ser grande coisa no contexto geral, mas hoje consegui fazer uma pequena diferença", ela pensou depois.

COMO TUDO VAI DAR CERTO

Quando você permite que a expansão dos sentidos o liberte dos hábitos e faça com que você vá além, talvez descubra que essa jornada em direção ao desenvolvimento pessoal não é solitária.

Alguns dias após sua caminhada, Arunima falou para sua amiga Zahra como era estranho se abaixar e recolher o lixo de outras pessoas, mas que ela não se arrependeu de ter feito isso, porque ignorar teria sido pior. Para a surpresa dela, Zahra disse: "Que legal, talvez eu vá com você da próxima vez." Acontece que Arunima não sabia que esse comportamento tão temido, por mais louco que pareça para os outros, pode estar nos pensamentos de outras pessoas também, todas esperando para romper o hábito e abrir espaço para a conexão e o engajamento. E foi exatamente assim que o movimento social #trashtag — cujo lema é "juntando o planeta" — teve início.

Em 2019, Byron Roman usou as redes sociais para desafiar os adolescentes a recolher o lixo do chão, agindo localmente para ajudar a limpar o planeta.[16] Ele chamou a atenção desse público ao compartilhar em seu perfil fotos de antes e depois de Drici Tani Younes limpando uma estrada local perto de sua casa na Argélia.[17] Para sua surpresa, a publicação se tornou viral, com 325 mil compartilhamentos no Facebook e mais de 25 mil publicações no Instagram. Não demorou muito para que as pessoas publicassem fotos semelhantes, fazendo sua parte, e o desafio da #trashtag girou o mundo. Hoje, uma comunidade vibrante se desenvolveu em torno de uma simples decisão de romper com um hábito.[18]

Mas os movimentos sociais não começam com centenas de milhares de participantes. Eles começam com uma pessoa que está disposta a se envolver na expansão dos sentidos e aceitar sua descoberta. A recompensa não é um número maior de seguidores nas redes sociais; em vez disso, sugerimos que o número de seguidores reflete a quantidade de informações sobre a expansão dos sentidos para pessoas do mundo inteiro, a fim de que recebam um incentivo na direção certa.

Muitas vezes, presumimos que os outros sabem o que nos motiva, mas a realidade é que só observamos as ações externas. Quem saberia dizer quantas pessoas negras pensaram em violar as leis de segregação de Montgomery antes de Rosa Parks se sentar na frente do ônibus. Alguém precisa ter a coragem de ser o primeiro a desafiar o que é habitual. Assim é possível criar um ponto de partida.

O objetivo de levar uma vida sensata não é, necessariamente, liderar um movimento social, e provavelmente suas escolhas não se tornem virais. No entanto, acreditamos que tudo o que você fizer em resposta a uma expansão dos sentidos sincera pode se tornar um exemplo para outras pessoas. Sua iniciativa servirá como um guia para outra pessoa e ajudará a mudar as comunidades às quais você pertence. Ao buscar algo que tenha a ver com seus valores, você descobrirá não só ideias, mas também pessoas que estão buscando a mesma coisa. E conhecê-las o ajudará a se manter firme em sua busca.

VOLTANDO-SE PARA DENTRO

Arunima nunca ficou conhecida por seus esforços de expansão dos sentidos que se transformaram em limpeza. Mas tudo bem; a satisfação que ela teve ao assumir um risco e ver que tudo deu certo permaneceu com ela pelo restante do dia. No final daquela semana, ela se pegou imaginando aonde mais isso poderia levá-la. Após duas semanas explorando seus sentimentos no trabalho e em casa, Arunima estava brincando com a ideia de como seria sair do modelo habitual de seguir regras no contexto do trabalho.

Ser editora freelancer lhe permitia definir os próprios horários, trabalhar em casa e escolher projetos que ela considerava intelectualmente estimulantes. Nos últimos anos, porém, a área em que ela atuava ficou cada vez mais automatizada, terceirizada e impessoal. Os gerentes que ela mal conhecia estavam pressionando-a para concluir logo os projetos, reduzir os valores cobrados por hora ou assumir projetos extras que a obrigariam a trabalhar vinte horas por dia.

Em sua cabeça, Arunima sempre pensou que suas opções eram "aceitar" ou procurar outro emprego. Mas, pensando bem, ela percebeu que, por ser uma profissional que trabalhava por projeto, buscar outra empresa seria como mudar de ambiente, mas não o trabalho. Então era ela que precisava mudar!

De acordo com a lógica convencional, largar o emprego só pioraria as coisas, pois ela ficaria sem nenhuma renda, o que só aumentaria o estresse. Mas quando Arunima buscou inspiração, ela reconheceu o sentimento que surgiu em sua mente como "exaustão". Em vez de ajudá-la a superar a situação, a percepção de Arunima foi que a lógica convencional não se aplicava a esse caso. Para escapar dos hábitos em que havia caído e recuperar suas ambições, sonhos e brilho, ela precisava seguir a lógica não convencional. Em sua atual rotina mental desgastada, ela não conseguia nem mesmo ter motivação para procurar outro emprego. Então ela decidiu seguir um caminho intermediário, colocando um dedo do pé na incerteza ao tirar uma licença do trabalho, em vez de largá-lo de vez. Ela usou esse tempo para analisar o panorama geral sem o estresse da rotina atual. Ela também precisou deixar de lado o "limite máximo" de uma renda estável, mas estava disposta a tolerar esse estresse por alguns meses em troca da possibilidade de mudar seu destino.

Ao sair de licença, Arunima não tinha ideia de como as coisas se desenrolariam e percebeu que essa era a primeira vez, após um bom tempo, que ela teve a oportunidade de ampliar sua visão sobre o futuro. Foi estimulante.

A inferência perceptiva se infiltrou em sua Casa do Hábito de maneira gradual, fazendo com que ela começasse a se lembrar do motivo pelo qual havia se dedicado à edição. Ela havia sido inspirada a fazer uma curadoria de grandes obras da literatura, mas caiu em uma rotina em que sua maior contribuição era lembrar os acadêmicos de não dividir infinitivos. Porém, embora sua chama tivesse diminuído, ela não havia se extinguido — ela ainda queria muito trabalhar com grandes escritores. Por saber que, provavelmente, nunca trabalharia na *New Yorker* e que, ainda assim, precisava tomar uma direção na vida, ela pensou que poderia muito bem focar algo com o qual realmente se importasse.

Embora tenha levado um tempo para encontrar ago que a entusiasmasse, nas semanas seguintes, Arunima recuperou a motivação que a antiga rotina havia lhe tirado. Ela começou a fazer um trabalho online para encontrar projetos muito mais criativos do que a edição técnica que vinha fazendo. Ela explorou a edição de roteiros de cinema e televisão, ofereceu-se para julgar um concurso de poesia e começou a editar textos para uma grande casa de leilões que representava obras de arte de prestígio. Quando entendeu que seu objetivo era contribuir para a beleza do mundo, os caminhos específicos que seguia para chegar lá pareciam menos importantes. O que importava era que ela estava no caminho certo.

DANDO SENTIDO A TUDO ISSO

No início deste livro, dissemos que não iríamos lhe oferecer um programa previsível para seguir, com uma garantia da devolução de seu dinheiro, caso não funcionasse. Ao contrário, dissemos que o desafiaríamos a fazer algo diferente e de acordo com os próprios termos.

Permita-se a ficar estagnado, preso a uma rotina confortável e perceba isso. Experimente a expansão dos sentidos, apenas para você para ver como é. Alterne entre os modos conceitual e sensorial e veja o que acontece. Escreva seu obituário e observe o que foi importante no final. Tome uma atitude diferente da habitual.

Daqui a alguns anos, no mínimo, seu obituário dirá: você se importava com alguma coisa e teve a coragem de buscá-la.

Afinal, essa não é a coisa mais sensata a se fazer?

Exercício: Juntando Tudo

Vamos terminar nossa jornada juntos revisando o mapa que elaboramos. Você perceberá que o destino foi intencionalmente deixado em branco; partir na própria jornada significa abraçar o desconhecido. Mas há muitos marcadores que o ajudarão nessa jornada. Vamos revisar:

1. **Conheça seus sentidos.** Aprenda a fazer o "movimento" de prestar atenção às sensações e deixar que o influxo de informações sensoriais, em vez de alguma inferência ou mudança posterior, seja seu critério de sucesso.
2. **Encontre maneiras de se conectar com seus sentidos, mesmo nos afazeres da vida cotidiana.** Experimente entrar em sintonia com as sensações não só quando você se sentir incrível e estiver em um ambiente calmo e tranquilo, mas também em meio à agitação da vida cotidiana — sinta os pés em uma rua movimentada, o vento no rosto quando sair para um ambiente externo pela primeira vez, os rostos e as vozes das pessoas, mesmo que esteja muito ocupado. Acima de tudo, acostume-se a verificar as sen-

sações que surgem dentro de seu corpo, os blocos de construção do sentimento, que, por sua vez, são avaliados como emoções por inteiro.

3. **Observe que algumas sensações formam padrões conhecidos que são previsíveis.** Há uma sensação que queremos muito que você reconheça: a sensação de estar estagnado. Sabemos que, provavelmente, esse é um dos sentimentos menos agradáveis com o qual você pode se familiarizar, mas a maioria das pessoas passam grande parte do dia lidando com ele. Reconhecer que está preso a algo que o incomoda e sentir-se bem ao perceber isso é o primeiro passo para se libertar.
4. **Quando você se sentir estagnado, aprenda a buscar alguma mudança.** Dizem que a única coisa que nunca muda é o fato de que as coisas mudam, mas perdemos a noção desse conhecimento quando ficamos estressados. Quando estiver se sentindo estagnado, observe que quase todas as informações sensoriais que seu corpo envia mostram um mundo dinâmico, vivo e em constante mudança. Se você conseguir prestar atenção a outras sensações de seu corpo, além da constelação de sensações que dão origem ao sentimento de bloqueio, poderá ver que não está de fato estagnado — é só a descrição de uma sensação desagradável e bastante conhecida. Acostume-se a responder às sensações de estresse e de estar estagnado, sintonizando-se com a experiência de mudança ao seu redor e até dentro de você.
5. **Observe que as sensações dinâmicas contêm um universo de tonalidades de sentimento.** Quando você se acostumar a perceber esse clique, essa virada de chave e o estalo das sensações variáveis, poderá percebê-las em loop por trás do sentimento dominante de estresse. Todavia, também existem outros tipos de sentimentos — de querer mais de uma experiência agradável e menos de uma desagradável ou, até mesmo, momentos de indiferença — que não exigem nenhuma ação. Você tem a capacidade de aprender a perceber essas tonalidades, a reconhecer que nunca

há apenas um sentimento em jogo? E que há tantos caminhos disponíveis que podemos escolher o que trazer à tona?

6. **Faça um jogo de expansão dos sentidos em um novo ambiente.** Acostume-se a frequentar novos ambientes e a buscar novas sensações que comumente são ignoradas. Se estiver no supermercado, preste atenção nos alimentos que você normalmente ignora. Observe um pouco o que as outras pessoas estão comprando. Veja se consegue descobrir o humor do caixa antes de chegar à frente da fila e se consegue brincar de observar os aspectos frequentemente ignorados de sua experiência onde quer que vá.
7. **Seja intencional em relação à expansão dos sentidos.** Ao conhecer padrões e hábitos profundos, você precisará ser mais intencional e planejar atividades de expansão dos sentidos. Observe quão preso você está a um estado de espírito ou uma linha de pensamento e use esse conhecimento como motivação para escolher uma atividade segura de expansão. Defina uma hora e um local e, o mais importante, saia e faça isso — mesmo que pareça estranho e constrangedor; esses são sinais de que você está fazendo algo novo e está no caminho certo!
8. **Encontre seus pontos de acesso.** Não busque a expansão da mesma maneira que outra pessoa, apenas porque funciona para ela. Pense nos diferentes pontos de acesso que sugerimos ou em algumas atividades de que você já gosta e que poderiam servir como exercícios de expansão dos sentidos com a intenção certa e prestando atenção às sensações. Assim como uma pessoa que aprende receitas culinárias testadas e comprovadas, uma pessoa resiliente terá pontos de acesso diferentes para a expansão dos sentidos, alguns proporcionam uma sensação de alívio, ajudam a desenvolver o insight e outros têm benefícios adicionais, como atividades em grupo, que fortalecem o relacionamento com outras pessoas, ou atividades de condicionamento físico, que são excelentes para a saúde.

9. **Lembre-se de resolver seus problemas.** Não caia na armadilha de usar a expansão dos sentidos só para relaxar enquanto os problemas reais se acumulam ao seu redor. Aprenda a relaxar quando estiver sobrecarregado, mas também reserve um tempo todas as semanas para buscar insights — é necessário um pouco de busca proativa para resolver os problemas, para ter aquele momento eureca, em vez de simplesmente pisar no freio no caminho para o esgotamento com breves regressos ao alívio. Volte ao conceitual e observe se existem outras opções disponíveis após a expansão dos sentidos e, se ainda estiver estagnado, repita o processo. Acostume-se a alternar entre esses modos para ficar de olho nas coisas importantes da vida enquanto trabalha para se manter relaxado, aberto e flexível por meio da expansão dos sentidos.
10. **Pense no panorama geral.** À medida que você se sentir mais confortável com a expansão dos sentidos e a alternância, sentirá que, às vezes, tem uma capacidade maior de pensar no panorama geral em vez de apenas em sua sobrevivência. Talvez você recolha o lixo do chão porque é algo que o incomoda e talvez o recolha porque quer viver em um mundo mais limpo. Essa é outra maneira de alternância, mas, quando tiver condições, desafie-se e se pergunte: Posso ir além? Será que sou capaz de enfrentar problemas maiores? Às vezes, a resposta será não, mas você pode descobrir, para sua surpresa, que está disposto a fazer mais do que esperaria de si mesmo.

Notas

CAPÍTULO 1

1. Eva de Mol et al., "What Makes Entrepreneurs Burn Out?", *Harvard Business Review,* 4 abr. 2018, https://hbr.org/2018/04/what-makes -entrepreneurs-burn-out.
2. Ashley Abramson, "Burnout and Stress Are Everywhere", American Psychological Association, 1 jan. 2022, https://www.apa.org/ monitor/2022/01/special-burnout-stress.
3. Kristy Threlkeld, "Employee Burnout Report: COVID-19's Impact and 3 Strategies to Curb It", Indeed for Employers, 11 mar. 2021, https:// uk.indeed. com/lead/preventing-employee-burnout-report.
4. Melanie Anzidei, "Naomi Osaka's Decision to Step Away from Tennis Shines Light on Athlete Burnout", NorthJersey.com, 11 set. 2021, https://www.northjersey.com/story/sports/tennis/2021/09/11/ naomi-osaka-us-open-2021-loss-leylah-fernandez/8278595002/.
5. Jennifer Berg, "Ipsos U.S. Mental Health 2021 Report", Ipsos, 21 maio 2021, https://www.ipsos.com/en-us/news-polls/ipsos-us-mental-health-2021-report.
6. Georgia Wells, Jeff Horwitz e Deepa Seetharaman, "Facebook Knows Instagram Is Toxic for Teen Girls, Company Documents Show", *Wall Street Journal,* 14 set. 2021, https://www.wsj.com/articles/facebook-knows-instagram-is-toxic-for-teen-girls-company-documents-show-11631620739.
7. P. Fossati et al., "In Search of the Emotional Self: An fMRI Study Using Positive and Negative Emotional Words", *American Journal of Psychiatry* 160, n. 11 (2003): 1938–1945.
8. Damien Gayle, "Facebook Aware of Instagram's Harmful Effect on Teenage Girls, Leak Reveals", *The Guardian,* 14 set. 2021, https://www.theguardian.com/technology/2021/sep/14/ facebook-aware-instagram-harmful-effect-teenage-girls-leak-reveals.

9. F. I. Craik e R. S. Lockhart, "Levels of Processing: A Framework for Memory Research", *Journal of Verbal Learning and Verbal Behavior* 11, n. 6 (1972): 671–684.
10. N. A. Farb et al., "Attending to the Present: Mindfulness Meditation Reveals Distinct Neural Modes of Self-Reference", *Social Cognitive and Affective Neuroscience* 2, n. 4 (2007): 313–322.
11. C. G. Davey et al., "Mapping the Self in the Brain's Default Mode Network", *NeuroImage* 132 (2016): 390–397.

CAPÍTULO 2

1. M. E. Raichle et al., "A Default Mode of Brain Function", *Proceedings of the National Academy of Sciences* 98, n. 2 (2001): 676–682.
2. J. Smallwood e J. W. Schooler, "The Science of Mind Wandering: Empirically Navigating the Stream of Consciousness", *Annual Review of Psychology* 66 (2015): 487–518.
3. T. J. La Vaque, "The History of EEG Hans Berger: Psychophysiologist; A Historical Vignette", *Journal of Neurotherapy* 3, n. 2 (1999): 1–9.
4. Blaise Pascal, "Pensées", University of Fribourg (em francês). Arquivado (PDF) do original em 24 de janeiro de 2004.
5. L. Sokoloff et al., "The Effect of Mental Arithmetic on Cerebral Circulation and Metabolism", *Journal of Clinical Investigation* 34, n. 7 (1955): 1101–1108.
6. D. H. Ingvar, "Memory of the Future: An Essay on the Temporal Organization of Conscious Awareness", *Human Neurobiology* 4, (1985): 127–136.
7. Z. V. Segal et al., "Cognitive Reactivity to Sad Mood Provocation and the Prediction of Depressive Relapse", *Archives of General Psychiatry* 63, n. 7 (2006): 749–755.
8. Y. I. Sheline et al., "The Default Mode Network and Self-Referential Processes in Depression", *Proceedings of the National Academy of Sciences* 106, n. 6 (2009): 1942–1947.

CAPÍTULO 3

1. Nicola Palomero-Gallagher e Katrin Amunts, "A Short Review on Emotion Processing: A Lateralized Network of Neuronal Networks", *Brain Structure*

and Function 227 (2022): 673–684, https://link.springer.com/article/10.1007/s00429-021-02331-7.

2. N. A. Farb et al., "Minding One's Emotions: Mindfulness Training Alters the Neural Expression of Sadness", *Emotion* 10, n. 1, (2010): 25.
3. G. Sheppes et al., "Emotion Regulation Choice: A Conceptual Framework and Supporting Evidence", *Journal of Experimental Psychology: General* 143, n. 1 (2014): 163.

CAPÍTULO 4

1. N. A. Farb, Z. V. Segal e A. K. Anderson, "Attentional Modulation of Primary Interoceptive and Exteroceptive Cortices" *Cerebral Cortex* 23, n. 1 (2013): 114–126.
2. N. A. Farb, Z. V. Segal e A. K. Anderson, "Mindfulness Meditation Training Alters Cortical Representations of Interoceptive Attention", *Social Cognitive and Affective Neuroscience* 8, n. 1 (2013): 15–26.

CAPÍTULO 5

1. L. F. Barrett, "The Theory of Constructed Emotion: An Active Inference Account of Interoception and Categorization", *Social Cognitive Affective Neuroscience* 12, n. 1 (2017): 1–23, https://www.ncbi.nlm.nih.gov/pmc/articles/PMC5390700/.
2. M. A. Goodale e A. D. Milner, "Separate Visual Pathways for Perception and Action", *Trends in Neurosciences* 15, n. 1 (1992): 20–25, https://doi.org/10.1016/0166-2236(92)90344-8.
3. Link R. Swanson, "The Predictive Processing Paradigm Has Roots in Kant", *Frontiers in Systems Neuroscience* 10 (2016), https://doi.org/10.3389/fnsys.2016.00079.
4. Juliet Macur, "Scott Hamilton Was Demoted as an Olympic Broadcaster. Don't Feel Sorry for Him", *New York Times,* 18 fev. 2018.
5. Carl R. Rogers, *On Becoming a Person: A Therapist's View of Psychotherapy* (New York: Houghton Mifflin, 1961). [Obra disponível em português com o título *Tornar-se Pessoa*.]

6. N. Farb et al., "Interoception, Contemplative Practice, and Health", em "Interoception, Contemplative Practice, and Health", edição especial, *Frontiers in Neuroscience* 6 (2015).

CAPÍTULO 6

1. Z. V. Segal et al., "Practice of Therapy Acquired Regulatory Skills and Depressive Relapse/Recurrence Prophylaxis following Cognitive Therapy or Mindfulness Based Cognitive Therapy", *Journal of Consulting and Clinical Psychology* 87, n. 2 (2019): 161.
2. Christine A. Padesky, "Socratic Questioning: Changing Minds or Guiding Discovery?" (discurso de abertura apresentado no Congresso Europeu de Terapias Comportamentais e Cognitivas, Londres, 1993), https://padesky.com/newpad/wp-content/uploads/2012/11/socquest.pdf.
3. N. A. Farb et al., "Static and Treatment-Responsive Brain Biomarkers of Depression Relapse Vulnerability following Prophylactic Psychotherapy: Evidence from a Randomized Control Trial", *NeuroImage: Clinical* 34 (2022): 102969.

CAPÍTULO 7

1. A. Drake et al., "Daily Stressor-Related Negative Mood and Its Associations with Flourishing and Daily Curiosity", *Journal of Happiness Studies* 23, n. 2 (2022): 423–438.
2. C. J. Burnett et al., "Need-Based Prioritization of Behavior", *Elife* 8 (2019): e44527.
3. Caderno de anotações do jornalista, "Firewalking: Mind Over Matter or a Tool for Personal Growth, or Both?", ABC News, 5 nov. 2009, https://abcnews.go.com/Health/firewalking-mind-matter-tool-personal-growth/story?id=9011713.
4. Andrew Weil, prefácio para *Extreme Spirituality: Radical Approaches to Awakening*, de Tolly Burkan (Chicago: Council Oak Books, 2004).
5. Helen S. Mayberg et al., "Deep Brain Stimulation for Treatment-Resistant Depression", *Neuron* 45, n. 5 (2005): 651–660, https:// www.sciencedirect.com/science/article/pii/S089662730500156X.

CAPÍTULO 8

1. J. F. Kelly et al., "How Many Recovery Attempts Does It Take to Successfully Resolve an Alcohol or Drug Problem? Estimates and Correlates from a National Study of Recovering US Adults", *Alcoholism: Clinical and Experimental Research* 43, n. 7 (2019): 1533–1544, https://doi.org/10.1111/acer.14067.
2. O. Sacks, *Everything in Its Place: First Loves and Last Tales* (London: Picador, 2019). [Obra disponível em português com o título *Tudo em seu Lugar: Primeiros Amores e Últimas Histórias*.]
3. Kathryn E. Schertz e Marc G. Berman, "Understanding Nature and Its Cognitive Benefits", *Current Directions in Psychological Science* 28, n. 5 (2019): 496–502, https://journals.sagepub.com/doi/10.1177/0963721419854100.
4. Mathew P. White, "Spending at Least 120 Minutes a Week in Nature Is Associated with Good Health and Wellbeing", *Scientific Reports* 9, n. 7730 (2019), https://www.nature.com/articles/s41598-019-44097-3.
5. C. L. Anderson, M. Monroy e D. Keltner, "Awe in Nature Heals: Evidence from Military Veterans, At-Risk Youth, and College Students", *Emotion* 18, n. 8 (2018): 1195–1202, https://psycnet.apa.org/record/2018-27538-001.
6. Robert Moor, "When Thoreau Went Nuts on Maine's Mt. Katahdin", *Sierra,* 19 ago. 2016, https://www.sierraclub.org/sierra/2016-4-july-august/green-life/when-thoreau-went-nuts-maine-s-mt-katahdin.
7. Zhi Cao et al., "Associations of Sedentary Time and Physical Activity with Adverse Health Conditions: Outcome-Wide Analyses Using Isotemporal Substitution Model", *eClinicalMedicine* 48 (2022): 101424, https://www.sciencedirect.com/science/article/pii/S2589537022001547.
8. Juan Gregorio Fernández-Bustos et al., "Effect of Physical Activity on Self-Concept: Theoretical Model on the Mediation of Body Image and Physical Self-Concept in Adolescents", *Frontiers in Psychology* 10 (2019), https://doi.org/10.3389/fpsyg.2019.01537.
9. Qingguo Ding et al., "Sports Augmented Cognitive Benefits: An fMRI Study of Executive Function with Go/NoGo Task", em "StressInduced Glial Changes in Neurological Disorders 2021", edição especial, *Neural Plasticity* (2021), https://www.hindawi.com/journals/np/2021/7476717/; E. I. de Bruin,

J. E. van der Zwan e S. M. Bögels, "A RCT Comparing Daily Mindfulness Meditations, Biofeedback Exercises, and Daily Physical Exercise on Attention Control, Executive Functioning, Mindful Awareness, Self-Compassion, and Worrying in Stressed Young Adults", *Mindfulness* 7 (2016): 1182–1192, https://link.springer.com/article/10.1007/s12671-016-0561-5.

10. Costas I. Karageorghis, Symeon P. Vlachopoulos e Peter C. Terry, "Latent Variable Modelling of the Relationship between Flow and Exercise-Induced Feelings: An Intuitive Appraisal Perspective", *European Physical Education Review* 6, n. 3 (2000): 230–248, https://journals.sagepub.com/doi/abs/10.1177/1356336X000063002.
11. Ernst Pöppel et al., "Sensory Processing of Art as a Unique Window into Cognitive Mechanisms: Evidence from Behavioral Experiments and fMRI Studies", *Procedia — Social and Behavioral Sciences* 86 (2013): 10–17, https://www.sciencedirect.com/science/article/pii/S1877042813026487.
12. Chun-Chu Chen e James F. Petrick, "Health and Wellness Benefits of Travel Experiences: A Literature Review", *Journal of Travel Research* 52, n. 6 (2013): 709–719, https://journals.sagepub.com/doi/full/10.1177/0047287513496477.
13. IpKin Anthony Wong, Zhiwei (CJ) Lin e IokTeng Esther Kou, "Restoring Hope and Optimism through Staycation Programs: An Application of Psychological Capital Theory", *Journal of Sustainable Tourism* 31, n. 1 (2023): 91–110, https://www.tandfonline.com/doi/full/10.1080/09669582.2021.1970172.
14. Catherine I. Andreu et al., "Enhanced Response Inhibition and Reduced Midfrontal Theta Activity in Experienced Vipassana Meditators", *Scientific Reports* 9, n. 1 (2019): 13215, https://doi.org/10.1038/s41598-019-49714-9.
15. *Online Etymology Dictionary,* s.v. "patience," https://www.etymonline.com/search?q=patience.
16. G. Petri et al., "Homological Scaffolds of Brain Functional Networks", *Journal of the Royal Society Interface* 11, n. 101 (2014): 20140873.
17. T. Anderson et al., "Microdosing Psychedelics: Personality, Mental Health, and Creativity Differences in Microdosers", *Psychopharmacology* 236 (2019): 731–740.
18. Hugo Bottemanne et al., "Evaluation of Early Ketamine Effects on Belief-Updating Biases in Patients with Treatment-Resistant Depression",

JAMA Psychiatry 79, n. 11 (2022): 1124–1132, https://doi.org/10.1001/jamapsychiatry.2022.2996.

19. T. Anderson et al., "Psychedelic Microdosing Benefits and Challenges: An Empirical Codebook", *Harm Reduction Journal* 16, n. 1 (2019): 1–10.
20. N. Gukasyan e S. M. Nayak, "Psychedelics, Placebo Effects, and Set and Setting: Insights from Common Factors Theory of Psychotherapy", *Transcultural Psychiatry* (2021): 1363461520983684.

CAPÍTULO 9

1. D. Frye, P. D. Zelazo e T. Palfai, "Theory of Mind and Rule-Based Reasoning", *Cognitive Development* 10, n. 4 (1995): 483–527.
2. A. Tymula et al., "Adolescents' Risk-Taking Behavior Is Driven by Tolerance to Ambiguity", *Proceedings of the National Academy of Sciences of the United States of America* 109, n. 42 (2012): 17135–17140.
3. T. U. Hauser et al., "Cognitive Flexibility in Adolescence: Neural and Behavioral Mechanisms of Reward Prediction Error Processing in Adaptive Decision Making during Development", *Neuroimage* 104 (2015): 347–354.
4. L. Eiland e R. D. Romeo, "Stress and the Developing Adolescent Brain", *Neuroscience* 249 (2013): 162–171.
5. W. James et al., *The Principles of Psychology,* vol. 1, n. 2 (London: Macmillan, 1890). [Obra disponível em português com o título *Princípios da Psicologia*.]
6. Michael L. Mack, Bradley C. Love e Alison R. Preston, "Dynamic Updating of Hippocampal Object Representations Reflects New Conceptual Knowledge", *Proceedings of the National Academy of Sciences of the United States of America* 113, n. 46 (2016): 13203–13208, https://www.pnas.org/doi/full/10.1073/pnas.1614048113.
7. N. A. Farb et al., "Interoceptive Awareness of the Breath Preserves Attention and Language Networks amidst Widespread Cortical Deactivation: A Within-Participant Neuroimaging Study", *eNeuro* 10, n. 6 (2023).
8. Maïté Delafin, Michael Ford e Jerry Draper-Rodi, "Interoceptive Sensibility in Professional Dancers Living with or without Pain: A Cross-Sectional Study", *Medical Problems of Performing Artists* 37, n. 1 (2022): 58–66, https://

www.ingentaconnect.com/content/scimed/mppa/2022/00000037/00000001/art00008.

9. J. David Creswell et al., "Neural Correlates of Dispositional Mindfulness during Affect Labeling", *Psychosomatic Medicine* 69, n. 6 (2007): 560–565, https://doi.org/10.1097/PSY.0b013e3180f6171f.
10. M. D. Lieberman et al., "Putting Feelings into Words: Affect Labeling Disrupts Amygdala Activity to Affective Stimuli" *Psychological Science* 18 (2007): 421–428.

CAPÍTULO 10

1. Lily Martis, "7 Companies with Epic Wellness Programs", Monster Jobs, https://www.monster.com/career-advice/article/companies-good-wellness-programs.
2. Hans Kraus e Ruth P. Hirschland, "Muscular Fitness and Health", *Journal of Health, Physical Education, Recreation* 24, n. 10 (1953): 17–19. Suas descobertas também foram publicadas em "Muscular Fitness and Orthopedic Disability", *New York State Journal of Medicine* 54 (1954): 212–215; e em "Minimum Muscular Fitness Tests in School Children", *Research Quarterly* 25 (1954): 178–188.
3. Carolyn E. Barlow et al., "Cardiorespiratory Fitness and Long-Term Survival in 'Low-Risk' Adults", *Journal of the American Heart Association* 1, n. 4 (2012): e001354, https://doi.org/10.1161/JAHA.112.001354.
4. M. Foucault, "Technologies of the Self", em *Technologies of the Self: A Seminar with Michel Foucault,* vol. 18, editado por Luther H. Martin, Huck Gutman e Patrick H. Hutton (Amherst: University of Massachusetts Press, 1988).
5. J. Montero-Marin et al., "School-Based Mindfulness Training in Early Adolescence: What Works, for Whom and How in the MYRIAD Trial?", *Evidence-Based Mental Health* (2022): 1–8, https://doi.org/10.1136/ebmental-2022-300439.
6. J. L. Andrews, "Evaluating the Effectiveness of a Universal eHealth School-Based Prevention Programme for Depression and Anxiety, and the Moderating Role of Friendship Network Characteristics", *Psychological Medicine* (2022): 1–10, https://doi.org/10.1017/S0033291722002033; Stephanie Mertens, "The Effectiveness of Nudging: A Meta-Analysis of Choice Architecture

Interventions across Behavioral Domains", *Proceedings of the National Academy of Sciences of the United States of America* 119, n. 1 (2022): e2107346118, https://www.pnas.org/doi/10.1073/pnas.2107346118.

7. "Mental Health: A Young Persons' Perspective", https://donoth ing.uk/.
8. Shelly McKenzie, *Getting Physical: The Rise of Fitness Culture in America* (Lawrence: University Press of Kansas, 2013), 38.
9. M. J. Poulin et al., "Minding Your Own Business? Mindfulness Decreases Prosocial Behavior for People with Independent Self-Construals", *Psychological Science* 32, n. 11 (2021): 1699–1708, https://doi.org/10.1177/09567976211015184.
10. Henry Taylor, "Sometimes, Paying Attention Means We See the World Less Clearly", *Psyche*, 16 jun. 2021, https://psyche.co/ideas/sometimes-paying-attention-means-we-see-the-world-less-clearly.
11. Ellen Choi, "What Do People Mean When They Talk about Mindfulness?", *Clinical Psychology Review* 89 (2021): 102085, https://doi.org/10.1016/j.cpr.2021.102085.
12. Vanessa M. Brown, "Humans Adaptively Resolve the ExploreExploit Dilemma under Cognitive Constraints: Evidence from a MultiArmed Bandit Task", *Cognition* 229 (2022), https://doi.org/10.1016/j.cognition.2022.105233.
13. Madhuleena Roy Chowdhury, "What Is the Mental Health Continuum Model?", *Positive Psychology*, 1 set. 2019, https://positive psychology.com/mental-health-continuum-model/.
14. I. M. Balodis et al., "Neurofunctional Reward Processing Changes in Cocaine Dependence during Recovery", *Neuropsychopharmacology* 41, n. 8 (2016): 2112–2121.
15. N. D. Volkow et al., "Loss of Dopamine Transporters in Methamphetamine Abusers Recovers with Protracted Abstinence", *Journal of Neuroscience* 21, n. 23 (2001): 9414–9418.
16. Rachel E. Greenspan, "Meet the Man Who Popularized the Viral #Trashtag Challenge Getting People Around the World Cleaning Up", *Time,* 12 mar. 2019, https://time.com/5549019/trashtag-interview/.
17. Drici Tani Younes, Facebook, https://www.facebook.com/photo?fbid=533669101448516&set=ecnf.100044162917667.
18. Você pode acompanhar o trabalho de outras pessoas em www.trashtag.org ou documentar suas ações diárias de cuidado em www.cleanups.org.

Índice

D

E

Este livro foi impresso nas oficinas gráficas da Editora Vozes Ltda.,
Rua Frei Luís, 100 – Petrópolis, RJ.